"长三角一体化研究丛书"编委会

顾问：
王　战　张道根　周振华　洪民荣　权　衡　朱金海

编委会主任：
王德忠

编委会副主任：
王　振　干春晖

编委会委员(以姓氏笔画为序)：
于　蕾　马　双　于秋阳　邓智团　王晓娟　朱建江
李　伟　李　湛　李正图　李　健　汤蕴懿　刘　亮
沈开艳　佘　凌　沈桂龙　杜文俊　杨　昕　周冯琦
周海旺　林　兰　宗传宏　尚勇敏　唐忆文　徐丽梅
屠启宇　樊福卓　薛艳杰

长三角氢能产业创新合作机理与路径

Mechanisms and Pathways for Hydrogen Industry
Cooperative Innovation in the Yangtze River Delta

尚勇敏 / 著

上海社会科学院出版社

总　　序

长三角一体化发展的新内涵、新使命

2018年11月5日,在首届国际进口博览会上,习近平总书记宣布,将支持长江三角洲区域一体化发展并将其上升为国家战略,着力落实新发展理念,构建现代化经济体系,推进更高起点的深化改革和更高层次的对外开放,同"一带一路"建设、京津冀协同发展、长江经济带发展、粤港澳大湾区建设相互配合,完善中国改革开放空间布局。

长三角地区一体化发展已上升为国家战略,其中,最值得高度关注的是,国家赋予了长三角地区更加重要的特殊战略使命,这就是抓住"一体化"和"高质量"两个关键词,着力落实新发展理念,着力构建现代化经济体系,着力推进更高起点的深化改革和更高层次的对外开放,推动更高质量的区域一体化发展。

2020年8月20日,习近平总书记在合肥召开的"扎实推进长三角一体化发展座谈会"上特别指出,面对严峻复杂的形势,要更好地推动长三角一体化发展,必须深刻地认识长三角区域在国家经济社会发展中的地位和作用。第一,率先形成新发展格局。在当前全球市场萎缩的外部环境下,我们必须集中力量办好自己的事,发挥国内超大规模市场优势,加快形成以国内大循环为主体、国内国际双循环相互促进的新发展格局。第二,勇当我国科技和产业创新的开路先锋。当前,新一轮科技革命和产业变革加速演变,更加凸显了加快提高我国科技创新能力的紧迫性。第三,加快打造改革开放新高地。近来,经济全球化遭遇倒流逆风,越是这样我们越是要高举构建人类命运共同体旗帜,坚定不移维护和引领经济全球化。

新时代赋予长三角一体化发展新内涵、新使命,我们必须予以充分认识,提高站位,把握契机。

一、新时代长三角一体化发展新内涵

首先,新内涵体现在更高坐标的战略定位。《长江三角洲地区一体化发展规划纲要》提出了"一极三区一高地"战略定位,即全国发展强劲活跃增长极,高质量发展样板区、率先基本实现现代化引领区、区域一体化发展示范区,新时代改革开放新高地。从长三角地区的发展实际看,我们认为最重要的是两大战略坐标,即率先实现现代化和加快建成世界级城市群;也就是要按照党的十九大作出的重要战略部署,在长三角地区率先实践、率先建成现代化区域,为整个国家的现代化建设提供引领示范和坚实基础。现代化建设,既包括了构建现代化的经济体系,还包括了建设现代化的社会治理体系和现代化的基础设施体系,三大体系建设,必须突破行政区界限和行政壁垒,在更大的区域空间实现一体化布局。按照国家提出的长三角城市群建设定位和要求,加快向世界级城市群迈进。从世界公认的五大世界城市群看,除了便捷高效的立体交通、充分的人口流动性、均等化的优质公共服务、高品质的生活环境等基础性优势外,它们基本还有三个影响全球、展现竞争力的标志性特征,即世界级产业集群的核心集聚区、全球科技创新的重要策源地和全球性的资源配置中心。要实现这三大标志性功能,长三角地区更

总　序

要紧密合作,充分地借鉴各个世界级城市群的建设模式和成功做法,以一体化模式破除行政分隔,凝聚强大合力,加快造就具有全球影响力的集聚能级、创新能级和服务功能,为国家"一带一路"建设和参与全球治理发挥更大的作用。

其次,新内涵体现在更加紧密的区域合作。要从传统的协同合作模式向现代一体化合作模式升级。特别要在各公共领域(包括基础设施、生态治理、市场体系、科技创新、公共服务等)更加强调整体推进、共同行动,共建共享、紧密合作,载体一体、平台统一,制度保障、强化机制。这就意味着要在四个方面推进一体化合作:一是整体推进的一体化,实现规划统筹、规划引领,强调一盘棋。二是共建共享的一体化,以共建为抓手、共享为目标,实施更多跨地区的公共合作项目,让广大中小城市共享一体化成果。三是建设载体的一体化,建设更多覆盖长三角整个地区的一体化运营实体机构,更加有效地承担一体化建设和运营项目,夯实一体化发展的载体和平台基础。四是协调机制的一体化,在制度、政策上改革创新,强化机制保障,保障各类合作项目的落地,保障各类载体机构的顺利运营。

再次,新内涵体现在更加协调的区域发展。要从区域共同体的全局考虑长三角地区的区域协调发展,并且为整个长江经济带的协调发展、整个国家东中西地区间的协调发展提供实践样本。而且形成区域协调发展新格局,不仅体现在区域联动发展上,还要体现在合理分工、优势互补上,最根本的要体现在共享发展、共同繁荣上。一是区域联动、融合发展,如生态功能区与人口产业承载区的空间融合、产业链与创新链的空间融合、乡村产业振兴与大城市的空间发展。二是合理分工、错位发展,大城市要适当做减法,中小城市要做加法,发挥各自比较优势,提升产业集群竞争力,其中包括了中心城市的城市功能空间分工、各城市之间的产业分工与产业链分工。三是缩小差距、共享发展，要把缩小地区差距、城乡差距，推进公共服务、社会福祉均等化作为长三角一体化高质量发展的重要导向和考量。

二、新时代赋予长三角一体化发展新使命

新使命之一，要率先推进更高起点的深化改革，着力破解行政壁垒造成的各种"断头路"，加快推进区域现代化建设，我们可把那些行政区分割问题形象地称为断头路问题。在多个公共领域，长三角地区都存在比较突出的断头路问题，包括规划断头路、交通断头路、市场断头路、环境治理断头路、公共服务断头路、体制机制断头路等。解决行政区之间的各类断头路问题，实际就是一场更加深刻的全面改革。长三角地区区域间经济社会发展差距相对较小，区域间经济往来历来比较密切，特别在高铁网、高速公路网及信息化、智能化的推动下，呈现了更加紧密的同城化趋势，这些条件为我们承担国家赋予的更高起点深化改革提供了基础，也是必然。

当前围绕一体化发展，应该从两大方面深化改革：一是以示范区模式积极推进综合配套改革。主要以设立长三角一体化发展示范区为抓手，在规划管理、投资管理、生态治理、财税政策、社会政策、公共服务等多个方面开展系统性的深化改革。这项示范区改革具有很大的挑战性，需要积极谋划，大胆创新。此项改革如同上海自贸区的最初启动，先从跨省域的小范围空间启动，逐步探索经验，再逐步地扩大更大的空间。二是加快重点领域专项改革。要在一些关键的重点领域探索打造一批一体化运营的载体机构，更加有效地承担一体化重大项目，并形成相应的配套机制。可在城际轨道建设、跨地区生态补偿机制、市场一体化和共享大城市教育、医疗优质公共服务资源等四大领域积极推进专

总　序

项改革。

新使命之二,要对标世界级城市群影响全球的世界级产业集群集聚功能、科技创新策源功能和全球资源配置功能,积极实践更高层次的对外开放,增强区域竞争力和国家影响力。要以整个区域的更高层次对外开放为动力,进一步地激发长三角地区的内在活力和高质量发展,并在"一带一路"建设和共建人类命运共同体中展现长三角地区的主动作为和全球影响力。2016年颁布的《长江三角洲城市群规划》已提出,到2020年基本形成世界级城市群框架,到2030年全面建成全球一流品质的世界级城市群。

要深化产业开放,更高层次地引进来,更加主动地走出去,共同打造世界级产业集群的核心集聚区。要进一步扩大产业开放面和产业开放深度,打造全球产业投资的沃土和全球产业链集聚的中心。要发挥市场规模大、交通物流发达、产业配套强、成本有梯度的区域优势,更加有力地吸引各类行业国际巨头在长三角地区进一步增强总部功能和研发功能,更加主动地吸引各国高科技先锋企业到长三角地区布局产业化基地、进入中国市场。要加快壮大本土龙头企业,走向产业链中高端,走向"一带一路"沿线国家和地区,走向跨国公司。重点谋划电子信息、高端装备、汽车、家电、纺织服装及造船、生物医药、绿色化工、互联网等已经具备世界级产能的产业集群。

要深化科创开放,以开放的科技创新环境和开放的新兴产业市场,共同打造全球科技创新的重要策源地。充分地发挥大学、科研院所和科技创新人才的集聚优势,加强与各个全球科技创新中心的全面接轨、无缝对接,促进国际高端创新资源及前沿科学技术不断流动和集聚到长三角地区,共同打造具有全球影响力的沪宁合科创走廊和G60科创走廊。特别要发挥张江、合肥两大国家综合性科学中心的建设优势,发挥上海和苏南高科技产业集聚优势,以更高的谋划、更大的创新、更实的行动,全力推进沪宁合科创走廊建设。

要深化服务市场开放,充分发挥自贸区改革开放优势,共同建设全球服务功能。推动上海自贸区新片区建设,在金融、贸易、航运、信息、创新等服务领域实施更高层次的对外开放,优先在长三角各地试行、复制。推动长三角各地深化自贸区改革发展,提升各核心城市的对外服务功能。要以强大的区域内需,支撑功能平台的规模能级;以国际最高开放标准,提升功能平台的全球影响;以积极参与"一带一路"建设,加快功能平台的全球布局。

新使命之三,要探索实践用"一体化模式"加快缩小地区差距,实现全区域的共同繁荣发展。在社会主要矛盾发生变化的新形势下,长三角地区要充分发挥各个核心城市及核心区的辐射带动作用,积极采用一体化模式,更有效地解决区域发展中的不平衡与不充分问题,更好地满足广大长三角人民对美好生活、品质生活的需求。跨行政区的一体化发展模式,无疑是一种新型区域合作模式,其中有很多要素需要探索与实践,需要以改革为动力,驱动其不断前行与深化。这一模式如果在长三角地区取得突破和成功,不仅对三省一市的共同发展具有重要意义,而且对整个长江经济带和整个国家的共同发展和现代化建设也具有积极的引领示范意义。

必须看到,长三角地区仍然存在比较明显的地区差距和城乡差距。根据2023年统计数据,人均GDP水平,上海市为2.71万美元、江苏省为2.14万美元,浙江省为1.77万美元,安徽省为1.09万美元。城乡居民可支配收入比,上海市为2.08∶1,江苏省为2.07∶1,浙江省为1.86∶1,安徽省为2.24∶1,差距都还比较大。长三角城市群27个城市中,人均GDP最高的是无锡市,达到2.82万美元;最低的是安庆市为

0.98万美元，相差2.85倍。

长三角地区要在缩小地区差距和城乡差距上实施更加积极的一体化行动。一是要实施产业链带动计划，通过规划的一体化，推动产业在各个地区均衡布局，大城市适当做减法，合力疏解优势不明显、布局不合理的一些产业项目，为各个中小企业提供更多更好的产业发展空间；探索财税分享政策，更好地运用利益共享机制，调动各个核心城市扩散产业项目、合作建设飞地型园区的积极性。二是要实施科技创新带动计划，构建成果转化一体化体系，加快创新溢出；促进人才一体化，为各地提供积极的智力支撑；加强创新服务一体化，让各地共享优质的低成本服务。三是要实施乡村振兴带动计划，促进绿色农产品产销一体化，提升纯农业地区的农业附加值和收益；推进旅游康养一体化，培育壮大农村旅游休闲产业，开发和提升生态保护主体功能区的生态产品价值；推进生态补偿机制建设，让承担生态保护责任的农村地区可以得到相应的补偿和经济支撑。

王　振　上海社会科学院原副院长
2024年6月于上海

前　言

随着全球能源结构的深刻变革和绿色低碳经济的迅速发展,氢能作为清洁、高效的二次能源,正在成为未来能源体系的重要组成部分。氢能产业已然成为世界各国竞相发展的新兴产业,更是绿色经济与绿色技术竞争的焦点。长三角地区作为中国经济的活力和创新高地,具备发展氢能产业的优越条件和巨大潜力,承载着在全球氢能产业竞争中抢占制高点的关键责任与使命。

氢能产业作为一种具有强公共物品属性、高创新风险、长创新周期以及长产业链条的新兴产业,其成功发展高度依赖多主体、多区域的紧密创新合作。开展氢能产业创新合作,尤其是跨区域创新合作,对于加速技术创新、降低产业成本、提升市场竞争力,以及推动技术共享和资源优化配置,促进技术推广应用等方面具有至关重要的作用。推动氢能产业跨区域创新合作也成为全球主要经济体推动氢能产业创新的重要做法,例如日本提出以东京、中京、关西、北九州四大都市圈的区域合作模式建立氢能产业创新集群,德国提出建设"氢能区域",美国提出建设连接中西部各州的"替代燃料运输走廊"(傅翠晓,2019)。近年来,长三角地区在氢能产业创新合作方面虽取得积极进展,但面临的挑战亦不容忽视。创新资源分散、跨区域合作不足、产业链协同度不高以及产业布局同质化等问题依旧显著,同时有产业集聚、缺乏创新协同等特征。因此,如何揭示氢能产业创新合作规律,建立组织力强、高效联动的氢能产业创新合作机制迫在眉睫。

基于以上形势与背景,我们对几个关键问题进行了思考:氢能产业创新合作的特征及创新合作的机制是怎样的?长三角地区的氢能产业创新合作网络以及空间呈现何种特征?长三角地区的氢能产业发展及创新合作存在哪些问题与瓶颈?长三角地区的氢能产业创新合作的影响机制与效应是怎样的?在区域一体化的背景下,长三角地区推进氢能产业创新合作的路径与策略是怎样的?

鉴于此,本书以专利数据、调研数据、社会经济统计数据等多源数据为支撑,运用资料分析与田野调查相结合、理论分析与实践总结相结合、定量分析与空间分析相结合等研究方法,探讨了氢能产业创新合作的理论基础与分析框架。首先,对长三角地区氢能产业创新合作的现状进行了全面梳理,并针对其存在的问题进行了深入分析。在此过程中,我们详细刻画了长三角地区氢能产业创新合作网络特征、主体特征、空间特征等,并运用计量模型分析氢能产业创新合作的影响机制及创新效应,通过借鉴国外经验模式,提出了长三角地区在推动氢能产业创新合作方面的思路、重点领域、实施路径以及具体策略。

本书分为三篇共九章。全面而深入地探讨了长三角地区氢能产业创新合作的多个维度。

第一篇:理论篇

本篇主要论述了长三角地区氢能产业创新合作的背景以及理论与

现实研究意义,并对创新网络、氢能产业创新合作研究进行了系统回顾,通过阐述氢能产业创新合作的理论基础、影响机制、合作方式、作用效应等,提出氢能产业创新合作的理论分析框架。

第二篇:实证篇

本篇分析了长三角地区氢能产业创新基础、发展现状与问题瓶颈,运用专利数据刻画了长三角地区氢能产业创新合作的主体特征、网络特征、时空特征等,运用计量模型分析了长三角地区氢能产业创新合作网络演化的影响机制,以及其创新效应,并对全球氢能产业发展趋势、主要经济体氢能战略趋势、国外氢能产业创新合作经验模式、国外典型案例等进行分析。

第三篇:策略篇

本篇提出长三角地区氢能产业创新合作的总体思路、重点领域、实施路径以及相关政策建议。

氢能产业创新合作是一个极具理论与现实意义的命题。据了解,本书是国内经济地理学领域最早探讨氢能产业创新合作的著作之一,本书的出版对于学术界、产业界、政府界具有重要的理论与实践贡献。在理论上,本书创新性地构建了氢能产业创新合作理论分析框架,阐述氢能产业创新合作机制,审视了以往基于自发式结网、网络式合作的创新合作范式在分析氢能产业创新合作时的局限,强调了构建组织力强、区域联动的创新合作方式的关键作用,并分析了跨区域创新合作对氢能产业创新的作用机制,有助于弥补传统创新合作理论对氢能产业创新解释的不足。在实证上,本书系统刻画了长三角地区氢能产业创新合作的现状基础、网络结构、空间特征,以及制氢、储氢、运氢加氢、用氢四个环节的创新合作网络特征,这为研究长三角地区氢能产业创新合作提供了全局性的认识,并揭示了氢能产业创新网络的驱动机制与效应;同时,也为长三角地区推动氢能产业创新合作提供了经验案例集、参考路径体系和政策工具箱,为长三角地区"双碳"目标实现和抢占绿色经济全球产业竞争制高点提供有力支撑,为我国其他地区提供良好借鉴。

本书在研究过程中,受到2023年度上海市科委软科学重点课题(项目批准号:23692103400)、上海社会科学院2024年度院重大系列课题、上海社会科学院创新工程项目等的资助。同时,在本书撰写与出版的全过程中,我得到了众多专家、学者以及同事的深切关心与鼎力支持。特别感谢上海社会科学院原副院长王振研究员和上海社会科学院生态与可持续发展研究所所长周冯琦研究员,他们不仅提供了宝贵的指导和建议,还倾注了真切的关怀与鼓励,并为我开展研究给予了无私的帮助。同时,我也要向浙江工业大学经济学院的宓泽锋副教授、赤峰学院的吕国庆副教授、安徽师范大学经济管理学院叶雷博士以及上海社会科学院硕士研究生陶菲媛等表示衷心的感谢,他们的专业知识和辛勤付出为本书的撰写增添了重要力量。此外,我还要特别感谢上海社会科学院生态与可持续发展研究所的各位同事,他们的无私奉献和团队合作精神为本书的研究开展提供了坚实保障,为本研究开展提供了大力支持。最后,我要向上海社会科学院出版社的钱运春社长和本书责任编辑李玥萱等表示深深的谢意,他们的专业指导和辛勤付出确保了这本书能够顺利出版。

诚然,氢能产业创新合作仍然处于起步阶段。受客观条件和研究水平所限,本书仍然还存在诸多不足,对于氢能产业跨区域创新合作的结网机制、创新网络演化机制等,以及从全国层面开展氢能产业创新合作网络研究和区域比较研究仍然需要进一步的深化,有待更多经济地理学者投身此项研究。本书意在抛砖引玉,力求为氢能产业创新合作研究提供一种研究视角,诸多不足之处,也恳请各位读者批评指正。

尚勇敏

2024年6月于上海社会科学院

目 录

第一篇 | 理论篇

第一章 绪论
一、研究背景 ··· 6
二、研究意义 ··· 11

第二章 创新网络及氢能产业创新合作研究综述
一、创新网络研究知识图谱 ····················· 19
二、创新网络相关研究重点 ····················· 25
三、氢能产业创新合作相关研究 ·············· 30
四、研究述评 ··· 33

第三章 氢能产业创新合作的理论基础与分析框架
一、理论基础 ··· 37
二、氢能产业创新合作的影响机制 ·········· 47
三、氢能产业创新合作的主要方式 ·········· 56
四、氢能产业创新合作的作用效应 ·········· 59
五、氢能产业创新合作的分析框架 ·········· 61

第二篇 | 实证篇

第四章 长三角氢能产业创新基础与现状问题
- 一、氢能产业链及技术领域 ·················· 69
- 二、长三角氢能产业发展及创新合作的现状 ·········· 80
- 三、长三角氢能产业发展及创新合作的问题 ·········· 95

第五章 长三角氢能产业创新网络格局与特征
- 一、数据来源与研究方法 ·················· 113
- 二、长三角氢能产业创新合作的基础与特征 ·········· 117
- 三、长三角氢能产业创新合作网络主体特征 ·········· 126
- 四、长三角氢能产业创新合作网络时空特征 ·········· 134

第六章 长三角城市群氢能产业创新合作的影响机制
- 一、数据来源与研究方法 ·················· 153
- 二、长三角地区氢能产业创新合作网络特征 ·········· 157
- 三、长三角地区氢能创新合作影响机制研究 ·········· 159
- 四、研究结论 ······················· 166

第七章 长三角氢能产业创新合作的创新效应研究
- 一、文献回顾与研究假设 ·················· 171
- 二、数据说明与研究设计 ·················· 172
- 三、实证结果分析 ····················· 174
- 四、研究结论 ······················· 180

第八章　国外氢能产业创新合作的经验与模式
　　一、全球氢能产业发展趋势 ………………………………… 185
　　二、全球主要经济体氢能产业创新的特征及趋势 ………… 191
　　三、国外氢能产业区域创新合作的经验与模式 …………… 197
　　四、国外氢能产业创新合作模式与案例 …………………… 200
　　五、国外推动氢能产业创新合作的政策启示 ……………… 207

第三篇 | 策略篇

第九章　长三角推进氢能产业创新合作的路径与策略
　　一、长三角推进氢能产业创新合作的总体思路 …………… 217
　　二、长三角推进氢能产业创新合作的重点领域 …………… 219
　　三、长三角推动氢能产业创新合作的实施路径 …………… 222
　　四、长三角推动氢能产业创新合作的政策建议 …………… 232

参考文献 ……………………………………………………………… 237

第一篇 理论篇

第一章 | 绪 论

- 研究背景
- 研究意义

推动绿色低碳发展是大势所趋。在全球舞台上,绿色经济已经成为产业竞争的制高点,引领着全球产业结构的转型与升级。当今全球范围内正兴起"氢能经济"和"氢能社会"的发展热潮,氢能产业已成为各国绿色经济与绿色技术竞争的制高点(李丹枫,2022),氢能产业作为一种重要的战略性新兴产业,是全球绿色低碳科技竞争的关键领域,发展氢能产业在我国能源转型与"双碳"目标实现的进程中,具有至关重要的作用。

国际氢能理事会的数据显示,美国、日本等超过30个国家和地区,以及欧盟等国际组织制定了氢能发展战略或路线图,并积极推进氢能产业技术攻关与产业创新发展。日本、德国、美国等世界主要国家都将发展氢能产业作为提升国家产业竞争力和经济政治领导力的重要契机,并加快布局氢能产业创新。我国中央及各地方政府纷纷发布氢能产业发展的中长期规划,并强调氢能在未来能源体系与产业体系的重要地位。推动氢能产业发展对于我国能源体系转型以及"双碳"战略目标的实现发挥着举足轻重的作用。

氢能产业链与创新链十分复杂,其成功发展高度依赖产业链与创新链的深度融合,以及城市间和产业创新主体间的高效协同布局与集群化发展策略。作为我国氢能产业基础最好、创新能力最强的地区之一,近年来,长三角地区在氢能产业的布局上展现出积极态势,致力于推动氢能产业的协同创新与发展。然而,不容忽视的是,各地在氢能产业的布局上仍呈现出零散分布的现象,同质竞争较为突出。此外,关键核心技术的缺失以及跨区域协同创新机制不完善等问题依然明显。建立区域协同、高效联动的氢能产业协同创新机制已刻不容缓。当前,需充分发挥长三角各地的独特优势,共同打造跨区域的氢能产业协同创新格局,以加快构建具备全球竞争力的氢能产业体系,从而更好完成抢占绿色经济全球产业竞争制高点的重要使命。

一、研究背景

随着全球气候变化和环境污染问题日益严重,能源转型和低碳发展成为各国关注的重点,氢能因其清洁、高效和可持续等特性,被视为未来能源体系的重要组成部分。长三角地区作为中国经济最具活力和创新力的区域之一,具有产业基础雄厚、科技资源丰富和市场潜力巨大的优势。近年来,长三角地区积极推进氢能产业的发展,通过区域协同创新和合作机制,加速氢能技术的研发、产业链构建和市场推广,对于推动区域经济高质量发展和促进经济社会发展的全面绿色转型,具有重要价值。

(一)全球及我国加快布局氢能产业和推进创新合作

"双碳"目标推动全球能源行业由高碳能源向低碳能源转型,氢能作为一种来源广泛、清洁无碳、应用场景丰富的绿色能源,正成为全球关注和投资的热点。据国际氢能源委员会预测,到2050年,全球清洁氢的需求可能达到约6.6亿吨,占全球最终能源需求的22%,这一显著增长不仅能够助力全球能源结构的转型,更有望实现每年减少高达70亿吨的二氧化碳排放量。在全球能源向清洁化、低碳化、智能化的发展趋势下,发展氢能产业成为全球主要国家和地区的重要战略。国际氢能理事会的数据显示,全球范围内,包括美国、日本等超过30个国家和地区,以及欧盟等国际组织已制定氢能发展战略或路线图,并积极推进氢能产业技术攻关与产业创新发展。自从2017年日本发布全球首个氢能战略《氢能源基本战略》以来,全球已有超过40个国家和地区以及国际组织发布氢能战略,例如欧盟的《气候中性的欧洲氢能战略》《欧洲氢能战略》、美国的《美国向氢经济过渡的 2030 年及远景展望》《国家氢能发展路线图》《氢计划发展指南》、德国的《国家氢能战略》等,氢能产业成为全球竞相布局、积极抢占的战略高地。

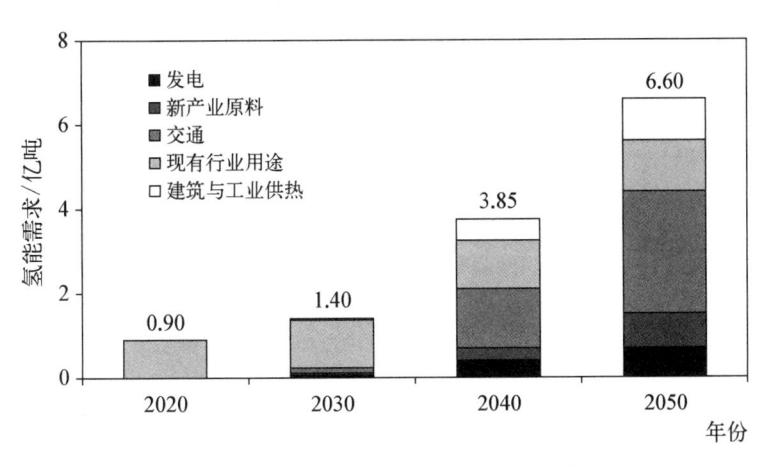

图 1-1-1　2050 年前全球氢能需求[①]

在各国和各地区氢能发展战略推动下,全球积极布局氢能项目。2023 年 9 月,国际能源署(IEA)发布统计报告,2022 年全球氢气总产量(含合成气)超 9 500 万吨,其中纯氢制备产量逾 7 900 万吨、工业副产氢气逾 1 600 万吨,当年全球氢气总需求量达 9 500 万吨,超过 2021 年 9 400 万吨的历史最高需求水平。在加氢站建设方面,德国 LBST 最新发布报告显示,2012—2022 年全球加氢站保有量从 215 座增长至 814 座,其中 2022 年新投运 130 座加氢站。欧洲、亚洲、北美洲是全球加氢站建设的主要地区,自 2019 年以来,亚洲地区在加氢站数量上实现了对欧洲地区的赶超,未来氢燃料电池汽车在亚洲地区将有更适宜的运营环境。

---

① Hydrogen Council: *Hydrogen for Net-Zero: A critical cost-competitive energy vector*, Mckinsey & Company, November, 2021.

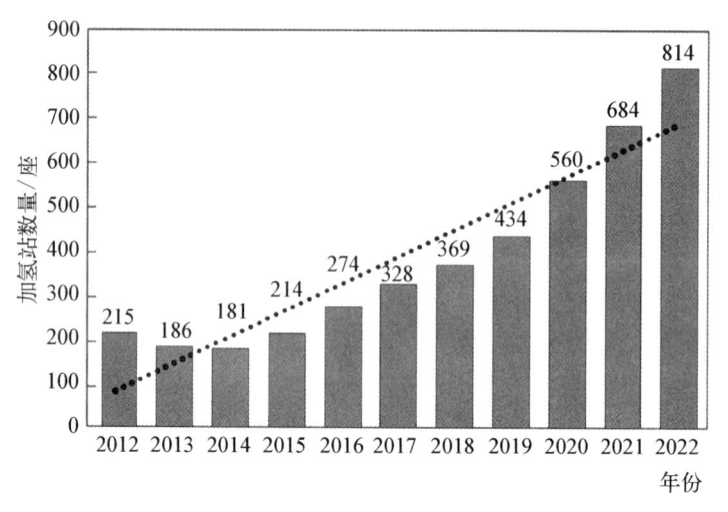

图 1-1-2　2012—2022 年全球投运加氢站数量增长情况①

由于氢能产业高度依赖产业链、创新链等的深度融合，以及集群式布局与发展，所以国外主要经济体十分注重推动氢能产业融合集群发展，例如日本提出以东京、中京、关西、北九州四大都市圈的区域合作模式建立氢能产业创新集群，德国提出建设"氢能区域"，美国提出建设连接中西部各州的"替代燃料运输走廊"（傅翠晓，2019）。同时，美国、日本、德国等发达国家十分重视氢能产业的融合集群发展，纷纷通过政策引领和资金支持来推动该领域的进步，其出台一系列支持政策，设立了研发项目和产业促进计划等。可见，未来推动氢能产业发展必须加强区域合作，推动产业链、创新链跨区域融合。

（二）氢能产业是长三角抢占全球产业竞争制高点和绿色低碳转型的抓手

未来产业、战略性新兴产业是新一轮技术变革和产业变革的新方

---

① 数据来源：德国 LBST 统计数据。

向,也是全球产业竞争的制高点。氢能作为一种高效、清洁和可再生的能源,具有广阔的应用场景以及庞大的产业链价值,在未来能源体系与产业体系中具有重要地位,是全球产业竞争的关键领域。作为氢能产业发展的先行者,长三角地区具备雄厚的氢能产业基础、丰富的科技资源和广阔的市场前景,肩负着参与全球氢能产业竞争制高点的重要责任与使命。通过积极推进氢能产业的发展,长三角地区不仅能够引领全球氢能技术创新和产业布局,占据国际竞争的有利位置,还能够有效推动区域内的能源结构优化和碳排放减量。

近年来,长三角各地政府高度重视氢能产业的发展,纷纷出台政策支持氢能技术研发和产业化进程,在工业、交通、能源等领域开展了广泛的前瞻性布局。上海市发布了《上海打造未来产业创新高地发展壮大未来产业集群行动方案》等一系列政策文件,江苏省发布了《江苏省氢燃料电池汽车产业发展行动规划》,浙江省发布了《浙江省能源发展"十四五"规划》(对氢燃料电池装备、汽车等进行了部署),安徽省发布了《安徽省氢能产业发展中长期规划(2022—2035年)》等。在上海市生态环境保护大会上,市领导指出,要坚定不移推动发展方式绿色低碳转型,加快推动新型储能产业发展,构建清洁低碳安全高效的能源体系,加快培育绿色发展新动能,支持新能源汽车、节能环保等新兴产业发展。[①] 江苏省委领导在全省生态环境保护大会上强调:要全面推进经济社会发展绿色化低碳化,……构建清洁低碳安全高效的能源体系。[②] 浙江省、安徽省的省委省政府也在相关会议上高度强调要全面推进绿色低碳转型。同时,长三角各地积极展开协同合作,建立了完善的氢能

---

① 张骏:《更加坚定地走生态优先绿色发展之路 上海市生态环境保护大会举行》,《解放日报》,2023年9月12日第1版。
② 《信长星在全省生态环境保护大会上强调更加坚决扛起美丽中国建设的江苏责任 在推进人与自然和谐共生的现代化中走在前做示范》,《新华日报》,2023年9月14日第1版。

产业链,从氢气制备、储运到终端应用,覆盖了整个价值链条。通过政府、企业、高校和科研机构的紧密合作,长三角地区在氢能领域取得了多项技术突破,形成了一批具有国际竞争力的创新成果。

在此背景下,深化氢能技术创新并推动其产业化应用,加强长三角氢能产业创新,对于长三角地区而言,不仅将加速实现绿色低碳的发展方式转型,更能在全球清洁能源竞争中占据先机,为中国乃至世界的绿色低碳发展提供示范和引领。

(三)跨区域创新合作是长三角氢能产业高质量发展的关键

在全球能源变革和低碳经济的背景下,氢能产业作为战略性新兴产业,迫切需要多方资源的整合与协同。长三角地区氢能产业是我国氢能产业发展的第一梯队,氢能资源、创新基础良好,各地高度重视、提前布局,使氢能产业初具规模,并形成了完整的产业链,长三角地区的氢能产业发展已初步呈现空间聚集发展的态势。然而,氢能产业具有复杂多样、产业链条长、技术密集型等特征,高度依赖产业融合集群发展。一方面,氢能产业涉及制氢、储氢、运氢加氢、用氢等多个环节,且各环节联系十分紧密、相互依存,这要求氢能产业链上的各个主体和要素实现深度融合,促进产业链内部的互动协作。另一方面,单靠某一城市或单个企业的力量难以应对复杂的技术挑战和市场需求,且单个城市难以支撑起氢能产业链的研发制造全过程、全链条,且难以形成有效的氢能产业创新网络,进而限制氢能产业的推广应用。长三角地区应充分利用各自在氢制取、储运、燃料电池等技术领域的优势,以及丰富的应用场景资源,打通产业发展堵点,补齐产业发展短板。通过优化生产、分配、流通、消费等各个环节,实现氢能产业的深度融合与集群发展。因此,构建跨区域创新合作机制成为必然选择。

通过创新合作,长三角地区可以实现资源共享、优势互补和风险共担,加速氢能技术的研发和应用。例如,上海市的科技创新资源、江苏省的制造业优势、浙江省的数字经济实力和安徽省的制氢优势,通过合作可以形成强大的创新合力,推动氢能技术的快速突破和产业化进程。此外,创新合作还可以促进区域内高校、科研机构、企业和政府之间的紧密联系,形成良好的创新生态系统,提高创新效率和成果转化率。同时,推进创新合作也有助于优化区域资源配置,避免重复建设和资源浪费,提升整体竞争力。在政策层面,各地政府可以通过制定统一的产业标准和扶持政策,营造良好的政策环境,支持氢能产业的发展。企业则可以通过联合研发、共同投资和市场拓展,实现互利共赢,增强市场竞争力。

二、研究意义

(一)理论意义

在全球化与科技迅猛发展的背景下,创新合作成为推动产业进步和区域经济发展的重要理论与实践方向。产业创新合作强调跨组织、跨区域和跨领域的协同创新,旨在通过资源共享、优势互补和集体智慧的汇聚,共同推动技术创新的突破和市场拓展。长三角在氢能产业发展中展现出高度的协同合作潜力和需求,开展长三角氢能产业创新合作机理与路径研究,也是对这一理论的重要回应。本书正是基于创新网络理论、协同创新理论等相关理论,分析氢能产业创新合作的理论基础、影响机制、合作方式与合作效应等,并构建理论分析框架,通过对长三角地区氢能产业创新合作的实证检验,进一步验证这一理论框架的有效性和适用性,从而为氢能产业的可持续发展提供坚实的理论支撑和实践指导。

1. 系统分析了氢能产业创新合作机制

本书立足于经济地理学理论与思维,综合管理学、经济学、社会学等多个学科的理论和方法,从全球—地方创新网络、区域协同创新、区域创新系统、社会网络理论等方面探讨了氢能产业创新合作的理论基础,从创新基础、经济环境、制度环境、多维邻近性等分析了氢能产业创新合作影响机制,并分析了氢能产业创新合作模式及其经济效应、创新效应、环境效应等,进而构建了氢能产业创新合作理论分析框架。一方面,本书这种跨学科的研究方法丰富了单一学科的理论体系,为复杂问题的解决提供了多角度的视野和方法;另一方面,本书构建了氢能产业创新合作理论分析框架,阐述了其影响机制、合作模式等,尤其探讨了跨区域创新合作对氢能产业创新的作用机理。以上不仅为探讨长三角氢能产业创新提供了理论支持,也为其他区域的产业创新合作研究提供了参考。

2. 揭示了氢能产业创新合作规律特征

长期以来,学术界和产业界在氢能产业及其技术创新方面的认识尚显不足,未充分理解其有别于传统产业的特质。因此,对于氢能产业创新合作内容、组织形式、结网机制以及空间模式等方面的变革尚未进行深入研究。氢能技术的公共物品属性较强,并具有长研发周期、高投入、高风险等特征,企业缺乏自主研发动力,通常依靠传统自发式、松散式合作获取外部技术和提升创新能力,然而,这种合作模式缺乏针对性、整合力和协同性,而且未能有效形成协同性更强的创新组织形式。值得注意的是,继自发式结网、网络式创新之后,整合式创新成为新的创新合作组织模式,并强调战略驱动、要素整合、开放协同(陈劲,2021)。依靠龙头企业牵头推动创新合作便是整合式创新的重要体现,本书突出龙头企业在氢能产业创新合作中的地位与作用,这为破解具有强公共品属性和强战略性特征的氢能产业的创新合作困境提供了解决思路。

3. 阐述了氢能产业创新合作组织机制特征

本书基于氢能产业的公共物品属性特征,深入剖析了传统松散式合作和零散式布局等产业创新组织在突破氢能产业关键技术瓶颈以及塑造稳固的氢能产业国际竞争优势方面所面临的局限性。这些传统的组织模式难以有效地集结资源、形成合力,进而制约了氢能产业的持续发展和国际竞争力的提升。以龙头企业为主导的产学研合作模式、具有明确的任务导向和战略意义,对于氢能产业创新合作具有重要价值。作为重要的产业链和创新链实施主体,龙头企业创新资源禀赋及资源整合能力强,能有效弥补当前创新模式导致的产学研脱节、科技成果落地难转化难等问题,有助于建立起企业、科研院所等创新主体间的桥梁,促进氢能技术研发和创新成果示范应用。本书突破了以往氢能产业创新合作研究中基于自发式结网和网络式合作的局限,着重强调了构建组织力强、区域联动紧密的创新合作方式的重要性,有助于弥补传统创新合作理论对氢能技术创新解释的不足。

(二) 现实意义

1. 强调了跨区域创新合作对于长三角氢能产业创新发展的战略意义

由于氢能产业链及创新链长且复杂,几乎没有任何一个城市能支撑起氢能产业研发与制造的全过程、全链条,单个地区的科技与产业力量有限,难以形成氢能产业创新网络,也无法形成规模经济,不利于氢能产业创新发展。国外十分注重以区域创新合作推动氢能产业创新发展。美国、日本、德国等十分注重对氢能产业区域创新合作提供政策、资金支持,并将通用电气、丰田汽车、壳牌、道达尔等龙头企业作为重点支持对象。而在长三角地区的实际工作中,一方面,在氢能产业创新的过程中,存在一种过度强调独立研发而忽视区域分工协作,以及产业链上中下游协同合作的倾向,且各地趋于同质化,高度集中于燃料电池研发、整车制造及公共交通领域应用示范,跨区域创新合作缺乏,导致形成有产业集聚、缺创新协同的"集群假象"。另一方面,各地注重单点突破,忽视了氢能产业对全链条创新合作的强烈需求,以及创新链与产业链之间的高效反馈互动和深度融合的重要性。而且缺乏组织力和影响力强的龙头企业,致使长三角氢能产业创新陷入零散低效的困境。本书提出从长三角层面打造创新合作生态,建立有利于氢能产业创新合作的政策支持体系成为长三角各地政府的重要工作抓手。

2. 刻画了长三角氢能产业创新合作网络规律

因现有研究较少对氢能产业尤其是长三角地区氢能产业创新合作网络特征与空间规律进行分析,研究者难以通过揭示规律,为氢能产业创新合作布局提供科学指导。本书引入大数据分析、复杂网络、GIS(地理信息系统)分析等方法以及专利数据等,尤其注重问卷调查、实地调研和案例考察,详细刻画了长三角地区氢能产业创新合作的结构特征、水平特征、空间特征。特别地,本书根据国家知识产权局的氢能产业技术分类,将氢能产业分为制氢、储氢、运氢加氢、用氢四个环节,对氢能产业不同环节的创新合作网络格局进行了详细且独立的分析。本书在一定程度上丰富了氢能产业创新合作研究方法与数据,使研究长三角氢能产业创新合作具有全局观,也揭示了长三角氢能产业创新合作问题的现实瓶颈。

3. 提出了长三角氢能产业创新合作的路径与策略

本书发现了氢能产业创新合作机制与政策支持的新指向,即对跨区域创新合作、龙头企业、创新合作生态体系等的重视。本书指出,当前长三角地区面向氢能产业创新合作的实施计划、组织机制、资金支持等尚未做出系统性、有针对性的政策设计。这不仅难以有效地组织产业与创新要素,容易造成产业技术短缺而被"卡脖子",也难以形成具有全球竞争力的氢能产业体系。

本书通过借鉴国外氢能产业创新合作经验模式,结合实地调研与案例考察进行问题识别与瓶颈分析,从打造创新合作生态角度出发,提出长三角推动氢能产业创新合作路径,并提出系统性、精细化的政策支持建议清单。一方面,本书关于全球氢能产业发展趋势与国外经验、长三角地区的现状与问题等专题研究,将为上海市及长三角各地研判氢能产业发展方向、借鉴国外经验、弥补当前面临的短板与瓶颈提供重要参考。另一方面,本书有助于完备长三角氢能产业创新合作的制度体系框架和政策设计工具箱,破解当前氢能产业创新零散低效的困境,抢占绿色经济全球产业竞争制高点。

第二章 | 创新网络及氢能产业创新合作研究综述

- 创新网络研究知识图谱
- 创新网络相关研究重点
- 氢能产业创新合作相关研究
- 研究述评

考虑到创新网络和氢能产业创新合作的研究具有经济学、地理学、管理学等多学科交叉融合以及研究对象具有多样性等特征,本章围绕"创新网络"和"氢能产业创新合作"两个核心研究主题对国内外相关研究进行系统梳理和总结。本章通过运用CiteSpace软件,重点对我国文献进行计量分析,旨在揭示当前研究的主要研究领域和热门话题。通过对研究领域核心文献的比较和总结,整理研究发展的理论脉络,同时深入探讨当前研究存在的不足,挖掘未来研究的潜在价值。

一、创新网络研究知识图谱

过去30多年里,国内外大量学者利用网络的概念和思维分析区域创新系统、企业与组织间网络、全球生产网络、产业集群网络、城市网络等;尤其聚焦于创新领域的网络研究,分析创新网络主体、不同区域间的相互联系、连通性、知识流动过程及其效应。CiteSpace软件可以通过提取现有文献的信息单元,对这些信息单元的水系类型和强度进行重构,形成具有不同意义的网络构建并进行可视化分析,呈现相关主题的研究热点和发展趋势变化,其突出特点是图形展示能力强,可进行大规模数据分析。在国外创新网络研究的基础上,我国学者同样对创新网络领域也展开了大量的研究。为此,本节运用CiteSpace软件对我国创新网络主体论文进行知识图谱分析。其中,研究数据来源于CNKI,主题为"创新网络",文献来源类别为"CSSCI",时间跨度为2000—2023年(检索时间为2024年3月25日),共检索出5 032篇论文。

(一)时序分析

为了解国内创新网络的整体研究规模和关注度,本节对筛选出的文献数量进行时序分析(见图2-1-1),其整体可分为三个阶段。(1) 探索阶段(2000—2007年):在全球化的浪潮下,跨国公司的崛起极大地推动了经济和技术在国际的交流与转移。特别是美国硅谷的辉煌成就,让学术界、政界和产业界共同认识到创新合作网络的重要性。在这一背景下,国内学者也开始对创新系统及创新网络进行深入的研究与探索。然而,在初期阶段,关于创新网络的文献数量相对较少,呈现缓慢的增长态势。(2) 快速增长阶段(2008—2017年):随着创新网络重要性的凸显,政府推出了一系列支持创新合作的政策和项目,技术创新和转移、合作研发等受到学术界的广泛重视。同时,信息技术的飞速发展促进了知识的跨区域乃至跨国流动,创新合作得以在更大范围内实现,越来越多的学者关注到创新网络及其生成机制,研究规模迅速扩大。在这一时期,创新网络研究数量开始快速增长,我国在创新网络研究方面呈现快速发展的态势。(3) 稳定阶段(2018—2023年)。随着数字经济的快速兴起,尤其是人工智能、物联网、5G等技术的快速发

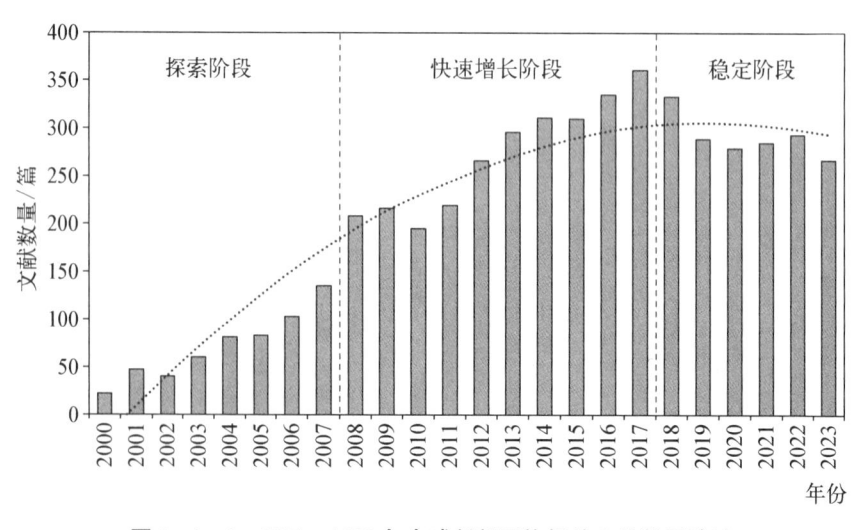

图 2-1-1 2000—2023 年全球创新网络相关文献数量统计

展,我国对创新网络的研究进一步深化。尽管文献数量与快速发展阶段相比有所下降,但总体保持稳定态势,并且研究领域开始突破传统制造业限制,积极探索金融、服务等多元领域的创新合作,从而推动了创新网络研究的进一步深化与拓展。

(二)学科与期刊分布

创新网络是一个多学科交叉的研究领域,也吸引了管理学、地理学、经济学、城市科学、情报科学等多个学科领域的关注。根据 CNKI 的学科分类,国内创新网络研究发文量排名前列的学科为企业经济、经济体制改革、工业经济、宏观经济管理和可持续发展、高等教育、科学管理研究等(图2-1-2)。从期刊分布看(图2-1-3),我国刊载创新网络研究文献的期刊主要为《科技进步与对策》《科学学与科学技术管理》《科学学研究》《科研管理》等管理类期刊,其中,地理类核心期刊《经济地理》也位列前10。排名10位之后的期刊还有《地理研究》(27篇)、《世界地理研究》(22篇)等地理类期刊,《情报杂志》(53篇)等情报科学

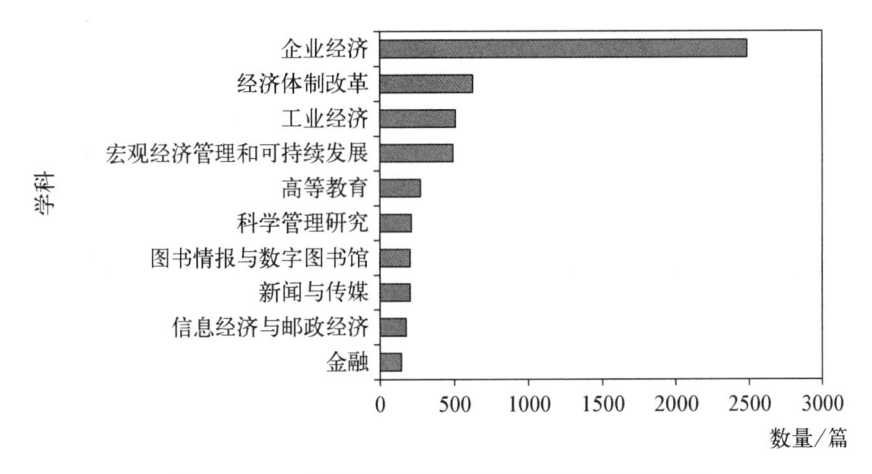

图2-1-2 创新网络研究主要学科文献数量(前10)

类期刊,以及《工业技术经济》(26篇)、《中国工业经济》(22篇)等经济类期刊。显然,创新网络研究呈现出多元化的特征,这不仅彰显了我国在这一领域的深入研究与活力,也凸显了创新网络研究跨学科的综合性特点,特别是在管理学、地理学和经济学等多个学科领域的广泛涉猎和深刻影响。

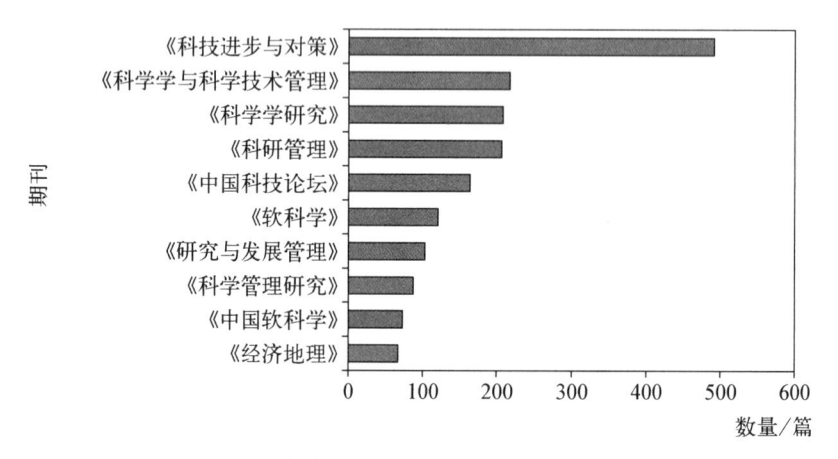

图2-1-3 创新网络研究主要期刊文献数量(前10)

(三) 关键主题词及其演化

运用CiteSpace软件对创新网络主题的中文期刊论文进行知识图谱分析,通过观察关键词共现情况,分析创新网络的研究脉络。通过对2000—2023年创新网络研究的中文文献关键词前40分析发现(表2-1-1),创新网络、创新绩效、技术创新、创新、协同创新、产业集群、网络结构及社会网络等关键词的词频较高。从高频关键词可以看出,国内创新网络研究主要讨论了创新网络、协同创新、产业集群、结构洞、吸收能力和网络权利等理论主题,并讨论了网络结构、社会网络、复杂网络等研究方法,以及创新绩效、网络环境、演化、影响因素、企业创新、中小企业、区域创新、产学研等研究视角与研究对象;同时,还讨论了协同创新、知识网络、知识转移、创新扩散、知识共享及知识流动等多样化的创新网络形式。

表 2-1-1　2000—2023 年创新网络研究中文文献高频关键词(前 40)

单位：次

关键词	频次	关键词	频次	关键词	频次	关键词	频次
创新网络	632	网络能力	70	知识转移	51	网络演化	35
创新绩效	319	知识网络	68	吸收能力	50	网络惯例	33
技术创新	239	网络	67	影响因素	48	双元创新	31
创新	215	网络嵌入	67	创新扩散	46	演化	31
协同创新	204	知识创新	65	合作创新	43	知识流动	29
产业集群	196	结构洞	60	区域创新	42	组织学习	27
网络结构	128	复杂网络	55	中小企业	39	服务创新	27
社会网络	124	网络位置	53	核心企业	36	网络组织	25
创新能力	95	合作网络	52	自主创新	36	网络权力	25
网络环境	78	企业创新	51	知识共享	35	产学研	24

为进一步分析不同时期创新网络研究关键词的演变，本部分运用 CiteSpace 软件进行数据处理，时间切片选择 3 年，并选择每个切片中前 5% 的关键词所形成的知识图谱，采用寻径网络算法对网络进行裁剪，使用时区图对关键词共现情况进行可视化。CNKI 中创新网络文献的关键词共现分析情况如图 2-1-4 所示。总体上，国内不同时期创新网络研究的关键词及其特征表现为：(1)在探索阶段，创新网络研究中文文献的关键词包括创新、技术创新、产业集群、创新绩效等，并对网

络结构和社会网络等也做了一定探讨。在这一时期,我国学习硅谷经验,设立了大批高新技术开发区和大学科技园,国内学者也十分注重产业集群内部的创新合作,考察创新网络的特征及其在创新过程中所发挥的作用。(2)在快速增长阶段,其关键词主要包括协同创新、知识转移、知识共享和合作网络等。在该时期,随着全球供应链的形成以及信息技术的飞速发展,知识和技术的跨区域流动更为便捷,创新合作、协同创新等成为时下热门领域,学者们开始关注产业集群之外的跨区域创新合作领域。学术界主要关注创新网络的结构、演化和空间特征,以及社会网络、复杂网络、仿真模拟等方法的使用,这使得创新网络研究得到进一步的拓展和深化。(3)在稳定阶段,其关键词主要包括中介效应、长三角、城市网络、绿色创新、数字经济等。在该时期,创新网络研究呈现出两方面特征:一是数字经济的出现是这一时期的最主要特征,创新网络也随之深入服务业、金融业等非制造业领域,人工智能、5G

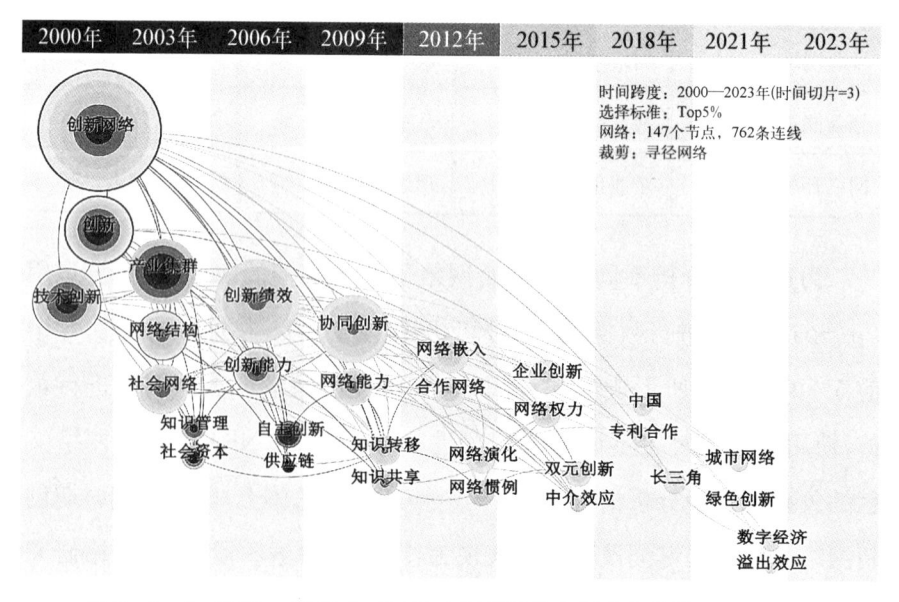

图 2-1-4 2000—2023 年 CNKI 中创新网络主题论文关键词知识网络

等技术的发展进一步促进了创新网络的演化,其类型和尺度日益广泛,合作模式和发生机制日益复杂,国内学者们为此开展了大量的理论和实证探索。二是随着长三角一体化战略上升为国家战略,区域尺度的创新网络研究受到高度关注,学者们将创新网络和区域一体化进行结合,摒弃了传统管理学研究中将创新主体单纯视为网络节点的做法,而是采取了更加宏观的视角,将城市视为创新网络的新兴结构单元。

二、创新网络相关研究重点

近几十年来,地理学、管理学等领域学者围绕创新网络展开了大量探讨,进行了理论构建,从理论上阐述了创新网络的特征、机制、效应等,并结合了不同类型产业与创新领域展开了大量的实证检验。总体上,创新网络研究主要涉及创新网络结构、创新网络类型、创新网络演化、创新网络综合效应等领域。

(一)创新网络的结构特征

识别创新合作网络的结构特征是构建和完善区域创新系统和优化创新资源配置的基础,现有研究主要从地理结构和拓扑结构属性方面探讨了创新合作网络的格局特征。(1)创新网络的拓扑结构。拓扑结构是复杂网络理论的核心内容,其关键在于深入剖析和理解网络的内在构造特性,创新网络的拓扑结构研究涵盖了多个重要概念,如网络规模、网络密度、路径长度等,拓扑结构研究的目的之一在于揭示创新网络的小世界特性(王庆喜等,2021),小世界特性表现为网络虽拥有庞大的规模,却同时具备较短的平均路径长度以及较高的聚类系数,这意味着网络内的节点不仅容易形成高度聚集的社区结构,而且这些社区之间保持着相对较短的连接路径。这使得即使对网络结构进行了微小的调整或改变,也可能带来性能上的显著提升,从而为优化网络结构、提升系统效能提供理论指导和实践依据。(2)创新网络的空间结构。学者们依据各种创新流等数据,在不同地理尺度上对创新网络格局进行了深入探究(程雪兰等,2021)。在整体创新活动视角下,长三角、珠三角及京津冀三大城市群作为城市创新网络中的显著热点区域,其内部呈现了典型的"核心—边缘"组织架构(盛彦文等,2020)。针对特定领域内的创新流,汪涛等(2011)基于生物医药领域的论文合作信息搭建了生物医药知识网络模型,揭示出该网络具有层级分明的"核心—次核心—边缘"的空间分布形态。在城市群层面上,有学者发现长江经济带的创新网络同样体现了"核心—边缘"的结构特点,其中直辖市和省会城市扮演着创新网络中不可替代的核心节点角色(马双等,2018)。

学者们还将创新网络划分为水平结网和垂直结网两种形式,其中水平结网是指发明专利合作网络、产业联盟网络,垂直结网是指产业链分工下,企业与供应商、客户等形成的创新网络(张秀萍等,2016)。认知和测度创新网络结构特征是创新网络研究的关键环节。有学者认为,居于网络核心位置的创新主体往往占有更为丰富的创新资源,从而拥有更高的创新水平,更有可能成为变革的推动者,且创新主体在网络中的地位决定了其吸收和创造知识的能力(Liefner,2012)。关于创新主体在网络中地位的测定,已有研究多采用Freeman提出的高度中心性、接近中心性和中介中心性研究创新主体在创新网络中的位置特征(马菁等,2022),但此类测试中心性的方法均只能评估创新主体间是否存在直接的创新合作关系,未考虑主体间存在的间接创新合作关系,难以全面地反映其真实的网络地位。

（二）创新网络的类型划分

现有研究主要从空间尺度、网络资源、网络功能和网络知识等四个方面对创新网络的类型进行划分。(1) 基于空间尺度划分。在"地方空间"向"流空间"转变的背景下，不同空间尺度的知识联系、创新联系成为经济地理学者关注的焦点。国外学者根据创新主体所在的空间区位，将创新网络空间尺度划分为地方、全球和"全球—地方"三类，国内学者基于中国独特的行政区划体系及其国情背景，对空间尺度进行了更为细致的划分，例如全球创新网络、本国创新网络、城市创新网络等不同类型（曹贤忠，2019）。(2) 基于网络资源的视角进行划分。社会资本能够较好地用于分析如何在组织内外获取知识，然而，当涉及从经济预期的角度解释网络投资时，社会资本的作用则显得较为有限（Huber，2012），为了解决此类难题，有研究者提出了网络资本概念，认为社会资本主要体现为非正式交流，而网络资本则体现为正式交流，能够更好地促进知识流动（Huggins，2010）。(3) 基于网络功能划分。联系网络具有时空动态性，如临时性会展交流网络；而合作网络主要由正式的规则、制度和战略安排形成的创新联系（Turkina et al.，2016），如产业技术战略联盟等。两者在结网的目的、方式、类型等方面存在显著差异。(4) 基于网络知识划分。学者们通常根据知识类型的不同，将创新网络中的知识交流划分为正式交流与非正式交流（曾刚等，2018）。

（三）创新网络的演化机理

创新网络演化机理是近年来经济地理学的热点研究主题之一，当前大部分研究仍采用多维邻近性框架分析创新网络的演化机理。20世纪90年代，法国邻近动力学派提出的"多维邻近性"概念指出地理邻近不再是影响知识和创新要素流动的唯一要素。有研究者进一步将邻近性细分为地理、组织、社会、认知和制度邻近性五个维度(Boschma,2015)。相关研究大多基于多维邻近性探究创新合作的影响机制,例如地理邻近性和非地理邻近性、临时邻近等对网络演化的影响机理(Balland et al., 2013)。虽因产业、区域、发展阶段等异质性,不同维度邻近性的作用程度存在很大差异,但是多数研究都证实了地理邻近性不是知识溢出的充分条件也不是必要条件,认知邻近能够增加知识溢出,对区域产业创新具有至关重要的意义(贺灿飞等,2017)。有学者以中国电子信息产业为例,研究发现地理邻近性对国家内部产业创新网络发挥着积极作用,而技术邻近或者认知邻近是与海外创新主体建立合作关系的基础(周灿等,2017)。研究普遍认为创新活动既需要保持面对面的交流,也需要扩大远程协作的地理范围。前者强调地方创新合作网络中正式及非正式的合作关系所产生的集聚外部性被着重强调,它们对产业创新发展的影响不容忽视。后者旨在阐明与非本地的创新主体所形成的正式或结构化的跨界创新合作关系,即网络外部性,在促进区域产业创新水平提升方面的重要性,二者既有区别,又相互耦合(Bathelt et al., 2011)。

从研究方法上看,现有研究主要采用二次指派程序(quadratic assignment procedure, QAP)以及指数随机图模型研究创新网络的演化机理。QAP回归方法旨在分析多维邻近性等关系变量对网络空间关联特征的影响。而整体创新关联网络是由多个局部微观关联所构成的,网络形成机制不仅包含外生性指标的网络关联效应,还需要同时考虑局部网络结构及经济发展、产业结构等多维属性变量和关系变量对创新网络形成的影响。此外,QAP回归方法所采用的单一网络结构分析的研究结果缺乏统计性推断,难以为多种网络之间的交互影响提供合理解释,更无法识别整体创新网络空间关联网络的形成机制。针对现实网络形成机制的假设检验,有研究者提出了概率网络模型,即构建了能够综合考虑多种内生网络结构变量、"属性变量"和"关系变量"交互影响的指数随机图模型(exponential random graph model, ERGM)(Broekel, 2014)。该模型可以通过强调网络中节点之间的依赖性,并针对空间关联网络形成的过程,以指数函数的形式来验证多种局部网络结构特征对整体网络属性形成的作用,从而实现了微观关联到宏观网络的跨越(邵帅等,2023)。指数随机图模型(ERGM)相比前两个方法有助于全面解析各相关因素在空间关联网络形成中所发挥的不同作用。此外,还有部分研究基于空间交互模型原理采用负二项回归模型,综合分析网络外部关系变量以及双边区域的属性特征对创新合作的影响(马双等,2020)。

（四）创新网络的综合效应

现有研究从个体、组织、区域等多个层面考察创新网络的效应和效益。在个体层面,有研究表明创新网络的成员有着不同的创新资源需求意愿,在创新网络中发挥出不同的节点功能,而中心度较高的节点意味着较高的创新资源需求和创新效益(Li et al., 2013);此外,创新网络的结构洞会对发明者的探索式创新产生积极的影响(Wang et al., 2014)。在组织层面,有研究指出,创新网络节点城市或企业在网络中的能级地位和节点距离对创新效益影响较大,城市在创新网络中占据有利位置能直接促进城市创新产出(周灿等,2017)。有学者通过测度协同创新网络的各项节点指标发现,提高企业在网络中的能级地位能促进提高企业的创新效益(解学梅等,2013)。在区域层面,有研究者提出了网络资本这一概念,用以测度网络创新资源对区域创新效益和经济效益的作用(Huggins, 2010)。

此外,学者们也广泛探讨了地方、全球、全球—地方等不同空间尺度下创新网络的创新效应。(1)地方尺度的创新效应。地方联系通常被划分为企业间联系和官产学研关系。此类研究多把产业集群、创新型区域、创新集群等作为研究对象,探究地方联系的创新效应。大多数研究认为具有地方网络范式的产学研合作是推动集群创新、创新性区域发展的主要链接形式。例如王琛等(2012)发现集群企业与地方邻近的高校、科研机构、政府、协会组织创新联系趋向紧密,地理和组织上的邻近性为集群内部构建了一个有利的创新生态,有助于营造出积极的创新氛围。集群内的主体倾向于在邻近的环境中寻求新知识,这种寻求不仅限于他们自身的认知领域,也广泛涵盖他们所在的集群网络内部。(2)全球尺度的创新效应。为避免或者克服过度依赖地方创新联系而导致创新网络环境变差,大量研究提倡通过链接其他区域的行动者以获得访问外部知识库的机会(Bathelt,2012)。在海外知识获取方面,其对发展中国家地方产业创新能力的提升具有至关重要的作用。特别是在发展的早期阶段,由于自身技术创新水平较低,企业更倾向于通过学习、模仿和吸收的方式,实现海外知识的本土化调整(曾刚等,2004)。(3)多空间尺度互动下的创新效应。此类研究强调不能只关注区域内部的联系,还要关注外部知识联系对区域产业创新发展的影响,产业的创新发展,尤其是新兴产业的发展是地方产业基础与远距离外部联系共同推动的结果。本地和非本地联系的交互作用对区域的知识创造和生产都至关重要(秦小珍等,2021)。

三、氢能产业创新合作相关研究

氢能产业作为能够促进可持续发展的新能源产业,其创新合作的方式及特征正成为经济学、地理学等学科关注的热点话题。纵观已有文献,关于氢能产业创新合作的相关研究内容主要集中在氢能产业创新合作的时空演化特征、氢能产业创新合作的影响因素、氢能产业创新合作方式等方面。

（一）氢能产业创新合作的形成与演化

探讨氢能产业创新合作的形成与演化机理对优化创新资源配置和氢能产业空间布局具有重要意义，学者们对此开展了广泛的探索。刘可文等（2021）以张家港市氢能产业为案例，基于实地调研和访谈资料，对新兴产业创新网络的联系形式、空间尺度与形成机理进行了分析，发现氢能产业创新网络中正式联系和非正式联系的产生均受路径依赖的影响。值得注意的是，不同尺度的创新网络的形成机制存在差异性。具体而言，在本地尺度上，地理和社会邻近性成为主导机制。在中国，跨区域创新联系的构建呈现出两种主要路径：一种是政府主导的"自上而下"方式，另一种是市场驱动的"自下而上"模式。为了更深入地理解这种创新网络的内在机制，有学者运用了社会网络分析和空间网络方法揭示了中国氢能产业创新合作的空间结构特征（Li et al., 2024），其发现我国氢能产业协同创新网络在规模和范围上不断扩大，合作关系稳定。华北、华东地区的发达省市在产学研网络中占据核心地位，其他地区的合作效率逐步扩大；但东北地区的整体合作频率相对较低，华南、西北地区大多处于边缘地位，协作能力较差。有研究表明，氢能产业在经历了前期的缓慢发展，以及21世纪初的创新低谷期后进入了快速发展期，氢能产业技术创新合作不断增长，主要集中在氢燃料电池与氢能供应链的协同发展上（Xue et al., 2024）。

（二）氢能产业创新合作的影响因素

氢能产业创新合作的影响机理是学者们关注的重点内容。有研究发现，中国在氢燃料电池汽车创新网络中形成了轴辐式创新集群模式，但在产业链上尚未形成省际创新合作；在氢能基础设施子网领域，中国氢能产业创新主要受到高校专利申请、装备制造发展、政府补贴以及电动汽车竞争等多重因素的推动，但这一进步也受到传统汽车产业大规模的挑战和阻碍(Pei et al.，2023)。有研究者通过采用事件历史分析和访谈法，对英国1954—2012年氢燃料电池创新和传播的案例研究，认为英国氢燃料电池技术创新发生具有路径依赖，资金、政策、空间位置等对技术创新合作具有重要影响(Hacking，2019)。方刚等(2024)探讨了包括氢能产业在内的新能源产业协同创新的影响因素，认为知识距离在知识基础、知识投入影响知识融合的过程中均存在双重门槛效应。

（三）氢能产业创新合作的方式与路径

学者们广泛讨论产学研合作模式在氢能产业创新合作中的作用，普遍认为企业、政府、高校等主体在氢能产业合作创新过程中发挥着关键作用。有研究者认为高校和科研院所是我国氢燃料电池汽车创新网络的重要创新者。企业通过与企业合作获取知识，形成产学研合作模式(Pei et al.，2023)。有学者分析和讨论了创新联盟核心实体与其他实体之间的合作关系，研究发现氢能研发实力较强的企业申请专利占比最大，其中中国石油化工股份有限公司、国家电网股份有限公司、中国华能集团等单位在推动技术创新合作等方面发挥了关键作用(Pan et al.，2024)。有研究探讨了行业和大学通过创新网络推动氢能产业创新与发展，发现匈牙利的氢能产业的创新合作呈现"学术界推动探索，工业界推动开发"的特征(Csedő et al.，2021)。另有研究发现，我国的氢能产业创新合作网络在规模和范围上均呈现显著的增长趋势，同时合作关系也日趋稳定，但呈现出网络密度低、合作关系松散的特点，逐步展现出无标度网络的特性(Li et al.，2024)。尽管如此，还是有越来越多的专利主体参与到创新合作中。高校和科研院所是我国氢燃料电池汽车创新网络的重要创新者,对于推动创新合作起到了关键作用。

四、研究述评

氢能产业创新合作和创新网络是区域经济学和经济地理学所关注的重要议题,学者们围绕创新网络和氢能产业创新合作两大主题开展了大量的研究,为本书的研究提供了坚实基础。总体来看,学界关于创新网络的研究主要集中在关系经济地理和演化经济地理两大学术流派,内容主要集中在创新网络结构特征、类型划分、演化机理和综合效应等四大主题;氢能产业创新合作的研究内容主要集中在创新合作的形成与演化、影响机理和方式与路径等方面。然而,关于氢能产业创新合作的研究目前处于起始阶段,其理论支撑体系仍需进一步丰富和完善。未来可重点从以下几个方面开展深入研究:

1. 探究氢能产业不同产业链环节的外部创新联系对产业创新效应的差异。在现有产业创新网络的研究中,将创新网络分为产学研网络、企业间网络、产业联盟网络等,此类研究大多从全产业链的角度探讨产业创新网络的格局、过程、效应与机理。产业链各环节创新模块存在知识异质性,与简单地将知识基础分为同质性与异质性、解析性与合成型不同,根据产业链环节的实际特点来界定知识的属性,更能反映产业本身的知识属性。在全产业链分析的基础上,进一步分析产业链的不同环节、不同空间尺度的外部创新联系对产业创新的影响程度的差异及其作用机制,对弥合已有的研究分歧具有重要的理论意义。

2. 从"本地—跨域"视角和多空间尺度视角出发探究外部创新联系与本地知识基础的交互效应。关系经济地理学派强调多空间尺度的共同作用才能推进持续高效的创新。尽管现有研究主要阐释了全球—地方的战略耦合以及区域内外部创新联系交互作用对产业创新的影响，但学者一致认为地方创新主体需要重视外部知识获取，以弥补自身知识、技术储备的不足，一方面认为信息技术的发展有效地降低了区域内外不同空间尺度的合作交流所产生的空间运行成本，地理邻近不再是制约知识流动的主要因素，创新联系不再局限在地方尺度；另一方面认为区域创新系统是产业创新网络内部相关知识溢出的重要保障。多空间尺度的耦合能够带来互补性、异质性知识，尤其来自全球创新网络获取的海外知识在一定程度上能够为产业的发展带来更多的异质性知识，从而促进区域产业的创新发展。然而，鲜有研究阐明何种空间尺度的外部联系更有利于提升产业的创新水平。面对国际环境的不稳定，全球尺度外部创新联系受到阻滞，探究在国家内部，何种空间尺度的外部创新联系对产业创新的作用更为显著，也就是探究不同空间尺度的外部创新联系的创新效应及作用机理成为下一阶段重要的研究命题。

3. 氢能产业创新合作研究基于城市主体的区域研究视角，从城市层面出发探究城市间的绿色创新网络的影响因素和作用机理。目前的氢能产业创新合作相关研究大多从组织层面和产业层面出发，以创新主体的利益导向和创新驱动来源为对象展开研究，将氢能产业创新合作的节点功能表现看作网络演化的关键，以节点视角诠释了绿色创新网络的影响因素。众多学者基于氢能产业创新合作各节点的组织类型和功能探讨网络影响因素和演化规律，这些研究进行了充分探讨且争议不大，但是仅以组织主体来探讨绿色创新网络的空间格局和区域效益就失之偏颇。氢能产业创新主体具有类型众多、功能复杂等特征，氢能产业创新网络的空间格局和区域效益研究非常需要区域研究视角。未来，深入研究区域层面城市氢能产业创新的影响因素和作用机理，对区域经济学和经济地理学的理论与实践发展均具有重要意义。

第三章 | 氢能产业创新合作的理论基础与分析框架

- 理论基础
- 氢能产业创新合作的影响机制
- 氢能产业创新合作的主要方式
- 氢能产业创新合作的作用效应
- 氢能产业创新合作的分析框架

创新合作是促进氢能产业技术创新能力提升的重要手段。在当今创新范式从"线性创新"向"网络式创新"演进的背景下,产业合作创新已成为推动区域经济高质量发展和创新能力提升的重要实践路径,同时也是理论研究中亟待深入探索的关键议题。氢能产业创新合作的研究具有经济学、管理学、地理学等多学科交叉融合的特征,氢能产业创新合作涉及区域协同创新理论、区域创新系统理论、全球—地方创新网络理论、社会网络理论等理论内涵。基于此,本章旨在梳理和总结氢能产业创新合作的理论基础和问题,进一步提出氢能产业创新合作的分析框架。

一、理论基础

(一)区域协同创新理论

知识经济时代的科技发展加速,技术创新的难度也越来越大,单独的创新活动,小范围、单层次的合作创新已很难满足技术创新的需要。为了适应环境的变化,创新主体对于互补知识和外部资源的依赖程度日益加深,因此,他们愈发迫切地需要与其他创新主体展开广泛而深入的交流与合作,以提高创新绩效。协同创新指基于在信息技术的网络环境中,创新生态系统以提高系统协同创新绩效为目标,以增强创新生态系统协同创新能力为核心,通过系统内成员的密切合作与众多创新要素的协同作用,完成创新生态系统内技术或产品从创新产生至技术扩散的整个过程。

1. 协同创新理论的形成

20世纪初,经济学家熊彼特首次提出创新理论,其核心观点认为创新是经济发展的主要动力,是一种内部自发的过程和"创造性的破坏",即创新的过程是不断破坏旧结构,不断创造新结构的过程(Schumpeter et al.,

2003)。在经济全球化背景下,跨国公司主导的全球价值链、生产链体系逐渐形成,通过利用信息技术、互联网技术等手段,逐步实现企业产品设计、生产制造、管理等的协同制造,科技创新形成跨部门、跨组织的合作关系,推动了开放式创新理论的形成。同时,随着科技发展日新月异,创新活动的复杂性和风险性不断增强,单一主体已无法满足创新所需全部要素的有效整合,具有异质资源的主体间的多元互动和协同合作逐渐取代传统创新模式成为创新活动的主流。协同理论将企业视为一个协同系统,企业生产、经营、管理等各个子系统间相互影响、相互合作,共同利用资源而产生"1+1>2"的效应,即协同效应。协同创新的创新网络组织结构从中心化到去中心化,再到分布式演变(图3-1-1),相对于协同制造和开放式创新,协同创新是更为复杂的创新组织形式(陈劲等,2012)。协同创新是以知识创造为核心,以企业、高校、科研院所、政府等为创新主体,以中介组织、金融机构、创新平台等为支撑主体形成的网络创新模式。

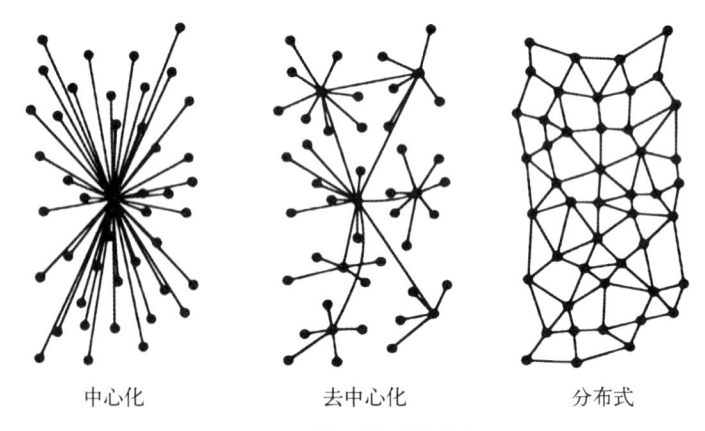

中心化　　　去中心化　　　分布式

图3-1-1　创新网络的拓扑结构演变(Baran, 2009)

一些学者认为协同创新依赖于多主体的协同。陈劲等(2012)认为,产学研协同创新是企业、政府、知识生产机构、中介机构和用户等为了实现重大科技创新,通过国家意志引导和机制安排,发挥各自能力优势,加速技术推广应用和产业化,协作开展产业技术创新和科技成果转化的创新组织模式。另一些学者强调企业在协同创新中的主导作用,如原长泓等(2019)认为,以企业为主体的产学研协同创新是指企业发挥主导作用,主动组织整合产学研各方优势和资源,实现共同参与、风险共担、合作互动和利益共享(图3-1-2)。最终,通过合作知识共享、知识创造和知识应用的协同创新活动将合作研发成果应用到企业。余义勇等(2020)从领军型企业创新链的角度进行了分析,并认为领军型企业创新链是以领军型企业为主题,围绕共同创新目标,各创新主体间通过某种关系将创新资源创新耦合以产生价值增值的过程。显然,协同创新一般包括龙头企业,以及高校、科研院所、企业、政府、中介机构、金融机构等,这些机构组织通过相互作用及资源共享产生协同创新效应。

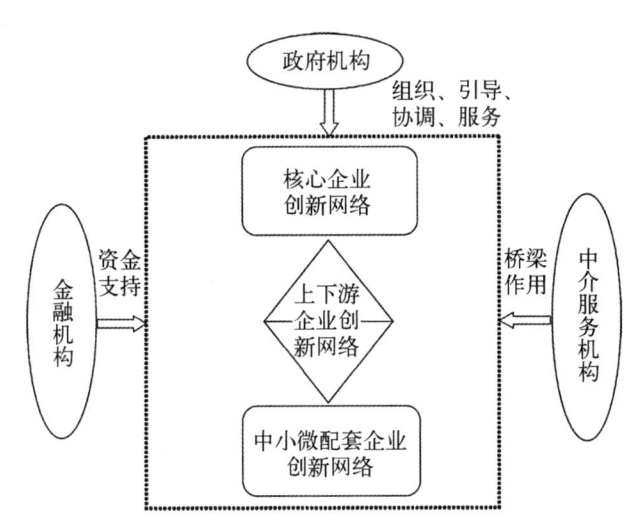

图3-1-2 企业主导协同创新的机理(贺正楚等,2019)

有研究者提出了三螺旋创新模式,指大学—产业—政府在创新活动中密切合作、相互作用,在螺旋式联动过程中每个创新主体都能保持独立身份,通过各自优势资源的有效整合,实现信息交流共享,达到整体和个体的协同效应,以及创新绩效的最大化(Etzkowitz et al.,2000)。三螺旋理论认为,政府、企业和大学作为新知识、新技术创造的主要推动者,三者相互作用,其互动程度越深越有利于提高技术创新的成功率。企业、大学、科研院所借助三螺旋理论,既在各自相对封闭范围内工作,又在技术创新体系中互动交流合作,呈现出螺旋上升运行的三螺旋特征,即"三螺旋结构"。三螺旋理论强调,企业、大学和科研院所各自发挥着不同角色,企业是技术创新主体,高校和科研院所是知识创造、技术研发主体,三方在供需关系支配的作用下,遵循市场规则和利益分配机制,推动各种生产要素和生产条件的重新组合,为社会创造价值。三螺旋理论下的产学研合作对于提高国家或地区自主创新能力,推动经济高质量发展具有重要意义。随着协同创新理论的持续深化,特别是政府、中介机构等的加入,使得三螺旋主体范围得到扩展,尤其是政府、企业、高校和科研机构等多样化的创新主体对产业创新的影响受到了高度的关注。

2. 区域协同创新理论的内涵

区域协同创新理论是协同创新理论在区域空间的拓展。其焦点落在了不同创新主体在多样化区域空间中相互关联与协作模式。相较于传统的协同创新理论,区域协同创新主要关注不同创新主体在不同区域空间之间的相互关系和协作机制,进一步丰富和拓展了协同创新的内涵、功能和边界。在协同创新理论基础上,学术界对理论进行了发展,有研究者提出了"学习型经济"(Learning Economy)的概念,并将其定义为以知识为最重要资源、以学习为最重要过程的经济形式(Lundvall et al.,1994)。另有研究者进一步提出"学习型区域"的概念(Florida,1995),之后,学习型区域被认为是知识创造和学习的重点(Asheim,1996;Morgan,

2007)。进而,区域协同创新则是在协同创新理论基础上,从空间尺度上进行的理解。区域协同创新强调区域内企业、大学、科研机构、政府、风投机构及研发平台等多元创新主体之间的协同创新。不仅如此,区域协同创新还涵盖了多个区域尺度之间的跨区合作,将区域协同创新从区域尺度扩展到全国乃至全球尺度(图3-1-3)。

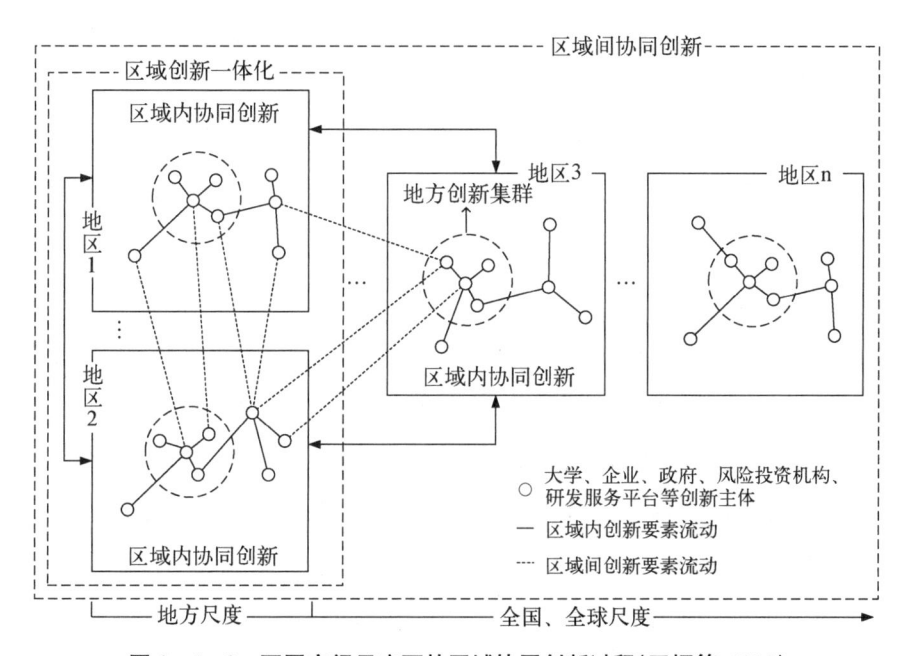

图3-1-3 不同空间尺度下的区域协同创新过程(王振等,2022)

(二)区域创新系统理论

经济地理学者在对创新活动空间、高技术产业区位、区域内部创新等进行研究时,发现技术创新活动通常集中于特定的区域,地理上的邻近有助于知识在创新体系中各个创新主体、要素间的流动(Mothe et al.,1998)。也有研究认为,随着国家边界的消失,"国家状态"有让位于"区域状态"的趋势,区域逐渐成为真正意义上的经济利益体(Ohmae,

1993)。为此,提升区域创新能力成为全球竞争的重点,而区域创新能力又以区域尺度的创新系统来支撑和引领,这就导致了区域创新系统理论(regional innovation system)的形成(肖林等,2017)。

库克较早提出了区域创新系统理论,并对其进行了较为全面的实证分析(Cooke,2002)。库克指出,区域创新系统是一个由地理上互相关联与分工协作的企业、研究机构和大学等多元实体共同构成的区域组织网络,它具备持续产生和推动创新的核心能力。对于区域创新系统结构,豪威尔斯(Howells)将区域创新系统的分析要素归纳为:地方政府官僚结构、地方特色产业的长期发展、产业结构的核心和外围以及创新绩效等。区域创新系统主要由根植于同一区域社会经济和文化环境中的知识应用和开发、知识生产和扩散这两个子系统构成;并认为区域创新系统主要由创新网络与机构组成,二者之间通过正式与非正式联系相互作用。库克对区域创新系统结构进行进一步总结,并认为区域创新系统还受到区域社会经济和文化基础,以及外部因素的影响。区域创新系统结构较好地揭示了区域创新系统的内在特征(图3-1-4)。显然,区域创新系统是一个开放、有机的系统。在系统内,企业、大学、研究机构、政府、中介组织、金融机构等通过知识流动形成相互促进的网络。区域创新系统理论有助于为区域创新合作组织安排、要素合理优化配置、创新合作及区域经济政策制定等提供理论支撑。

(三) 全球—地方创新网络理论

1. 全球创新网络理论的形成

自20世纪90年代以来,因先前国际生产扩张(包括跨国并购)的趋势延续,跨国公司更加系统地建立全球创新网络,以及企业研发国际

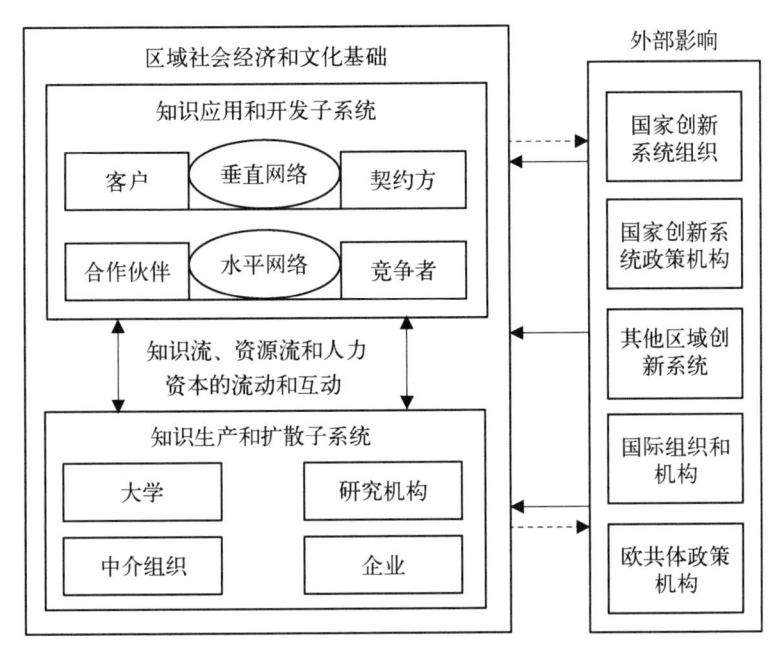

图 3-1-4　Cooke 的区域创新系统框架(Cooke，2002)

化的快速增长(Sachwald，2003)，跨越地理边界的分散的工程、产品开发和研究活动被整合在了一起。随着经济全球化深化以及全球科技进步持续推进，知识的生产、分配和使用在区域经济增长中发挥着越来越重要的作用(Dicken，2004)。大量学者认识到，如果区域创新系统过度强调地理根植性，可能会导致区域创新能力的减弱。为此，有研究者通过对全球 ICT 产业转移与技术升级进行研究，发现全球创新网络(global innovation networks)中的旗舰企业愈来愈强调在全球范围内寻找知识资源，更加强调与产业链不同环节的企业、大学、科研机构等建立正式或非正式合作网络关系(图 3-1-5)，以提升自身创新能力，这也推动了全球创新网络理论的形成(Ernst，2009)。

2. 从全球创新网络到全球—地方创新网络

全球创新网络理论整合了跨区域、跨国界的全球分散的研发活动、

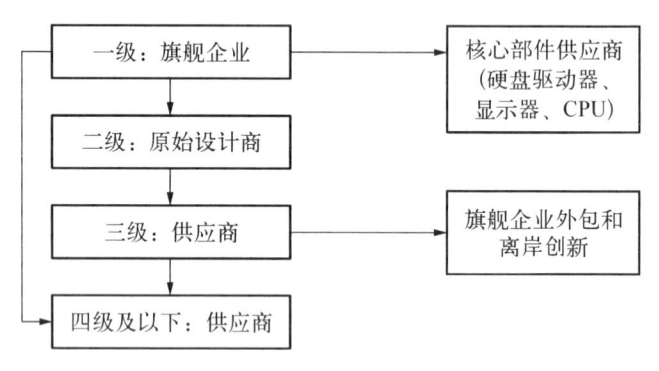

图 3-1-5 全球创新网络结构(Ernst,2009)

产品生产等,是企业从封闭式创新向开放式创新转型的结果,是一种新的创新网络模式。在全球开放创新范式下,任何企业、城市、区域都难以仅凭内部自主创新来全面覆盖技术创新所需的所有知识领域,也难以获得所需的所有创新资源与技术。然而,在全球创新网络理论与区域创新系统理论争论和发展过程中,越来越多的学者认识到,区域创新系统与全球创新网络都过于强调本地或全球单一维度的要素,忽视了全球与地方两个尺度上的要素和组织。发达国家在通过吸引外资融入全球创新网络的同时,也通过区域创新政策打造地方性产业集群;发达国家在构建区域创新系统的同时,也对外输出知识技术,以提升其影响力。可见,全球创新网络理论与区域创新系统理论具有互补性,二者相互依存,进而推动了全球—地方创新网络理论的形成。

也有部分学者认为,有别于单一的区域创新系统或者全球创新网络理论,全球—地方创新网络理论对当前创新活动空间组织具有更强的解释力(司月芳等,2016)。如图 3-1-6 所示,在区域创新系统理论下,图 a 中的 B 区域为创新最活跃的区域;在全球创新网络理论下,图 b 中的 B 区域是全球创新网络联系最强的区域。在区域创新系统与全球创新网络理论结合下,B 区域在拥有全球、地方创新网络资源优势的同时,D 区域也具备区域创新网络资源与全球创新网络资源的双重优势,成为全球、地方创新合作的优势区域,这也反映出全球创新网络研发的现实。

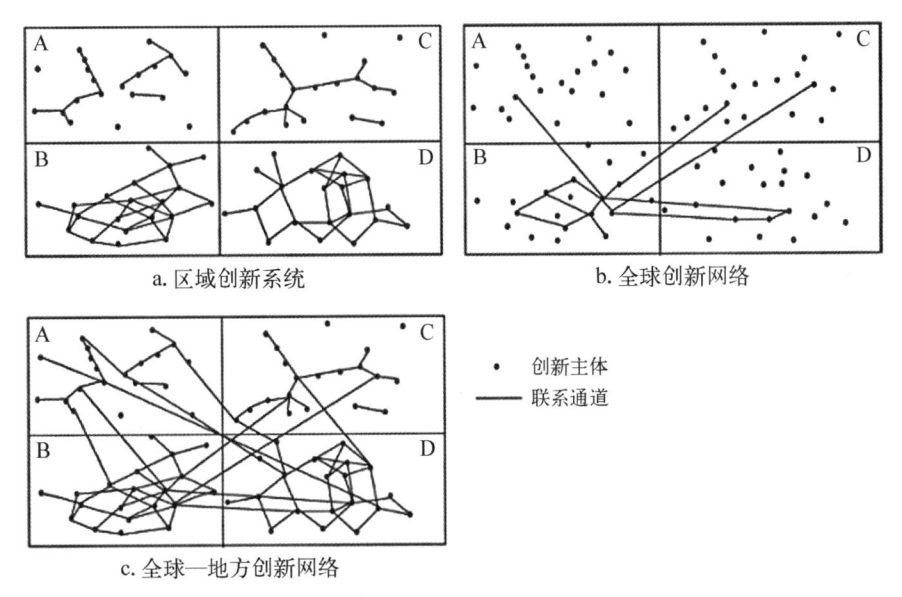

a. 区域创新系统

b. 全球创新网络

c. 全球—地方创新网络

图 3-1-6 区域创新系统、全球创新网络与全球—地方创新网络的概念图(司月芳等,2016)

(四)社会网络理论

社会网络分析(social network analysis,SNA)是通过网络、图论、数学模型等来研究行动者之间、行动者与其所处社会网络以及不同社会网络之间的关系的研究方法,并通过节点、链接、边缘等来表征网络结构。这里的行动者或者节点,可以是个体,也可以是群体、组织,甚至一个城市或者国家,这些行动者之间的关系就构成了社会网络。社会网络理论最早源于20世纪30年代的社会学研究,他们强调了构建和链接社会参与者之间关系模式的重要性。20世纪90年代开始,社会网络分析开始在社会学、经济学、管理学、地理学、信息科学、政治学等领域得到快速发展。社会网络理论从节点和纽带的角度看待社会关系，节点是网络中的个体参与者，纽带是参与者之间的关系，节点之间可以有多重联系。在最简单的形式中，社交网络是所研究节点之间所有相关关系的地图，该网络还可用于确定单个行为者的社会资本。社会网络理论有几个基本内容：

一是结构洞理论。结构洞是指社会网络中的空隙，即社会网络中某些个体发生联系，但与其他个体不发生直接联系，呈现出网络结构的空隙；当网络中的某一个体处于网络稀疏地带，其他个体需要把它当作纽带来联结形成关系时，该网络个体就处于结构洞位置（王海花等，2012）。正如图3-1-7所示，B、C、D三个行动者需要经过A才能彼此发生联系，行动者A就占据了结构洞，从而获取了网络竞争优势。大量学者将结构洞用于创新网络研究，有研究者认为结构洞丰富的社会网络将提升其创新绩效（Carnabuci et al.，2015）。亦有研究者发现，当一个企业跨越多个结构洞时，它的多样性技术知识能够推动知识创新；但当一个企业已经具有知识获取能力时，跨越结构洞将会降低知识创新（陈运森，2015）。

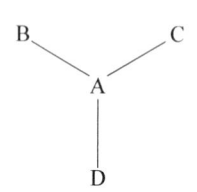

图3-1-7 结构洞说明图（梁鲁晋，2011）

二是弱关系与强关系理论。美国新经济社会学家格兰诺维特是弱关系理论的提出者，他根据互动频率、感情力量、亲密程度、互惠交换等四个维度，将关系划分为"强关系"和"弱关系"，并认为网络中同质性较高的个体很难提供相互所需的信息，异质性将更可能成为信息的桥梁并扩大信息资源视野。也有学者对弱关系假设提出了疑问,并认为网络嵌入是基于社会网络信任机制而进行的,信任的建立与维护依赖于网络个体之间长期接触、交流和互动,强关系更容易传递高质量、复杂的或隐性的知识(李梦楠等,2014)。

三是社会资本理论。社会资本理论认为,社会资本由构成社会结构的要素组成,主要存在于社会团体和网络关系中,个体参与社会团体和网络关系越多,其社会资本越雄厚。社会资本可以增强个体或企业对网络关系的忠诚度和责任感,从而减少交易过程中的不确定性并提高合作的效率。

二、氢能产业创新合作的影响机制

氢能产业创新合作受到多重因素的综合影响,其影响机制具有多元性、复杂性和动态性特征。总体而言,氢能产业创新合作受到创新基础、经济环境、制度环境和多维邻近性等维度的影响。

(一)创新基础因素

1. 知识基础

基于知识基础理论,技术创新的实质是创造知识元素或者改变知识元素之间关系的过程,企业原有技术知识基础特性直接影响独立创新、合作创新以及二者之间的关系。创新组织的知识基础由反映其认知能力的不同知识单元构成,包括知识广度、知识深度和知识融合性等多个方面(Katil et al.,2002)。创新组织在外部合作中应充分考虑其自身知识的基础特征,制定与之匹配的合作创新策略,合理构建网络关系,适应技术发展变革。已有学者对知识基础和绿色技术创新之间的关系进行了研究,发现随着知识距离的扩大,知识基础的宽度和深度会对知识融合呈现出不同的作用效果(Xu,2014)。

2. 创新投入

完整的创新活动需要经历从"想法"到"技术"转变的中试阶段和由"技术"向"价值"转变的商业化阶段。氢能产业创新合作受到市场资本、政府投入等因素的共同影响。其中,市场资本是氢能产业创新及其创新合作的主要支撑力量,其有助于匹配和弥补氢能产业创新主体的资金需求,助力氢能产业创新;还有助于整合创新要素,建立创新主体间的链接,提升创新合作水平。但创新本质上是一种市场行为,所以无论是在中试阶段还是在商业化阶段都不可避免地会出现市场失灵,使得创新过程无法继续推进。而政府的科技投入作为一种财税手段,可以对创新过程加以干预和引导。从理论上讲,政府的科技投入能够通过向创新主体直接投入资金降低创新成本,与之共同分担风险,提高创新主体的创新意愿(Lee et al.,2010),优化创新绩效并切实推进创新成果转化与科技产业落地。也有许多学者从实证角度对政府的科技投入在创新过程中所起到的作用进行了研究,他们发现存在杠杆效应、挤出效应和混合效应。而氢能等绿色高新技术产业因其长研发周期、高投入、高风险等特性,使得政府支持在其发展过程中具有重要作用。可见,市场资本与政府科技投入能够填补产业创新活动所需的资本缺口,是提高技术创新效率和创新合作水平的关键性因素。

3. 创新主体

区域创新活动的开展是各方联动与情境因素协同影响的复杂过程。创新生态系统理论指出,区域创新生态系统是由行动者、行为、技术或产品、制度和关系等构成的不断演化的集合(Granstrand,2020),企业、政府、高校、科研机构等创新主体在创新生态系统中具有不同的角色和责任,通过相互交流充分发挥各自的功效,进而形成紧密的协作关系,共同致力于系统整体的优化与服务,以推进特定区域的绿色创新。长三角地区的高校与科研机构云集,氢能产业起步早、基础好,有能力发展氢能技术的创新主体种类丰富且数量众多,产业创新的基础坚实;但同时,各地氢能产业创新,忽视区域分工协作和产业链上中下游协作,各创新主体的研究趋于同质化,产业创新整体较为零散低效。可见,创新主体的数量对于氢能创新合作的影响具有双重作用,但是随着创新主体数量的增加,创新活动呈现怎样的发展趋势还有待进一步的实证检验。

4. 创新基础设施

创新基础设施主要是指支撑科学研究、技术开发、产品研制的具有公益属性的基础设施,包括重大科技基础设施、科教基础设施、产业技术创新基础设施等,是新型基础设施的重要组成部分。创新基础设施对创新合作网络的影响主要体现在以下几个方面:(1)提供创新平台和数据信息共享机会。互联网基础设施可以帮助不同机构、团队共享数据和信息,促进创新合作网络的形成和发展。网络基础设施作为"信息高速公路",能够在一定程度上克服城市间地理距离对于创新主体交流的束缚,打通地理空间上的阻碍,减少空间信息摩擦,从而实现城市间的联动互通,并且这一过程具有显著为正的网络外部性(种照辉等,2022)。(2)加快信息传递和沟通效率。通过基础设施建设,可以更便捷地进行沟通和信息传递,有利于促进合作网络成员之间的协作和创新。(3)提升技术和资源利用效率。良好的基础设施可以提升合作网络成员的技术和资源利用效率,推动创新合作网络的发展。(4)降低合作成本。基础设施的建设和利用可以帮助降低合作网络的运营成本,提高合作效率。

(二)经济环境因素

1. 经济水平

极化效应理论指出,当一个地区达到一定的经济发展水平时,就能够通过自身对信息、技术、资金等资源的吸引能力,使自身得到进一步的发展,这一点在产业创新发展方面也同样适用。从国际创新合作的角度来看,传统技术强国在全球绿色技术合作网络中占据核心地位,中国等新兴经济体也在其中发挥着越来越重要的作用。从我国的区域创新网络的格局来看,北上广等一线城市位于第一梯队,其余居于前列的省份也多位于长江经济带和东部沿海地区,与我国的经济发展格局类似。不少学者都关注到了经济发展水平对产业创新发展的影响(Bachmann,2013),发现相同的创新要素投入在不同经济发展水平地区对创新产出水平的影响存在差异,加快经济发展是提高区域创新效率的关键驱动力。

2. 人口密度

人是科技创新的主体,一个地区的技术创新与该地区的人口规模密不可分,人口规模与创新的关系长期以来一直受到学界的广泛关注。根据内生增长模型,人口规模的增长在一定条件下有利于更多人从事科研创新工作,创造出更多科研成果,随着科技成果的应用增多进而推动经济的发展。有学者从人口集聚视角入手,研究发现人口集聚和区域技术创新之间呈"正 U 形关系",且科技人才集聚对技术创新具有显著的空间溢出效应,人力资本对区域科技创新具有显著的正向作用(Marcos et al.,2017)。长三角地区人口稠密,科技人才集聚,有利于氢能产业这样的高新绿色技术的发展。在产业创新发展的过程中,人口优势能够得到更大程度的发挥。

3. 产业结构

产业结构在区域创新的过程中发挥着重要作用。在绿色发展转型理念的推动下,劳动和资本要素朝着绿色化发展,产业结构合理化和高级化趋势增强。随着产业结构合理化因素的加强,地方政府依据不同地区的产业结构,因地制宜制定产业政策和绿色转型发展战略,促进绿色技术扩散和绿色知识溢出,这不仅降低了绿色创新活动的不确定性,还能减少绿色科技研发和绿色成果转化的成本,最终提升区域绿色创新效率。长三角地区的氢能产业具有较高的绿色生产效率,能够带动其他新兴产业的增长,从而推动上下游产业的创新,促进区域整体绿色创新能力的提升。

4. 外商投资

改革开放以来,外商直接投资已经成为我国经济发展的重要组成部分。而从合作创新的角度上来看,外商直接投资被认为是知识溢出的重要源泉,可以通过示范效应、竞争效应以及培训效应等给东道主国家及地区带来知识外溢,从而提高技术水平和管理经验,从而促进其创新能力和生产力水平的提高。现有研究已经证明,外商直接投资会带来技术扩散和知识流动(任传堂等,2023),对当地的专利相关创新产出,呈现出积极的正向影响。相比于发达国家,国内氢能产业起步晚、技术发展相对缓慢,外商直接投资能带来国外先进的氢能相关技术和知识,促进当地氢能产业的发展,并对创新网络内部的其他城市产生辐射作用。

（三）制度环境因素

制度理论将制度定义为由象征性要素、社会活动和物质资源构成的多方面的社会结构,能够为企业行动提供指导和约束。根据斯科特的定义,制度环境包含三个维度:规制环境、规范环境和认知环境(Scott,1995)。

1. 规制环境

专利制度、环境规制、政府关联等规制环境因素能够深刻影响氢能产业的创新合作。专利制度方面,知识产权保护制度的完善将促进技术转移,从而对技术创新合作起到正向推动作用,创新合作的基础是信任和互利,良好的知识产权记录有利于企业获得外部融资,吸引合作伙伴,从而促进创新合作。环境规制方面,根据"波特理论"得出,政府强制性的规制环境政策可以促使企业投入更多的研发资源,从而激发技术创新行为,引导企业寻求创新合作伙伴,从而推动创新网络的形成与发展。政府关联方面,有研究者基于资源依赖理论,对政治关联和创新投入之间的关系进行了研究,发现政治关联能够缓解信息不对称问题,并为企业带来政策资源的获取效应,企业通过政治关联获取创新知识、创新补贴和税收优惠,从而刺激技术创新的投入(Zhou,2013)。

2. 规范环境

规范环境方面,社会文化对技术创新合作的影响尤为显著。有研究者对社会文化与创新活动的速度之间的关系进行了实证研究,并认为个人主义的文化氛围对创新具有强烈、明显和积极的作用,某些类型的集体主义(即爱国主义和民族主义)也可以促进创新,而其他类型的集体主义(即家族主义和地方主义)不仅伤害创新速度,很可能会阻碍科学技术的进步(Taylora et al.,2012)。在文化传统、价值观念、风俗习惯等文化分支当中,学者们主要集中探讨了社会氛围、创新氛围以及组织氛围与技术创新行为之间的关系。王朝晖(2016)在探究高承诺工作系统和企业竞争优势之间的影响机制时,运用结构方程验证了社会氛围与技术创新之间的相互作用关系。研究结果表明,社会氛围中的信任、共享的准则以及共通的语言在员工之间的知识转移和学习能力的提升上发挥了显著的促进作用。

3.认知环境

认知环境对创新合作也会产生重要影响。苏策(2014)通过实证研究发现,无论是学习型、计划型还是创新型的认知风格均会对个体创新行为产生促进作用。石盛林等(2011)对高管团队的认知风格与技术创新之间的关系进行了检验,数据分析结果表明分析型高管团队的认知风格主要对工艺创新产生影响,并通过工艺创新影响企业绩效,而创造型高管团队的认知风格则偏好产品创新,并通过产品创新影响企业绩效。另外,学者们还对差错认知的相关变量与创新行为之间的关系进行了探讨,如王雁飞等(2014)认为内部人的身份认知能够使员工以更为积极的状态面对工作,从而促进个体的创新行为,通过对内部人的身份认知、组织承诺以及创新行为之间的关系进行实证分析,发现组织承诺在其中扮演了核心的中介角色。具体来说,员工的内部人身份认知并不直接作用于创新行为,而是通过组织承诺这一桥梁间接产生影响。这一发现表明,组织承诺在内部人身份认知与创新行为之间发挥了完全的中介效应。

(四) 多维邻近性因素

多维邻近性是研究创新合作影响因素的重要视角,20世纪90年代以来,在法国邻近动力学派和欧盟其他国家相关学者的努力下,邻近性由一维向多维拓展。总体来看,学界普遍探讨地理邻近、组织邻近、社会邻近、制度邻近与认知邻近等维度对创新合作的影响。

1.地理邻近性

知识流动对地理距离具有天然的依赖性,早期创新合作通常是高度本地化或者发生在周边地区,在空间上遵循着距离衰减的规律(Lengyel et al.,2020)。鉴于氢能技术复杂性高,复杂技术知识往往具有空间黏性,由于绿色技术具有隐性知识特征(Moriset et al.,2009;Shang et al.,2020),这使得绿色技术转移对地理距离具有较强的依赖性(Lengyel et al.,2020;Losacker et al.,2022),绿色技术的转移通常依托本地或邻近城市的紧密合作,以实现缄默知识的有效传递和优势资源的互补融合(Marra et al.,2017)。氢能作为一种典型的绿色技术,也遵循着绿色技术的一般特征,即对地理邻近的依赖性。同时,氢能技术复杂性高,复杂技术知识往往具有空间黏性,这使得氢能产业创新的空间黏性尤为明显。

地理邻近性可以从空间和时间两个维度测量,在实质上是两个合作主体能够面对面交流而没有昂贵的成本。在中国产学研合作创新中,市域内层次的合作所占比例最高,地理邻近性效应明显(李琳等,2012)。地理邻近性可以克服不同类型组织间的制度障碍将合作推向成功。地理邻近性对合作创新的影响:(1)降低交通费用,节约交易成本,有利于抵抗不确定性风险。(2)有利于增进行为主体间的互动和信任关系。(3)促进频繁的面对面交流,带动隐性知识的传递,产生知识溢出。(4)基于合作创新而言,地理邻近性既非充分条件也非必要条件,但可通过构建和增强其他维度邻近促进创新。

2. 组织邻近性

邻近性动力学派将组织邻近性定义为"经济主体同属于同一关系空间",强调了组织内的机构隶属性和组织间的结构相似性(Oerlemans et al.,2005)。非邻近学派在此基础上强调了组织安排的重要性,即通过组织成员的自主性以及对创新过程的可控性来衡量组织邻近性,他们利用了新制度经济学的观点,认为企业与市场是基于交易成本考量的相互替代关系,即存在两个极端:一是与纯市场关系相联系的低组织邻近性,二是与等级分明的科层组织相联系的高组织邻近性。组织安排不仅是协调交易的机制,同时又是保证知识和信息在充满不确定性的世界里转移和交换的载体(Cooke et al.,1998),一方面是因为知识的创造需要对组织内和组织间不同成员所拥有的知识片段进行整合,另一方面则是由于新知识的创造往往伴随着不确定性和机会主义,通过市场机制(交易成本过高)和合同(不完全性)无法得到解决,只有通过强有力的控制机制,才能保障所有者权利并刺激创新的产生。

3. 社会邻近性

社会邻近性是主体间基于信任的社会嵌入关系。"关系空间"能在很大程度上补充或取代实体的"点空间"作用,推动区域内的创新活动。社会邻近性对合作创新的影响:(1)主体间的社会嵌入关系和共同经历可进一步增强双方互信,长期可持续的合作关系是促进产学合作创新的主要因素,其优势往往超越了临时或新建立的、缺乏深入了解的匿名关系(Petruzzelli,2011);(2)基于信任的社会关系有利于隐性知识的交互传递,有效的互动学习需要坚定而持久的社会关系;(3)社会邻近可增加主体间的知识流动渠道,为知识交换提供有效的途径。

4. 制度邻近性

制度邻近性是用来解释成员间的互动受到制度环境影响、塑造和约束的事实,它可以看作是用于调整个人和集体关系以及互动方式的一系列习惯、惯例、既定做法、规则和法律等,它通过正式制度和非正式制度来规范成员间的行为,为创新提供了一种制度保障。有研究者指出,共享信任的文化常被视作支持学习和创新的一种能力,信息在文化邻近和使用共同语言的环境里更容易传播(Maskell et al.,1999)。然而,过度的制度邻近性也会束缚创新。制度环境是由一系列的制度组成的,不同制度之间往往存在制度互补性,即一种高效率的制度能够显著提升其他互补制度的回报效益。然而,当这种制度的互补性得到进一步强化时,就可能会引发制度锁定和制度惯性。在复杂系统中,每个元素都占据着独特的结构性地位,任何新的改变都可能打破元素间的平衡,从而引入不稳定性。因此,制度成员普遍倾向于维持这种稳定性,特别是那些占据强势制度的成员,他们更有可能维护其既得利益,以维持系统的当前状态。由此可能导致两种结果:一是基于原有制度的成员维持其自身地位的需要,而将新来者排挤在制度体系之外,从而丧失了产生更有效率的制度体系的机会;或者是由于固化制度的存在,妨碍知识的创造,因为创新需要新制度的构建或对旧制度进行重组。

5. 认知邻近性

认知邻近性是一个包含技术邻近在内的内涵更广泛的概念,每一项新的技术都有最小的知识门槛,低于这个门槛,主体间就难以进行交流、理解和成功的互动。新技术里面蕴含着隐性知识,拥有相似的知识基础才能通过交流、学习将其消化吸收。认知邻近性是获取外部知识的必要条件,认知邻近性对合作创新的影响如下:(1)促进组织合作中的有效沟通,使企业高效低成本地获取并吸收资源和溢出知识(Callois,2008);(2)有利于合作主体间相同知识基础的建立及经验与技术的共享;(3)适度的认知邻近使主体之间的知识具有互补性,可激发创新,过度的认知邻近性则会降低主体间的异质性并导致其被技术锁定。

三、氢能产业创新合作的主要方式

根据创新合作相关理论,氢能产业创新合作方式具有多样性,其中合作研发、技术转让、技术许可、技术入股是最为常见的几种类型。

(一)合作研发

合作研发是创新主体进行合作创新的主要方式,是指研发立项企业通过契约的形式与其他企业合作,共同对项目的某一个关键领域分别投入资金、技术、人力,共同参与产生智力成果的创作活动,共同完成研发项目。双方合作研发并共同完成的知识产权,其归属由合同约定,如果合同没有约定的,由合作双方共同所有。享受研发费用加计扣除优惠政策的合作方应当拥有合作研发项目成果的所有权。合作双方应直接参与研发活动,而非仅提供咨询、物质条件或其他辅助性活动。

(二) 技术转让

技术转让是指在合作过程中将某种技术(包括成熟技术和处于发明状态的技术)从其发明创造者手中流向其他用户手中。技术转让的目的是将发明和科学成果转化为新产品和服务。技术转让与知识转移密切相关。从技术内容的完整性上看,可以把技术转让区分为"移植型"和"嫁接型"两种模式。"移植型"技术转让,是指转让技术的全部内容。跨国公司的海外扩张多通过这种模式实现技术转让。"嫁接型"技术转让,是指转让技术的部分内容,如某一单元技术,或关键工艺设备等流动而实现的技术转让。从技术载体的差异性上,可以将技术转让区分为"实物型""智能型"和"人力型"模式。"实物型"技术转让是指由实物流转而引起的技术转让。"智能型"技术转让模式,是指由一定的专门的科学理论、技能、经验和方法等精神范畴的知识传播和流动所引发的技术转让。"人力型"技术转让是由人的流动而引起的技术转让。

(三) 技术许可

技术许可是指技术供应方以技术许可协定的方式,将自己有权处置的某项技术,根据合同约定的条款和条件,正式授权给技术接受方进行使用,并以此获得一定的使用费或者其他报酬的一种技术转移方式。技术许可实质上是指有关技术的相关权(如所有权、使用权、产品销售权、专利申请权等)的契约或合同。其中,从不同的角度对其进行分类,从授权范围的角度可以分为普通许可和排他性许可,从许可内容多少的角度可以分为单一的技术许可和捆绑式的技术许可,从是否受国家强制力约束的角度可以分为一般性许可和强制性许可等。技术许可的目的主要是获得报酬以便对前期的 R&D 投入进行一定的补偿和为了获得市场竞争优势而进行的一种策略性利用,例如进入市场的壁垒以及规避被许可者掌握的专有信息泄露所引发的潜在利润侵蚀等问题。

(四)技术入股

技术入股是以技术人员的知识或知识产权、设备、工厂厂房等作为资本股份,投入合资经营或联营企业,从而取得该企业股份权的一种行为。技术入股和资本入股一样享有按股份比例对企业所有权和按股分红的权利。对企业的经营管理权一般不是根据股份比例的大小承担,而是由各方协商确定。技术入股是一种无形资产出资的行为,其作价方式一般包括评估作价、协商作价以及两种方式结合。采用评估作价方式确定的技术价值具有较强的法律效力,其价值被确定在技术成果价值评估作价的文件中,出资各方不能随意进行改动,从而能够有效防止各种纠纷的发生。同时,这种作价方式弥补了当事人对技术成果价值认识的不足,可能导致过高或过低的确定价额,从而损害其他出资人利益并损害公司资本制度。协商作价方式是出资各方通过协商确定技术的价值。当前,这种作价方式在不少地方性法规中都得到了反映。这不仅避免了评估作价方式烦琐、复杂的作价程序,而且也无须设立专门的技术评估机构、确定专门的技术评估标准,只要通过协商方式即可确定艺术价值。其灵活性不仅在于克服评估作价的困难,解决实务上的操作,更在于充分通过市场,实现资源的合理流动和优化配置。但是,协商作价方式确定的技术价值其法律效力低于评估作价,而且有可能出现出资人任意协商出资金额导致出资不实的情况以及技术出资人利用其他出资人对技术不熟的弱点而实行技术价值欺诈的行为。

四、氢能产业创新合作的作用效应

（一）经济效应

氢能产业作为一种战略性新兴产业和绿色产业,其在促进经济绿色增长、能源结构转型、提高资源利用效率等方面发挥着重要作用。根据高盛2022年公布的报告,目前全球氢能市场的总规模约为1250亿美元,到2030年将在此基础上增加2倍。随着可再生能源制氢技术的突破和成本的降低,氢能在全球能源市场中的占比也将进一步提升。自2020年"双碳"目标提出后,我国氢能产业热度攀升,发展进入快车道。2021年中国年制氢产量约3300万吨(图3-4-1),同比增长32%,成为目前世界上最大的制氢国。促进氢能产业之间的创新合作,能够提高氢能产业创新能力,进一步推动氢能产业快速发展,进而拉动经济绿色增长和促进能源结构转型。

（二）创新效应

氢能产业创新合作具有显著的创新效应,主要体现在以下几个方面:(1)技术进步效应。全球化和信息化背景下,"地方空间"向"流动空间"转变,合作创新成为促进创新要素流动和资源共享的重要途径。氢能产业创新合作能够促进不同地区、不同行业和不同主体之间创新

图 3-4-1　2012—2021 年中国氢能产量①

要素流动,实现先进技术共享和优势资源互补,提高区域外部联系性和本地知识基础,从而提升氢能产业创新能力。(2)创新溢出效应。合作创新过程中能够产生知识外溢,在区域间人才流动与合作研发过程中产生的无意识性知识传播,从而对其他地区创新能力和经济活动产生正向影响。(3)创新环境效应。合作创新促进不同机构、学科和行业之间的知识共享和交流,有助于打破信息壁垒,加速创新的传播和应用。合作创新还可以实现风险共担,通过创新合作提升氢能产业创新环境,从而提升创新水平。(4)创新集聚效应。合作创新具有集聚效应和虹吸效应,通过创新合作引导人才、资金、技术等创新资源要素汇聚,推动产业集聚,形成集群优势。

（三）环境效应

氢能产业作为一种绿色清洁产业,其创新合作具有积极的环境正

---

① 数据来源:中国煤炭工业协会,https://www.coalchina.org.cn/。

外部性作用。其环境效应体现在以下方面：（1）"减污降碳"效应。氢能被视为清洁能源的重要来源之一，其燃烧过程中不产生二氧化碳等温室气体，仅产生水蒸气。通过推动氢能技术的创新合作，可以减少对传统燃料的依赖，降低温室气体的排放，有助于减缓全球气候变化。（2）改善能源结构。氢能技术可以利用可再生能源（如风能、太阳能等）来产生氢气，从而实现清洁能源的储存和利用。创新合作可以推动氢能技术在可再生能源领域的应用和发展，促进可再生能源的大规模利用，降低对化石能源的依赖。（3）提高能源利用效率。氢能技术具有高效能转化能力和能源利用特性，可以提高能源利用效率。例如，通过氢燃料电池驱动的电动车辆具有较高的能量转换效率和零排放特性，可以减少能源消耗和环境污染。

五、氢能产业创新合作的分析框架

氢能产业创新合作的形成与发展受到社会、经济、制度等多维因素的综合影响，其影响机理呈现出明显的多元复杂性、时空动态性和区域差异性等特征。总体而言，氢能产业创新合作主要受到区域创新基础、经济环境、制度环境和多维邻近性等因素的影响。在创新基础方面，区域本底条件作为创新合作的前提和基石，其涵盖的知识基础、财政投入以及创新基础设施等因素决定了创新主体能否产生创新合作，以及这种合作所能达到的广度和深度。从经济环境方面来看，特定区域的经济发展水平、产业结构、人口密度、外商投资等因素都是创新主体间实现合作所必须考虑的合作条件。毋庸置疑，创新合作具有地方黏性，即创新合作根植地方的制度环境、文化环境、地方行为规范和认知环境，具有深刻的地域色彩。此外，多维邻近性作为解释合作创新的重要理论工具，受到众多学者、决策者和社会公众的普遍关注与认同，地理、社会、组织、制度、认知等都能使得创新合作成为可能。

氢能产业创新合作可以通过多种方式实现。合作研发、技术转移、技术许可、技术入股等方式是氢能产业创新合作最为主要的方式。合作研发作为不同创新主体之间合作进行科学研究和技术开发的过程，具有资源互通、风险共担、成果共享等优势，成为创新合作的主要方式；技术转移的目的在于将创新的科技成果转化为实际的产品、服务或解决方案；技术转移通常涉及与合作伙伴共同合作，共担风险，有助于优化资源配置，提高效率。技术许可作为一种灵活和高效的创新合作方式，能够为创新主体带来诸多优势。对于技术供应方来说，可以通过技术许可实现技术资产的价值最大化和市场拓展；对于受许可方来说，可以通过技术许可获取先进技术，加速产品的研发和市场推广，提高竞争力和市场份额。技术入股通常发生在创新型企业或科技公司之间，技术供应方通过技术入股成为目标公司的股东，与目标公司共同分享企业的风险与利益，技术入股通常标志着双方建立长期合作关系的开始，有利于持续的技术交流、合作开发和市场拓展。

氢能产业创新合作具有多重效应。经济效应方面，氢能产业作为一种战略性新兴产业和绿色产业，在促进经济绿色增长、能源结构转型、提高资源利用效率等方面发挥着重要作用。创新效应方面，氢能产业创新合作能够促进不同地区、不同行业和不同主体之间创新要素的流动，实现先进技术共享和优势资源互补，提高区域外部联系性和深化本地知识基础，从而提升氢能产业创新能力。在合作创新过程中，知识的交流与融合往往会带来显著的知识外溢效应，这种效应对其他地区创新能力和经济活动产生正向影响；同时还能提升氢能产业创新环境，从而提升创新水平。合作创新还具有集聚效应和虹吸效应，能够推动产业集聚，形成集群优势。环境效应方面，氢能产业作为一种绿色清洁产业,其创新合作具有积极的环境正外部性作用。一方面,合作创新提高技术创新能力,减少非必要的能源消耗和环境污染;另一方面,产业技术水平提高促进产业结构升级转型,从而提高资源利用效率(图3-5-1)。

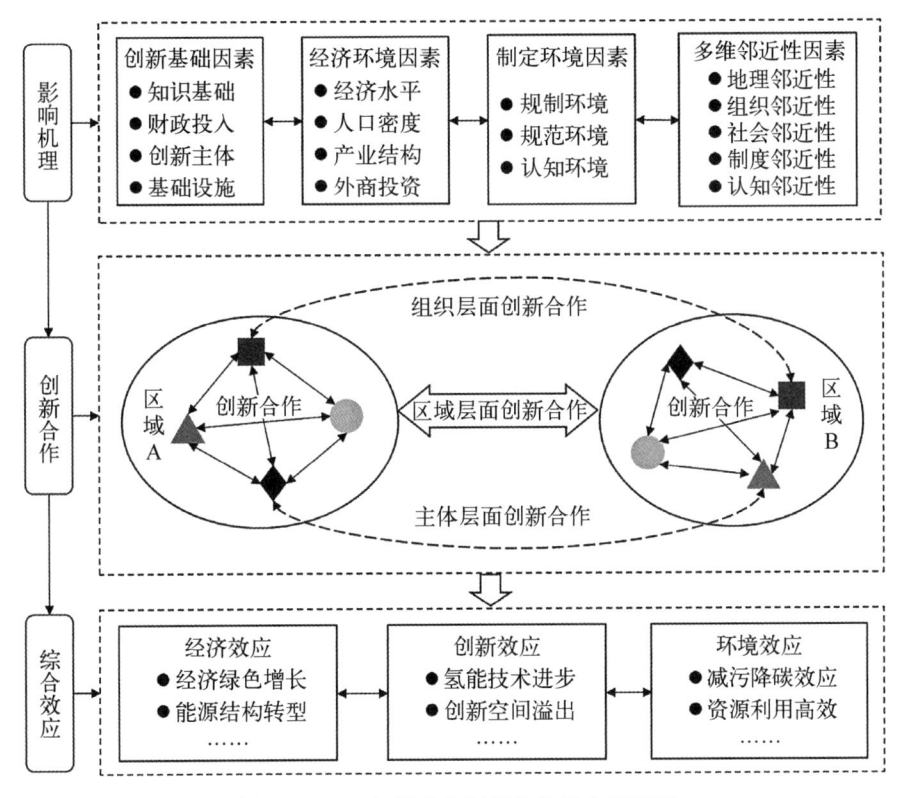

图3-5-1 氢能产业创新合作的分析框架

第二篇

实证篇

第四章 | 长三角氢能产业创新基础与现状问题

- 氢能产业链及技术领域
- 长三角氢能产业发展及创新合作的现状
- 长三角氢能产业发展及创新合作的问题

作为中国经济最具活力和创新力的区域之一,长三角地区积极推进氢能产业创新发展,在氢能产业链布局、产业创新水平、产业集群打造、创新政策支持上呈现出良好的发展态势和强有力的支持力度。本章通过详细分析氢能产业链及技术领域,分析长三角地区氢能产业创新合作发展现状,梳理当前所面临的问题瓶颈,为理解长三角地区氢能产业的创新发展与创新合作特征提供了坚实基础。

一、氢能产业链及技术领域

(一)氢能技术特征

在应对全球气候变化背景下,确保未来能源供应清洁安全稳定,发展氢能成为能源转型和实现碳中和目标的有效途径(Ashari et al.,2023)。氢能是一种清洁零碳的二次能源,被称为"21世纪的终极能源"(Hirschberg,1975;Yadav,2022)。与传统能源相比,氢能具有来源广泛、清洁高效的特性,能够实现高效的能源转换。同时,氢能利用形式多样,既可作为储能介质,还因其出色的安全性而备受青睐。更重要的是,氢能适合大规模、长距离和长周期的储存,是一种理想的能源载体(宁翔,2020)。根据氢气生产工艺,氢能又分为"灰氢""蓝氢"和"绿氢"(图4-1-1)。其中,灰氢是指以化石燃料为原料制备,通过蒸汽重整生产等工艺,但伴随大量的二氧化碳排放,每生产1吨氢气的二氧化碳排放量约为11—21吨;蓝氢是指通过天然气或水蒸气重整制成,通过碳封存实现二氧化碳排放降低甚至零排放;绿氢是指用可再生能源制氢,生产过程中没有产生碳排放(姚若军,2021;田江南,2021;徐硕等,2021),绿氢作为未来零排放能源系统的关键技术,是氢能利用的最终目标(姚若军,2021;李丹枫,2022)。

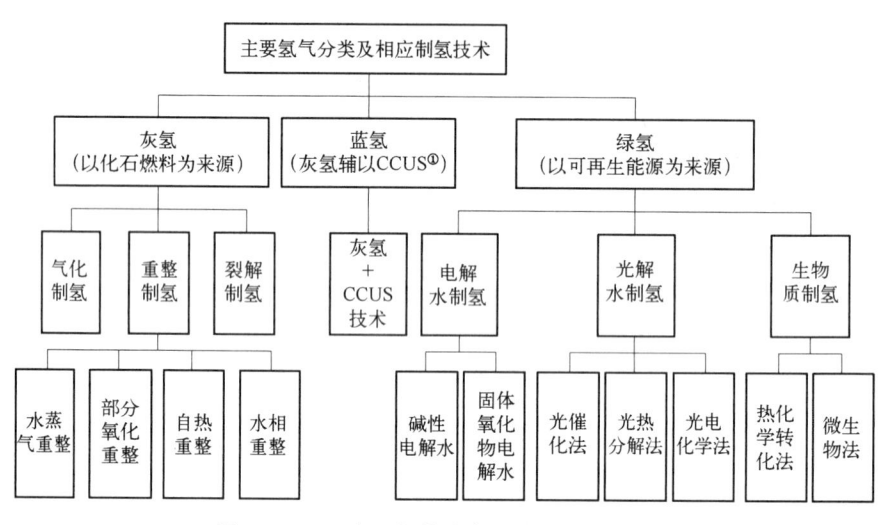

```
                    主要氢气分类及相应制氢技术
                              │
        ┌─────────────────────┼─────────────────────┐
      灰氢                   蓝氢                   绿氢
 (以化石燃料为来源)      (灰氢辅以CCUS①)       (以可再生能源为来源)
        │                     │                     │
  ┌─────┼─────┐            灰氢+        ┌──────────┼──────────┐
 气化  重整  裂解          CCUS         电解        光解       生物
 制氢  制氢  制氢          技术        水制氢      水制氢     质制氢
        │                               │           │           │
 ┌──┬──┬──┬──┐                      ┌──┴──┐   ┌──┼──┐    ┌──┴──┐
 水  部  自  水                     碱性  固体  光   光   光   热   微
 蒸  分  热  相                     电解  氧化  催   热   电   化   生
 气  氧  重  重                     水    物    化   分   化   学   物
 重  化  整  整                           电    法   解   学   转   法
 整  重                                   解        法   法   化
     整                                   水                   法
```

图 4‑1‑1　主要氢能分类及其相应制氢技术

（二）氢能产业链及技术领域

从氢能技术与产业链特征看,氢能产业链长而复杂,主要包括上游氢气制备、中游氢能储运和下游氢能应用等(图 4‑1‑2)。其中,上游氢能制备包括电解水制氢、化石能源制氢、工业副产氢、可再生能源制氢等,中游氢能储运包括液氢储运、高压储运、固态储运、有机液态储运等,下游氢能应用包括氢储能、氢燃料、氢化工原料、分布式发电、加氢站等领域(邹才能等,2022;姚若军,2021)。氢能产业链的多元化也使得氢能技术具有多元化特征,不同环节涉及多种技术领域,例如制氢环节包括电解水制氢、可再生能源制氢等十余种制氢技术,电解水制氢包括碱性电解水、质子交换膜电解水、固体氧化物电解水等技术,可再生能源制氢包括光催化、光电、微生物等技术(邹才能等,2022)。不同技术的适用性和经济性又存在很大的差异,例如煤制氢、天然气制氢等已

---

① CCUS:碳捕集、利用与封存(carbon capture, utilization and storage)技术。

较为成熟,煤制氢+CCS(碳捕集与存储)技术仍在示范论证阶段,而核能制氢、光催化制氢仍处在基础研究阶段。当前,制氢原料主要来自天然气(48%)、醇类(30%)、焦炉煤气(18%),仅4%来自水(韩笑等,2021)。这种技术的成熟度差异在储运氢、氢应用中也存在,例如高压气态储氢已形成成熟的商业化,而有机溶液储氢仍在研发阶段(徐硕,2021)。

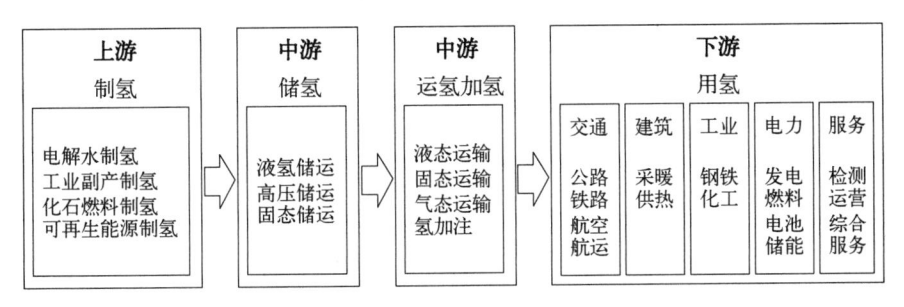

图4-1-2 氢能产业链图

为便于氢能产业技术信息检索,了解氢能专利技术最新动态,把握氢能产业发展趋势,国家知识产权局从产业角度出发,编制了氢能产业技术分类与国际专利分类(IPC)对照,以及技术领域专利检索方式。按照产业链划分,氢能产业可分为上游的制氢环节,中游的储氢、运氢和加氢环节,下游的用氢环节,可进一步细分为14个二级技术分支、29个三级技术分支(图4-1-3)。

1. 制氢产业链及技术领域

从制氢产业链看,氢气制备途径多元化,目前制氢路线主要分为四类:(1)基于煤、天然气等化石燃料的重整制氢;(2)以焦炉煤气、氯碱尾气、丙烷脱氢等为代表的工业副产氢;(3)基于新型清洁能源的电解水制氢,即将可再生能源通过太阳能电池、风机、水泵等发电机组转换成电能,电能通过电解水制氢设备转换成氢气,将氢气储存

图 4-1-3 氢能产业技术分类[1]

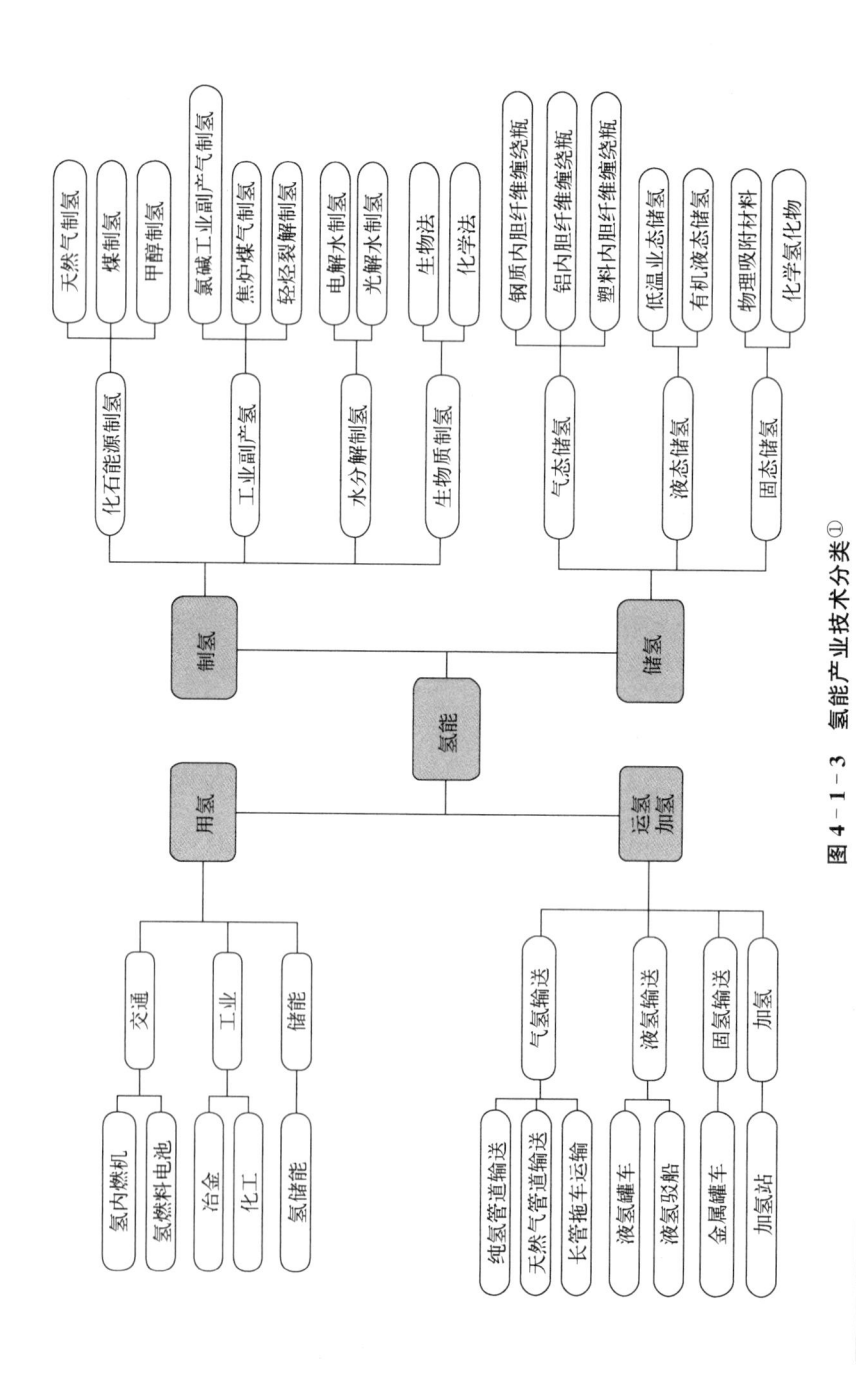

① 资料来源：国家知识产权局《氢能产业技术分类与国际专利分类 IPC 对照及检索应用》。

或直接输送至氢气应用终端,作为电力或交通运输燃料、化工原料等以满足各行业对于氢能的需求;(4)基于清洁能源的太阳能光解水制氢、生物质制氢、热化学循环制氢等制氢新技术。此外,还有核能热利用制氢等技术。

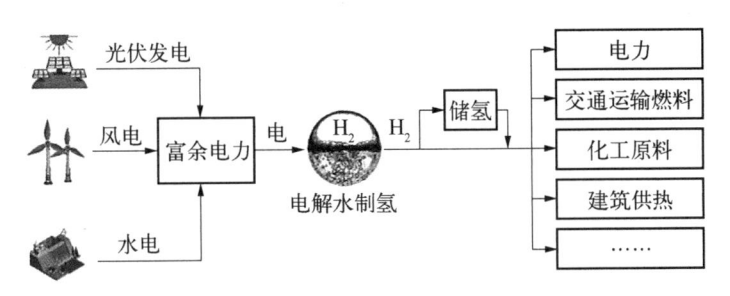

图4-1-4 绿色氢能技术路线(苗安康等,2021)

2. 储氢产业链及技术领域

从储氢产业链看,氢储能储氢技术主要包括:高压气态储氢、低温液态储氢、金属合金等物理类固态储氢以及有机液体储氢和多孔材料等(曹蕃等,2020)。氢储能适用于大规模储能、长周期能量调节、新能源消纳、削峰填谷、热电联供、备用电源等诸多场景(李争等,2021)。氢气储运技术是氢气高效利用的关键,也是制约氢气大规模发展的重要因素。总体上,我国氢储能技术与设备主要依赖于进口,液氢储罐制造技术与装备等方面与国外仍有一定差距。

表4-1-1 不同储氢技术对比(曹蕃等,2020)

单位:%

比较项目	高压气态储氢	低温液态储氢	固态材料储氢	有机液体储氢
单位质量储氢密度	1.0—5.7	5.7—10	1.0—4.5	5.0—7.2

续表

比较项目	高压气态储氢	低温液态储氢	固态材料储氢	有机液体储氢
技术	采用高压将氢气压缩到一个耐高压的容器里储存	将氢气在高压低温下液化,体积密度为气态时的845倍	利用固体对氢气的物理吸附或化学反应等作用将氢气储存于固体材料中,不需要压力和低温环境	不饱和有机液体在催化剂作用下进行加氢反应,生成稳定化合物,当需要氢气时再进行脱氢反应
优点	成本较低,工艺成熟,充放氢速率快,能耗低,工作条件较宽	体积储氢密度高,液态氢纯度高,输送氢效率高	体积储氢密度高,操作安全方便,无须高压容器,氢气纯度高	储氢密度高,成本相对较低,安全性较高
缺点	体积储氢密度低,体积比容量小,存在泄漏或爆炸安全隐患	液化过程耗能大,易挥发,成本高	质量储氢密度低,成本高,吸放氢有温度要求,抗杂质气体能力差	氢气纯度不高,可能发生副反应并产生杂质气体;成本较高,须配备加氢和脱氢装置;脱氢反应常在高温下进行,催化剂易结焦失活
应用	目前发展最成熟,最常用技术,也是车用储氢主要采用的技术	主要应用于航空航天领域,适合超大功率商用车辆	未来重要发展方向	可利用传统石油设施进行运输和加注

3. 运氢产业链及技术领域

从运氢产业链来看,运氢通常与储氢、加氢紧密联系。要实现氢气跨空间使用,必须进一步优化氢气运输的途径。当前三种主流的氢气运输方式为氢气长管拖车、液氢槽车/船、氢气管网,其成本与运输距离的关系如图4-1-5所示。其中,氢气长管拖车运输高压气体,灵活性高,但载氢量小,储氢密度低,存在高压危险。当运输距离较短时,氢气长管拖车较液氢运输具有成本优势,适用于短距离、小体量输氢。液氢槽车/船运输低温液体,其单次载氢量超过氢气长管拖车的11倍,运输成本随运输距离变化基本维持稳定,适合远距离、中大体量运输。氢气管网初始投资成本高,其输氢成本随运能的提升而降低,当运输体量达到一定规模方能凸显其经济性,且随着运输距离的增加输氢成本显著升高。因此,管网输氢适用于固定性的批量供氢线路。此外,还有借助成熟的天然气管网掺氢运输,以及固态储氢和有机溶液储氢运输等,固态和有机溶液储氢密度高,若技术突破,将大大降低氢气运输成本(徐硕等,2021)。从不同运氢技术对比看,低温液态采用液氢槽车/船运输,技术相对成熟,适用于国际、规模化、长距离运输;高温气态管道或长管拖车运输,技术发展较快,适用于跨区域或城市内运输;有机液体采用槽车运输,技术处于产业示范阶段,适用于规模化、长距离运输;固态材料采用货车运输,技术仍然处于产业化前期阶段(苗安康等,2021)。

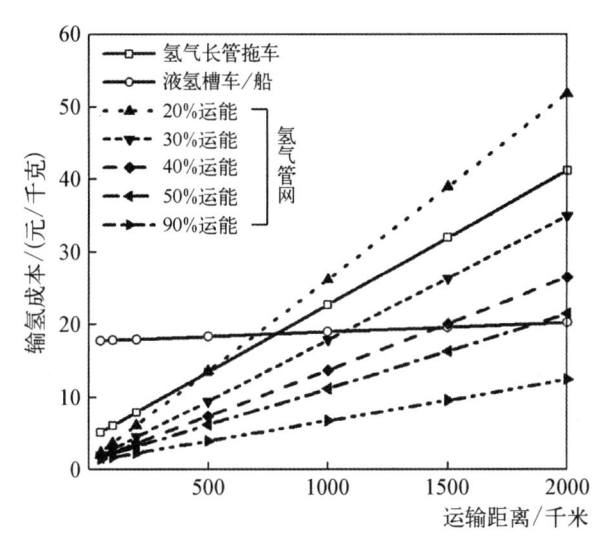

图 4-1-5 不同输氢方式的成本与运输距离的关系(徐硕等,2021)
说明:在输氢成本核算中,用电价格按0.6元/(千瓦·时)计,车用油价按6.76元/升计。

表 4-1-2　不同运氢技术对比(苗安康等,2021)

比较项目	低温液态	高温气态	有机液体	固态材料
运输工具	液氢槽罐车	管道/长管拖车	槽罐车	货车
技术水平	技术成熟	发展较快	产业示范	产业化前期
应用场景	国际、规模化、长距离	跨区域、城市内	规模化、长距离	—

4. 加氢产业链及技术领域

从加氢产业链看,加氢站是氢能商业化推广的基础设施。加氢技术是将不同来源的氢气通过压缩机增压储存在站内的高压罐内,再通过加气机为氢燃料电池汽车加注氢气的过程。从加氢站系统流程图所示(图4-1-6),加氢技术涵盖了两条主要的技术路线:站外供氢的加氢技术和站内供氢的加氢技术,加氢站是连接氢能产业链上下游的枢纽。

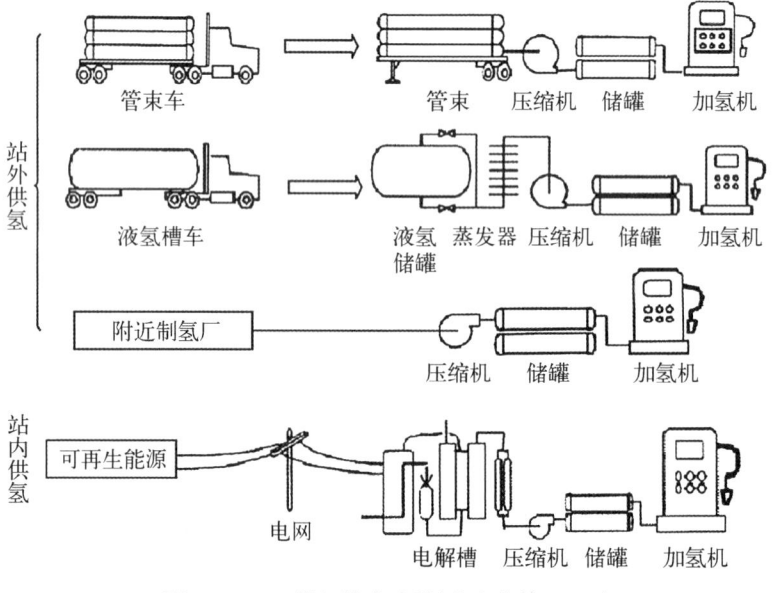

图 4-1-6　供氢技术路线(苗安康等,2021)

5. 用氢产业链及技术领域

从用氢产业链来看,由于氢气兼具燃料、储能、化工原料等多种属性,所以氢能的应用领域和场景具有很强的多样性,除了用作高效清洁的燃料外,氢能还可以作为原料应用于多个领域推动深度脱碳,其应用范围横跨电力、交通、建筑和化工等关键行业,涵盖了工业原料供应、工业供热、交通运输、住宅取暖以及发电等多个方面,展示了其广阔的应用潜力和前景(图4-1-7)。根据毕马威(2022)预测,到2060年工业领域和交通领域的氢气使用量占比分别为60%和31%,电力领域和建筑领域占比分别为5%和4%。受制于当前储运氢技术的不成熟以及配套设施不完善等原因,绿氢产能及应用相对较少,导致氢能的应用主要集中在传统化工等抵消领域。据统计,我国目前约90%—95%的氢能应用于石油化工、钢铁冶金(图4-1-8)。据科尔尼预测,到2030年,中国氢能在工业领域应用需求为600万—2500万吨/年,在化学品原料方面应用需求为600万—1400万吨/年,在建筑领域应用需求为300万—800万吨/年,在钢铁生产领域应用需求为100万—500万吨/年,在道路交通领域应用需求为100万—300万吨/年,在轨道交通领域应用需求为20万吨/年以内。

(1) 电力领域的氢能应用

在电力领域,氢能应用主要包括备用电源、集中电站、燃烧掺氨等。也有学者认为,氢能在交通运输领域的应用实际上是其在电力领域应用的一种延伸与拓展。在电力领域,绿氢可以通过燃料电池直接转化为电能,为电动汽车提供动力,或者与新能源发电技术相结合,有效提升电网电能质量。此外,绿氢也能作为独立电源使用,在化工领域,绿氢的应用则有助于实现大规模的脱碳目标。

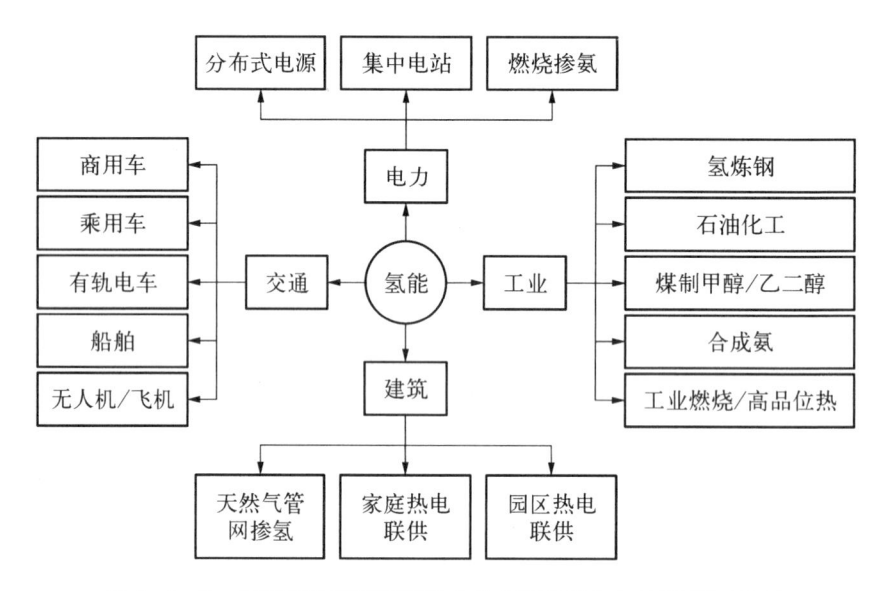

图 4-1-7 氢能在终端能源消费中的主要应用方向(王明华,2022)

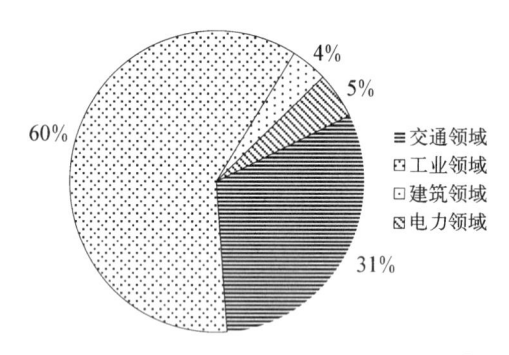

图 4-1-8 2060 年中国氢气需求结构预测①

(2) 工业领域的氢能应用

在工业领域,氢能应用主要包括钢铁、炼油、合成氨、甲醇/烯烃等。尤其是氢冶金是未来氢能在工业领域应用的重点技术。当前,长三角地区钢铁生产的主导工艺是传统的高炉—转炉长流程,这种生产工艺

---

① 毕马威中国:《一文读懂氢能产业》,2022 年 9 月 15 日,https://kpmg.com/cn/zh/home/insights/2022/09/understand-the-hydrogen-energy-industry-in-one-article.html。

流程决定了制造过程中会产生较高的碳排放。较低的碳排放技术包括废钢电炉冶炼短流程、高炉富氢冶炼、氢基直接还原铁（DRI）＋电炉工艺等（图4-1-9），其中，全废钢电炉绿电冶炼工艺、绿氢冶金＋电炉绿电冶炼两大路径是实现近零排放的最终举措。

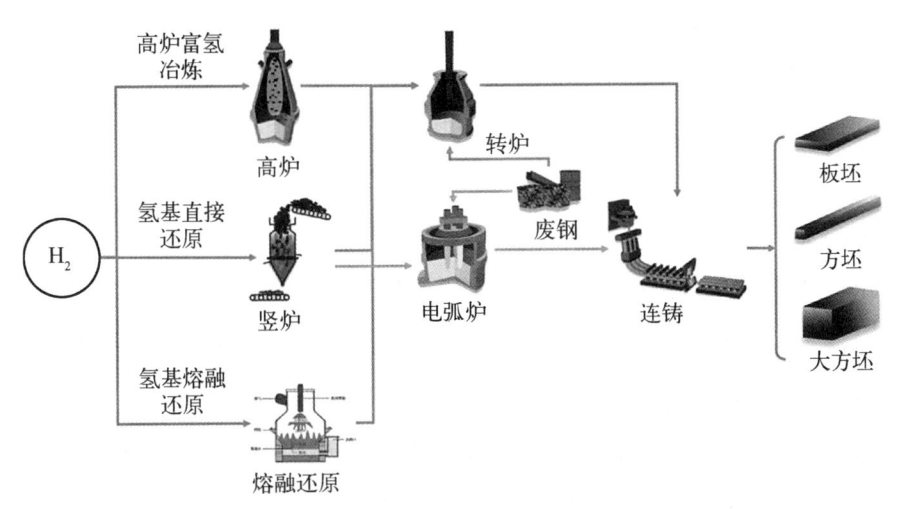

图4-1-9 "双碳"目标下未来钢铁制造的主要工艺路线[①]

（3）建筑领域的氢能应用

建筑部门的能源需求主要用于供暖（空间采暖）、供热（生活热水）等的电能消耗，氢能应用场景包括天然气管网掺氢、家庭热电联供、集中式热电联供等。氢气供热与天然气供热（最常见的供热燃料）等竞争性技术比较，其在效率、成本、安全和基础设施的可得性等方面目前不占优势。由于纯氢的使用需要新的氢气锅炉或需对现有管道进行大量的改造，因此在建筑中使用纯氢气的成本相对较高。目前，欧洲氢能源供热成本仍然是天然气供热成本的2倍以上。据预测，到2050年，当热泵成为最经济

---

① 自然保护协会：《面向碳中和的氢冶金发展战略研究》，2023年6月，http://www.nrdc.cn/information/informationinfo?id=325&cook=2。

的选择时,氢气供热的成本可能仍比天然气供热成本高50%(DNV,2022)。

(4)交通领域的氢能应用

公路长途运输、铁路、航空及航运的氢能应用是实现碳减排的重要路径之一。在公路交通领域,长三角地区目前主要将氢能应用于氢燃料电池客车和重卡。在铁路交通领域,氢能的主要应用方式是与燃料电池结合构成动力系统,替代传统的内燃机。目前,氢动力火车正处于研发和试验阶段,德国、美国、日本和中国等国皆走在技术的前沿。德国在2022年开始运营世界上第一条由氢动力客运火车组成的环保铁路线,火车续航里程可达1 000千米,最高速度达到140千米/时。中国在2021年试运行国内首台氢燃料电池混合动力机车,于2022年建成国内首个重载铁路加氢科研示范站。在航空领域,氢能源为低碳化航空提供了可能性,氢能可以减少航空业对原油的依赖,减少温室及有害气体的排放。相比于化石能源,燃料电池可减少75%—90%的碳排放,在燃气涡轮发动机中直接燃烧氢气可减少50%—75%的碳排放,合成燃料可减少30%—60%的碳排放(刘玮等,2022)。

二、长三角氢能产业发展及创新合作的现状

(一)全产业链条布局促进产业融合发展

长三角地区是我国氢能产业的先行者,氢能产业基础优越,经过多年的不断发展,聚集了一大批氢能产业企业。根据氢能产业大数据平台显示(图4-2-1),截至2023年9月,长三角地区共拥有氢能企业489家,约占全国氢能企业数量(1 952家)的25.1%,江苏省、上海市、浙江省、安徽省分别为179家、148家、101家、61家。上海市作为长三角氢能产业的龙头城市,拥有氢能企业数量位居全国各省市的第四位、各城市的首位,形成了较为完整的氢能产业链。

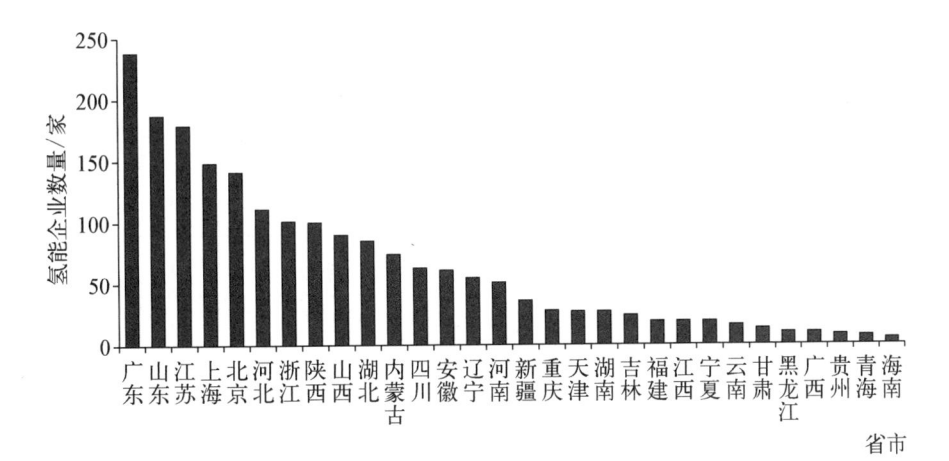

图 4-2-1 全国氢能企业数量分布[1]

表 4-2-1 全国规模以上氢产能及氢制备项目数量[2]

单位：万吨/个

省市	氢制备产能	化石能源制氢	电解水制氢	工业副产氢	省市	氢制备产能	化石能源制氢	电解水制氢	工业副产氢
山东	509.3	54	0	48	辽宁	181.6	11	0	8
内蒙古	458.5	25	2	29	安徽	170.1	10	0	5
陕西	427.4	23	0	60	江苏	159.2	10	0	13
宁夏	382.8	13	0	8	北京	110.1	4	0	1
山西	287.2	12	0	45	湖北	105.2	9	0	4
新疆	269.7	20	0	16	云南	86.0	7	0	3
河南	213.0	16	0	16	浙江	85.8	4	0	8
河北	198.7	7	2	37	广东	78.9	3	0	3

[1] 资料来源：根据氢能产业大数据平台检索所得(检索时间2023年9月14日)。
[2] 资料来源：根据氢能产业大数据平台检索所得(检索时间2023年9月14日)。

续表

省市	氢制备产能	化石能源制氢	电解水制氢	工业副产氢	省市	氢制备产能	化石能源制氢	电解水制氢	工业副产氢
四川	74.5	6	0	4	福建	40.0	3	0	3
青海	67.1	5	0	3	广西	34.3	2	0	3
上海	58.4	3	0	2	湖南	32.7	2	0	4
重庆	49.3	3	0	1	天津	28.6	2	0	3
海南	45.4	3	0	0	江西	27.7	1	0	6
黑龙江	42.8	3	0	7	吉林	25.5	2	0	2
甘肃	40.4	3	0	4	贵州	19.6	2	0	2

在制氢环节，上海市、江苏省、浙江省、安徽省共拥有473.5万吨的氢制备产能，约占全国氢制备产能总量的11%。其中，上海市拥有氢制备产能58.4万吨、化石能源制氢项目3个、工业副产氢项目2个；江苏省拥有氢制备产能159.2万吨、化石能源制氢项目10个、工业副产氢项目13个；浙江省拥有氢制备产能85.8万吨、化石能源制氢项目4个、工业副产氢项目8个；安徽省拥有氢制备产能170.1万吨、化石能源制氢项目10个、工业副产氢项目5个。

在技术装备环节，长三角地区共拥有氢技术装备项目176个，约占全国总数的41%（图4-2-2）。其中，上海市、江苏省、浙江省、安徽省分别有65个、58个、31个、22个。上海市作为全国装备制造的龙头，在氢技术装备领域也具有较好的基础优势。截至2023年9月，上海市拥有压缩机项目3个、储氢罐项目4个、加氢机项目6个、燃料电池系统项目18个、燃料电池汽车制造商5个、关键材料项目18个、关键零部件项目8个、氢能检测测试系统项目1个以及氢气纯化装置项目2个(图4-2-3),各类项目总数仅次于广东省,位居全国各城市首位。

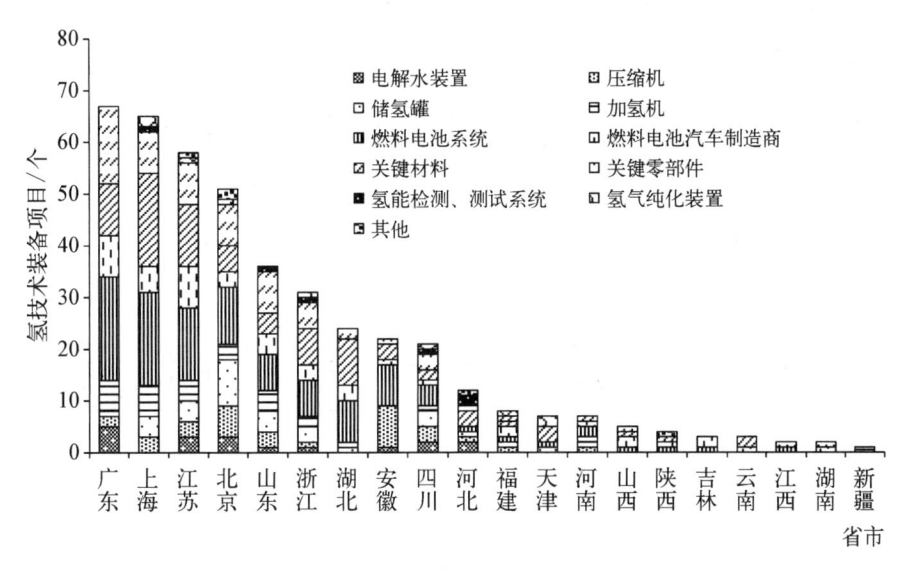

图4-2-2 全国氢技术装备分布[①]

注:截至2023年9月,全国仅20个省市拥有氢技术装备项目。

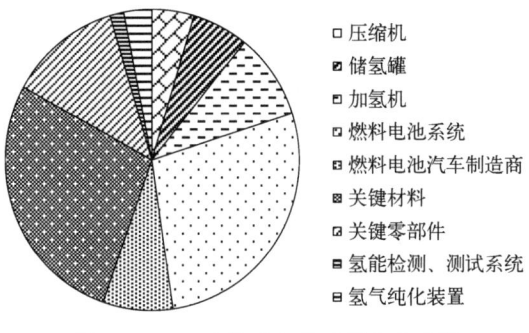

图4-2-3 上海市氢技术装备分布[②]

[①] 资料来源:根据氢能产业大数据平台检索所得(检索时间2023年9月14日)。
[②] 资料来源:根据氢能产业大数据平台检索所得(检索时间2023年9月14日)。

在用氢环节,长三角氢能应用主要集中在工业领域,尤其是化工领域(表4-2-2)。截至2023年9月,上海市用氢企业拥有合成甲醇产能100万吨、石油精炼产能2700万吨、合成其他产能28万吨;江苏省合成氨、合成甲醇、石油精炼、合成其他产能分别为269万吨、50万吨、4460万吨、98万吨;浙江省合成氨、石油精炼、合成其他产能分别为35万吨、5100万吨、188万吨;安徽省合成氨、合成甲醇、石油精炼、合成其他产能分别为258万吨、380万吨、900万吨、181万吨。

表4-2-2 全国各省市化工领域用氢企业主要产品产能[①]

单位:万吨

省市	合成氨	合成甲醇	石油精炼	合成其他	省市	合成氨	合成甲醇	石油精炼	合成其他
北京	100	60	1 100	137	安徽	258	380	900	181
天津	0	50	1 380	0	福建	0	0	2 600	155
河北	198	0	2 600	73	江西	0	0	1 000	30
山西	366	150	0	220	山东	790	729	7 190	430
内蒙古	314	1 208	0	517	河南	574	220	800	110
辽宁	0	50	10 550	0	湖北	318	50	850	138
吉林	36	0	980	84	湖南	33	0	1 150	110
黑龙江	45	70	1 000	0	广东	0	0	5 275	26
上海	0	100	2 700	28	广西	0	0	1 650	0
江苏	269	50	4 460	98	海南	75	140	920	0
浙江	35	0	5 100	188	重庆	100	172	0	0

① 资料来源:根据氢能产业大数据平台检索所得(检索时间2023年9月14日)。

续表

省市	合成氨	合成甲醇	石油精炼	合成其他	省市	合成氨	合成甲醇	石油精炼	合成其他
四川	210	50	1 000	0	甘肃	40	60	1 050	0
贵州	50	0	0	30	青海	40	280	0	33
云南	236	50	1 300	0	宁夏	205	744	1 400	638
陕西	95	1 210	720	413	新疆	255	410	2 450	152

在服务领域，长三角三省一市共拥有氢能公共服务类企业87个，涉及工程建设、检测与认证、科研机构、会议培训及咨询服务等各领域，服务类企业数量约占全国的32.1%（图4-2-4）。其中，江苏省为43个，上海市为32个，浙江省和安徽省分别为11个、1个。氢能公共服务企业为推进氢能创新、产业、资金、人才等多链条深度融合提供了重要支撑。

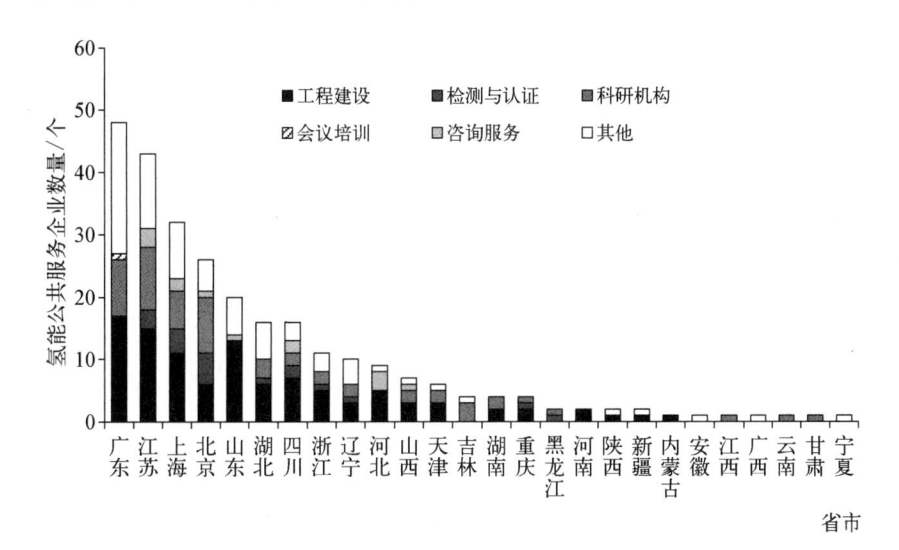

图4-2-4 全国氢能产业公共服务企业分布[①]

① 资料来源：根据氢能产业大数据平台检索所得（检索时间2023年9月14日）。

（二）多领域推进氢能创新水平持续提升

长三角地区在氢能技术创新领域具有长期的积累，在研发型企业、科研机构、研究人员、公共平台等方面具有较为深厚的基础。经过多年积累，长三角各地氢能核心技术与关键产品不断突破，例如复旦大学建成中国第一条具有自主知识产权的水系离子电池生产线，上海氢晨新能源科技有限公司成功研制全球最大功率的燃料电池电堆，上海电气集团在迪拜承担建设全球最大的光热电站。江苏省重点发展续航里程超过 500 千米的氢燃料电池客车、物流车、专用车等，加快 100 千瓦以上的重型卡车的研制开发；江苏省扬州市建成国内最大功率氢电池电堆，突破了行业功率的天花板。安徽省六安市建成了国内首个兆瓦级氢能综合利用示范站，并拿到安徽省首个制氢加氢一体战的经营许证。上海市已基本具备氢制取、储运、加注、燃料电池系统集成等重要技术与工艺，在燃料电池汽车技术保持国内领先，大功率电堆等达到国际先进水平，并在交通、工业、能源等氢能应用领域开展前瞻性布局研究。2021年，上海市成立氢能利用工程技术研究中心，致力于打造氢能技术、产业、应用联动的专业性公共服务平台。

笔者结合国家知识产权局"氢能产业技术分类（IPC）""绿色低碳技术专利分类体系"，以及经济合作与发展组织（OECD）的"环境技术（ENV-TECH）专利分类对照"，在 incoPat 专利数据库进行检索发现，2000—2021 年，上海市获得氢能专利授权超过 6 300 件（图 4-2-5），远高于南京（3 553 件）、杭州（3 410 件）、合肥（1 811 件）、无锡（1 308 件）、苏州（1 238 件）等城市。同时，上海市在制氢、储氢、运氢加氢、用氢四个环节的专利数量均在长三角 41 个城市中位居首位，技术创新引领优势明显。与其他城市相比，上海市在氢能各环节专利占比较为均衡，四个环节占比分别为 37.06%、21.23%、7.61%、34.10%（表 4-2-3），反映出上海市在氢能产业全链条创新的综合优势。而江苏省在制氢、储氢环节优势相对突出,浙江省在制氢、运氢加氢环节专利优势相对突出,安徽省在运氢加氢和用氢环节专利优势相对突出。可见,长三角各地围绕氢能产业各领域积极开展技术研发,在氢能产业各领域形成了较好的专利产出,也为长三角开展氢能产业协同创新提供了创新基础。

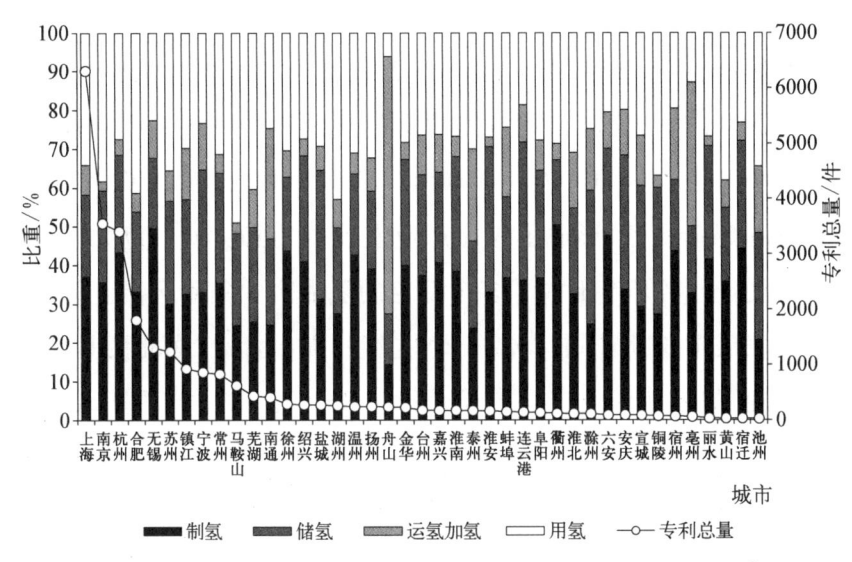

图4-2-5 长三角41个城市氢能专利数量总量及各环节比重[①]

表4-2-3 长三角各省市氢能产业不同环节专利数量占比[②]

单位:%

省市	制氢	储氢	运氢加氢	用氢
上海	37.06	21.23	7.61	34.10
江苏	35.34	26.09	9.90	28.67
浙江	37.43	23.94	11.86	26.77
安徽	32.74	25.39	12.24	29.63

① 资料来源:根据incoPat专利服务平台检索所得。
② 资料来源:通过incoPat专利数据库进行检索并分析所得。

（三）多尺度打造产业融合集群创新效应

长三角地区积极打造多尺度氢能产业集群，以实现区域内资源高效整合和创新合作。长三角地区依托其雄厚的经济基础、领先的科技创新能力和高度发达的产业体系，正在构建从城市到区域的多层次氢能产业集群。

在城市层面，上海、南京、杭州等核心城市发挥各自优势，建设氢能示范区和产业园区，推动氢能技术的研发和产业化进程。这些城市不仅吸引了大量的氢能企业和科研机构入驻，还建立了完善的基础设施和配套服务，形成了氢能产业发展的"强磁场"。例如上海市围绕氢能产业各环节形成了多个特色的氢能产业集聚区，《上海市氢能产业发展中长期规划（2022—2035年）》提出打造"南北两基地、东西三高地"的氢能产业空间布局（图4-2-6）。其中，"两基地"为金

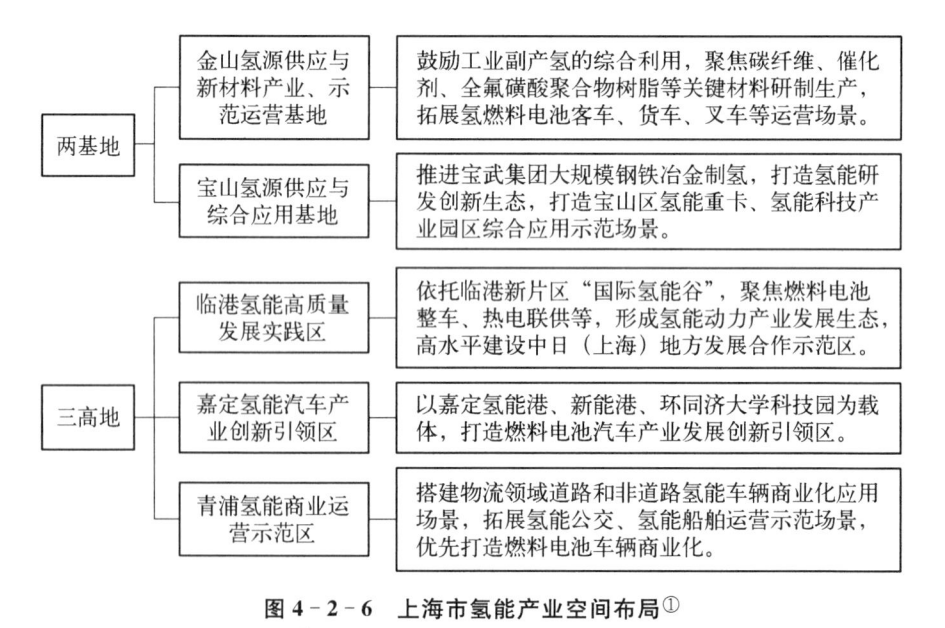

两基地	金山氢源供应与新材料产业、示范运营基地	鼓励工业副产氢的综合利用，聚焦碳纤维、催化剂、全氟磺酸聚合物树脂等关键材料研制生产，拓展氢燃料电池客车、货车、叉车等运营场景。
	宝山氢源供应与综合应用基地	推进宝武集团大规模钢铁冶金制氢，打造氢能研发创新生态，打造宝山区氢能重卡、氢能科技产业园区综合应用示范场景。
三高地	临港氢能高质量发展实践区	依托临港新片区"国际氢能谷"，聚焦燃料电池整车、热电联供等，形成氢能动力产业发展生态，高水平建设中日（上海）地方发展合作示范区。
	嘉定氢能汽车产业创新引领区	以嘉定氢能港、新能港、环同济大学科技园为载体，打造燃料电池汽车产业发展创新引领区。
	青浦氢能商业运营示范区	搭建物流领域道路和非道路氢能车辆商业化应用场景，拓展氢能公交、氢能船舶运营示范场景，优先打造燃料电池车辆商业化。

图4-2-6 上海市氢能产业空间布局[①]

[①] 资料来源：《上海市氢能产业发展中长期规划（2022—2035年）》。

山和宝山两个氢气制备和供应保障基地;"三高地"为临港、嘉定和青浦三个产业集聚发展高地。

在区域层面,长三角各城市通过政策协同和资源共享,促进氢能产业的跨区域合作与联动发展。例如,江苏省依托其制造业优势,推动氢能装备制造和关键零部件的生产;浙江省则借助其数字经济优势,加速氢能产业的智能化和数字化转型。通过区域内的合作,长三角氢能产业链得以不断完善和优化。长三角各地还积极联动打造长三角氢能产业集群,早在2019年,长三角三省一市就联合发布《长三角氢走廊建设发展规划》,着力于打造长三角城市间带状及网状加氢基础设施,以及氢能与燃料电池汽车产业经济带。上海石化、申能集团等30余家企业、金融机构及科研机构共同成立长三角氢能基础设施产业联盟,推进长三角氢能产业"气—车—站—用"一体化发展。

(四)全方位提供氢能创新政策资金支持

近年来,长三角各地紧跟国际步伐,制定并发布了一系列氢能产业与创新政策(图4-2-7),并将氢能产业写入了"十四五"发展规划中。上海市陆续出台了一系列系统性的支持政策。截至2023年9月,上海市已出台23项氢能产业相关支持政策,政策数量位居全国第5,仅次于广东省、山东省、江苏省、北京市。在实施意见方面,包括《上海市燃料电池汽车产业创新发展实施计划》等2项;在财税政策方面,包括《上海市燃料电池汽车推广应用财政补助方案》等3项;在氢能规划方面,包括《上海市氢能产业发展中长期规划(2022—2035年)》等8项。此外,上海市还出台了多项指导意见、管理办法及政策措施等。江苏省发布各类政策意见、实施意见、财税政策及规划等27条,省级层面面向氢能的规划与政策措施相对较少,仅有《江苏省氢燃料电池汽车产业发展行动规划》等,但各地市出台相关大量规划、政策措施、实施意见、管理办法等,包括《常熟市氢燃料电池产业发展规划(2021—2030年)》等政策措施,《武进区加快推动氢能产业发展的实施意见》《张家港市氢能产业发展三年行动计划(2018—2020年)》等实施意见,《苏州市氢能产业发展指导意见(试行)》等指导意见,《无锡市氢能产业链安全管理暂行规定(征求意见稿)》等指导意见。浙江省共发布各类政策等共31条,包括《关于规范汽车加氢站建设运营管理工作的通知》等政策措施、《嘉善县人民政府办公室关于加快推动氢能产业发展的实施意见》等实施意见、《宁波市氢能示范应用扶持暂行办法》等财税政策、《浙江省加快培育氢燃料电池汽车产业发展实施方案》等规划。安徽省各类政策等共7条,主要包括《安徽省氢能产业发展中长期规划》《关于加快氢能产业发展的若干意见》《阜阳市氢能源产业发展规划(2021—2035年)》等。以上为长三角地区推动氢能产业发展与产业创新提供了重要保障。

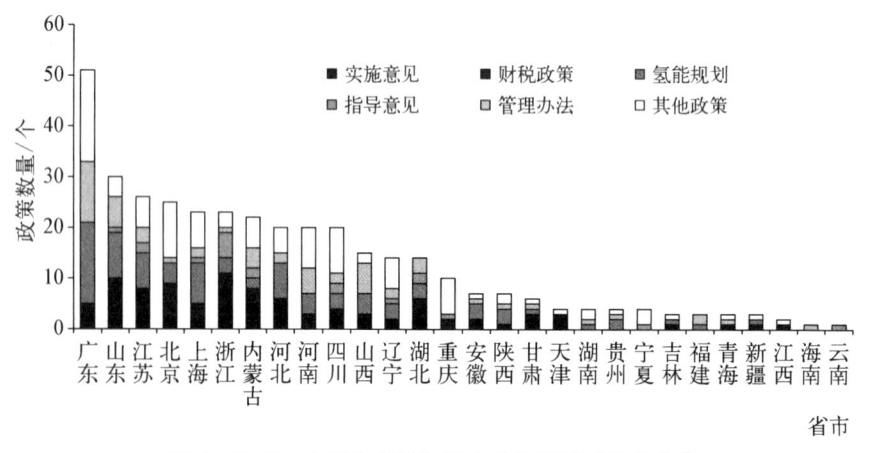

图4-2-7 中国各省份氢能产业各领域政策分布[①]

① 资料来源:根据氢能产业大数据平台检索所得(检索时间2023年9月14日)。

第四章　长三角氢能产业创新基础与现状问题

从长三角氢能产业发展与创新合作方面看,上海市、江苏省、浙江省、安徽省在各自产业规划与行动计划中提出加强氢能产业合作与创新协同(表4-2-4)。如《上海市燃料电池汽车产业创新发展实施计划》提出"加强长三角区域燃料电池汽车协同发展,区域联动加快推广应用,共同建设长三角氢走廊;……力争打造长三角燃料电池汽车示范区"。《江苏省氢燃料电池汽车产业发展行动规划》提出"完善沿海、沿江、沿沪宁线的加氢站网络布局,加强长三角氢走廊基础设施建设"。《浙江省加快培育氢燃料电池汽车产业发展实施方案》提出"加快构建长三角一体化氢燃料电池汽车高质量发展体系和产业链供应链协同工作机制……积极推进科技资源和创新载体共享,在人才培育、技术攻关、产融对接、推广应用等领域开展务实合作"。《浙江省推动新能源制造业高质量发展实施意见(2023—2025年)》提出"加强与上海、江苏衔接,协同打造'环杭州湾'氢走廊,加快形成长三角氢燃料电池汽车产业集群"。《安徽省氢能产业发展中长期规划》提出"充分发挥示范城市群引领及示范作用,带动、促进两翼地区氢能产业协同发展,积极融入'长三角'氢走廊的建设"。2019年5月24日,全国首个跨省氢能基础设施网络建设规划——《长三角氢走廊建设发展规划》正式发布,规划指出,2019年至2021年,将立足于长三角现有氢能产业基础,示范推广氢燃料电池汽车;同时,将上海市这一产业先行城市塑造为氢走廊的核心枢纽,率先启动建设4条氢高速示范线路。长三角氢走廊的建设将有力破解当前发展困局,通过深化区域联动,构建一个高效协同的区域应用环境,为燃料电池汽车技术和产业的持续创新提供强大动力。这一战略举措旨在打造世界领先的氢能与燃料电池汽车产业经济带。以上为长三角推进氢能产业创新合作提供了有力的政策支持。

表 4-2-4 长三角各省市氢能产业各类政策汇总①

省市	政策分类	政策名称
上海	政策措施	《关于支持中国(上海)自由贸易试验区临港新片区氢能产业高质量发展的若干政策》《嘉定区加快推动氢能与燃料电池汽车产业发展的行动方案(2021—2025年)》《关于组织申报2021年度氢能补贴扶持资金项目的通知》
	实施意见	《上海市燃料电池汽车产业创新发展实施计划》《嘉定区鼓励氢燃料电池汽车产业发展的有关意见(试行)实施细则》
	财税政策	《关于开展2023年临港新片区加氢设施建设扶持申报工作的通知》《关于支持本市燃料电池汽车产业发展若干政策》《临港新片区关于加快氢能和燃料电池汽车产业发展及示范应用的若干措施》《上海市燃料电池汽车推广应用财政补助方案》
	氢能规划	《上海交通领域氢能推广应用方案(2023—2025年)》《崇明区加快氢能产业发展与应用三年行动计划(2023—2025年)》《上海市氢能产业发展中长期规划(2022—2035年)》《临港新片区氢燃料电池汽车产业发展"十四五"规划(2021—2025年)》《临港新片区打造高质量氢能示范应用场景实施方案(2021—2025年)》《上海市车用加氢站布局专项规划》《青浦区氢能及燃料电池产业发展规划》《上海市燃料电池汽车发展规划》
	指导意见	《嘉定区鼓励氢燃料电池汽车产业发展的有关意见(试行)》
	管理办法	《上海市燃料电池汽车示范应用专项资金实施细则》《上海市燃料电池汽车加氢站建设运营管理办法》
	其他	《2022年度上海市燃料电池汽车示范应用拟支持单位公示》《关于开展2022年度上海市燃料电池汽车示范应用项目申报工作的通知》《2021年度上海市燃料电池汽车示范应用拟支持单位公示》《关于下达2021年度氢能专项扶持资金的通知》
江苏	政策措施	《关于支持武进区氢能产业发展的若干措施》《常熟市氢燃料电池产业发展规划(2021—2030年)》《常熟市关于氢燃料电池产业发展的若干政策措施》

① 资料来源:根据氢能产业大数据平台检索所得(检索时间2024年1月14日)。

续表

省市	政策分类	政策名称
江苏	实施意见	《武进区加快推动氢能产业发展的实施意见》《南通市氢能与燃料电池汽车产业发展指导意见(2022—2025年)》《2022年常熟市氢燃料电池产业发展工作要点》《张家港市"十四五"氢能产业发展规划》《2020年常熟氢燃料电池汽车产业发展工作要点》《常熟氢燃料电池汽车产业发展行动计划(2019—2022年)》《张家港市氢能产业发展三年行动计划(2018—2020年)》《如皋市扶持氢能产业发展实施意见》
	财税政策	《常熟市2023年氢燃料电池产业发展政策补贴名单公示》
	氢能规划	《无锡市氢能和储能产业发展三年行动计划(2023—2025年)》《常熟市加氢站布局规划(2021—2025年)》《苏州市氢能及燃料电池产业发展规划》《昆山市氢能产业发展规划(2020—2025年)》《常熟市氢燃料电池汽车产业发展规划(2019—2030年)》《江苏省氢燃料电池汽车产业发展行动规划》《张家港市氢能产业发展规划》
	指导意见	《张家港市鼓励氢能产业发展的有关意见》《苏州市氢能产业发展指导意见(试行)》
	管理办法	《无锡市氢能企业安全管理暂行规定》《南京市加氢站安全管理暂行规定》《无锡市氢能产业链安全管理暂行规定(征求意见稿)》
	其他政策	《关于进一步提升全省船舶与海工装备产业竞争力的若干政策措施》
	其他	《关于2020年度氢能产业发展扶持资金支持单位名单的公示》《苏州市加氢站和氢燃料汽车安全管理暂行规定》
浙江	政策措施	《关于规范汽车加氢站建设运营管理工作的通知》《关于加快推进氢能产业发展的若干政策意见》《关于加快推进氢能产业发展的若干政策意见》
	实施意见	《湖州市储能和氢能产业发展实施意见(2023—2027年)》《关于加强汽车加氢站建设运营的实施意见》《浙江省汽车加氢站建设专项规划技术导则及浙江省汽车加氢站建设专项规划编制技术手册(指南)》《嘉兴市推动氢能产业发展财政补助实施细则》《嘉兴市氢能产业发展规划(2021—2035年)》《关于加

续表

省市	政策分类	政策名称
浙江	实施意见	快推动氢能产业发展的实施意见》《金华市加快氢能产业发展的实施意见》《平湖市加快推进氢能产业发展和示范应用实施意见的通知》《嘉善县推进氢能产业发展和示范应用实施方案（2019—2022年）》
	财税政策	《关于2023年宁波市氢能示范应用第二批补贴情况的公示》《嘉兴市推进氢能产业发展财政补助实施细则》《海盐县加快推进氢能产业发展若干政策意见》《嘉兴港区氢能产业发展扶持政策》《关于2022年宁波市氢能示范应用第一批补贴情况的公示》《宁波市氢能示范应用扶持暂行办法》
	氢能规划	《浙江省氢能装备产业发展行动方案（2023—2025年）》《浙江省加氢站发展规划》《浙江省加快培育氢燃料电池汽车产业发展实施方案》《湖州市氢能产业发展规划（2023—2035年）》《宁波市氢能产业中长期发展规划（2020—2035年）》
	指导意见	《关于加快新旧动能转换推动氢能产业强势发展的若干意见》《关于加快培育舟山市氢能产业发展的指导意见》《嘉兴市加快氢能产业发展的工作意见》《浙江省加快培育氢能产业发展的指导意见》《关于加快氢能产业发展的若干意见》
	管理办法	《嘉兴市燃料电池汽车加氢站建设运营管理实施意见》《关于加强汽车加氢站建设运营的实施意见》
安徽	政策措施	《安徽省氢能产业发展中长期规划》
	实施意见	《关于加快氢能产业发展的若干意见》《关于大力支持氢燃料电池产业发展的意见》
	氢能规划	《阜阳市氢能源产业发展规划（2021—2035年）》《六安市氢能产业发展规划（2020—2025年）》《铜陵氢能产业发展规划纲要》
	管理办法	《芜湖市加氢站管理办法》

氢能产业发展高度依赖多元化资本的支持，为推动氢能产业创新发展，长三角地区积极强化对氢能产业融合集群发展的财政与金融支

持。一方面,长三角各省市通过现有财税政策加强对氢能产业发展的财政资金支持,设立各类财政专项资金,发挥财政资金支持的引导作用。另一方面,长三角地区还积极发挥社会金融资本对氢能产业发展的作用,例如设立天使投资引导基金、创业投资引导基金、"浦江之光"行动等,为氢能产业的企业投融资、科创板上市提供保障。

三、长三角氢能产业发展及创新合作的问题

(一)关键技术与国际先进水平仍有差距

长三角作为我国氢能产业创新的重心,在氢能产业创新发展上具有较强的引领作用。近年来,长三角地区通过氢能产业链持续加大研发力度,已初步掌握了制氢、储氢、运氢加氢、氢燃料电池等主要技术与工艺。氢能产业作为一种高度依赖技术驱动的产业类型,关键技术的瓶颈突破是推动氢能产业创新发展的重点所在。只有取得核心技术的关键性突破、实现技术成本的逐步下降,才有助于推动更好地实现氢能技术的创新与推广应用。然而,当前长三角地区在氢能领域的关键技术方面,相较于国内其他地区,其优势尚不够明显。以2020年国家科学技术进步奖获奖项目为例[1],在157项特等奖及一、二等奖中,有两项为氢能领域,共有15家单位参与完成。其中,仅浙江大学、合肥通用机械研究院有限公司、浙江巨化装备工程集团有限公司三家大学和公司(该成果共8家单位参与)参与"氢气规模化提纯与高压储存装备关键技术及工程应用",上海市、江苏省无一单位参与2020年氢能领域国家科学技术进步奖获奖项目。可见,长三角地区在国家氢能科技贡献中的作用有待提升,需要进一步加强产学研协同,开展氢能科技联合攻

---

[1] 截至2024年1月,国家科学技术奖励工作办公室最新公布的"国家科学技术进步奖获奖项目目录(通用项目)",数据收录至2020年。

关,提升我国氢能技术水平。

从国际层面看,受制于氢能产业发展时间短、前期基础弱等不利因素,在液态储氢、燃料电池系统、高端材料和装备制造等核心技术领域,长三角氢能技术与美国、日本、欧洲等国际领先水平仍有差距。在制氢技术领域,我国95%的氢气来源是化工能源和工业副产制氢,而电解水制氢(零碳制氢)的占比尚不足5%。在长三角地区,制氢过程依然高度依赖于灰氢。长三角地区在质子交换膜、高强度缠绕碳纤维、聚合物气瓶内胆、气氢密封材料、催化剂等关键原料,加氢机、氢气压缩机以及膜电极喷涂设备等关键设备与核心零部件,以及碳纸、催化剂、质子交换膜等燃料电池核心零部件制造水平与国际先进水平差距较大,国产化水平较低,主要市场仍被国外企业占领,氢能产业某些核心材料严重依赖于进口,长三角地区只有少数公司和设备制造商参与其中。从关键技术看,国外高压气倾压力普遍达到70 MPa以上,液氢储运技术成熟,尽管上海已初步突破70 MPa技术瓶颈,但液氢技术、液氢工厂及相关产业化仍然相对滞后,加氢站技术与国外仍有差距,关键技术与核心材料的缺失制约着长三角氢能产业的创新。

同时,尽管上海氢能产业专利数量位居前列,但专利数量多、专利质量低的问题依然明显,受近年来国家和上海市政府大力推进氢能产业发展的政策支持,大量科研院所和企业积极投入氢能产业发展,但政策激励下的氢能产业如火如荼发展也导致低质量专利泛滥(李丹枫,2022)。例如,中国发表的氢能领域SCI文献和发明专利授权数量均位居全球首位,但论文平均引用次数却远低于美国、日本、德国等发达国家(图4-2-8),纵向研究、绿色制氢技术国际影响力仍然缺乏(张智等,2022),这种重数量轻质量、重短期效益轻远期效益的行为,难以真正实现氢能产业创新水平的有效提升。

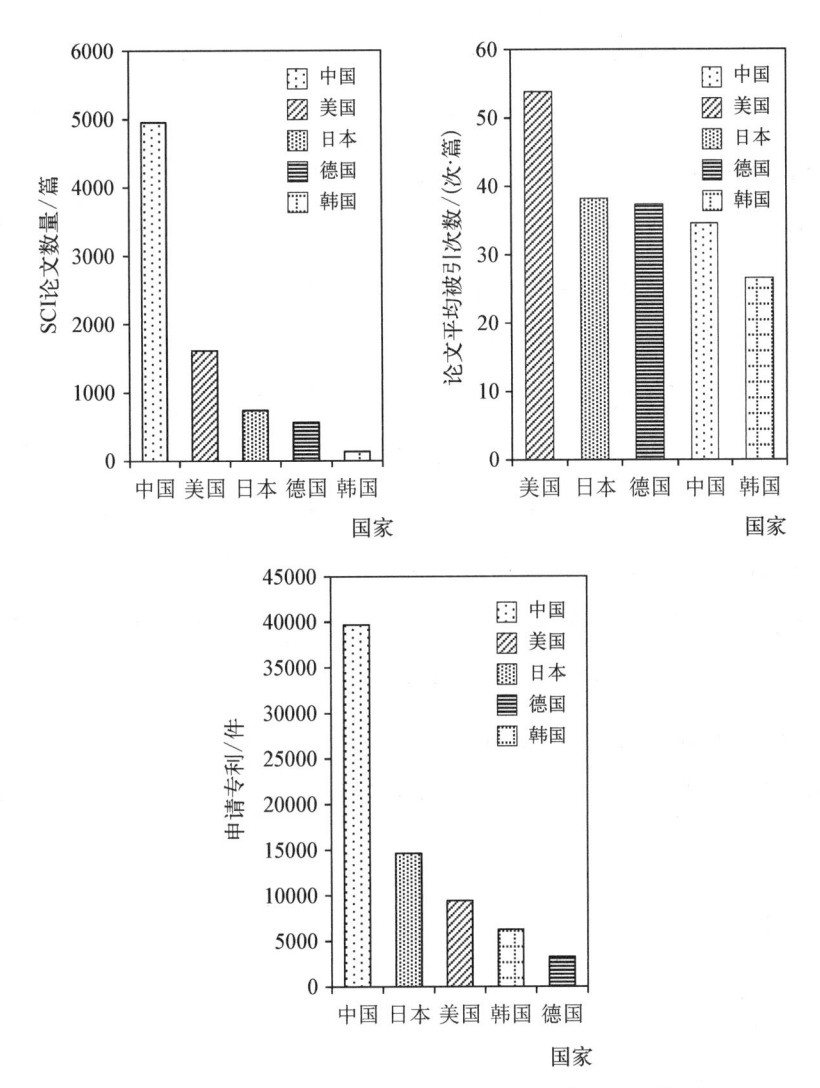

图 4-2-8 近 10 年中国绿色制氢科技成果与其他
国家的差异图(张智等,2022)

(二) 缺乏竞争力、整合力强的龙头企业

推进创新合作需要具有行业影响力的龙头企业。从协同创新体系角度看,龙头企业能有效整合科研力量,大大缩小市场需求与基础研究

间的链条,提升重大研究成果和创新技术商业化运行的效率,龙头企业在氢能产业创新合作中发挥着关键作用。从产业组织角度,产业融合集群发展实质上是大型龙头企业通过纵向一体化,集聚一批企业,在彼此形成关联较强的产业集群。龙头企业通常是氢能产业链的链主,并对产业链其他企业发挥着示范引领带动作用,利用产业链生态位优势,形成对氢能产业链资源的有效整合。

近年来,长三角各省市积极推动氢能产业创新合作,也需要培育打造具有行业影响力,乃至世界影响力的龙头企业,尤其是对行业格局具有影响力和控制力。目前,长三角在氢能产业领域已形成了一批具有影响力的龙头企业。在2022年11月,第二届氢能国际主题峰会发布2022年全球氢能企业TOP100榜单(图4-2-9),分别评选出国外TOP50和国内TOP50,在入选的国内50个氢能企业中,长三角地区共有18个企业上榜;其中,上海市共有7个企业入围,位居全国首位,嘉兴市(3个)、苏州市(3个)、杭州市(2个)分别位列第5位、第5位、第8位,南京市、南通

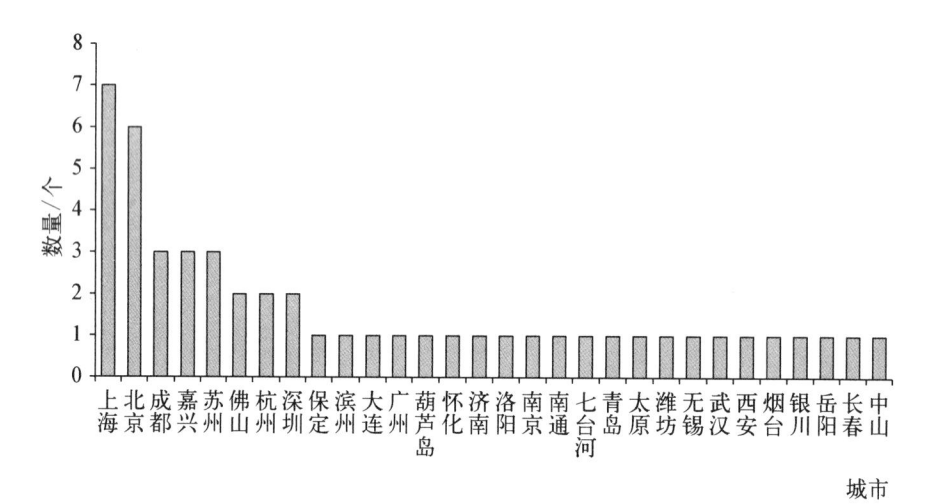

图4-2-9 2022年全球氢能企业TOP100(国内50个)各城市数量

市、无锡市(各1个)并列第30位。然而,这些上榜的龙头企业规模总体偏小,有部分为初创企业。例如上海重塑能源科技有限公司、上海捷氢科技股份有限公司、上海舜华新能源系统有限公司、上海治臻新能源股份有限公司等最新公开发布营业收入数据分别为7.66亿元(2019年)、4.74亿元(2022年)、1.04亿元(2019年)、2.23亿元(2021年),远低于德国林德集团的221.51亿欧元(2020年)、美国空气化工的89亿美元(2020年)等国外龙头企业。

尽管长三角地区拥有一大批企业从事氢能产业创新,例如上海宝武集团专研制氢领域,上海石化从事氢能产业全链条,上海电气、中汽创智、中材科技等从事氢技术装备,尽管这些企业在氢能领域有一定的积累,但由于其主业并非专注于氢能,因此相对于氢能产业的深度参与和积累显得较为有限。这种非聚焦的业务布局导致它们在氢能产业中的积极性不高,对氢能产业创新合作的引领和推动作用也相对较弱。而阳光氢能等,尽管总公司具有实力,且对氢能较为重视,但受自身技术水平、创新合作资源等影响,在氢能产业创新合作中的牵头作用难以充分发挥。可见,长三角地区具有行业影响力和世界影响力氢能行业龙头企业的缺失,限制了氢能创新资源的整合和氢能产业创新合作,也不利于实现产业链与创新链共融。

同时,从企业氢能技术创新的引领作用来看,长三角地区龙头企业氢能科技创新的引领作用仍然有限。根据课题组对氢能专利创新主体分析,长三角氢能专利授权数量前20的主体几乎全部为高校(图4-2-10),仅上海纳米技术及应用国家工程研究中心有限公司一家公司位列前20,仅宝山钢铁、阳光电源、浙江蓝天环保技术、国电南瑞科技四家公司位列前50,其余均为高校和科研院所,反映出上海乃至长三角龙头企业在氢能产业创新中水平相对不足。尽管多家龙头企业入围了全球氢能企业国内TOP50榜单,但令人遗憾的是,这些企业在长三角地区的氢能专利授权排名中却未能跻身前50,这一现状无疑制约了这些龙头企业在推动氢能产业创新合作中的引领和带动作用。反观全球氢能技术领域排名前列的均为龙头企业,据IEA发布报告显示,2011—2020年全球现有氢技术领域排名前10位的企业申请者均为跨国龙头企业(表4-2-5)。法国液化空气集团、德国林德集团、美国空气产品公司等,在从化石燃料生产和处理氢气的基础上,将其业务扩展到低排放氢气的供应。日本丰田、本田,韩国现代汽车等公司则聚焦燃料电池领域。

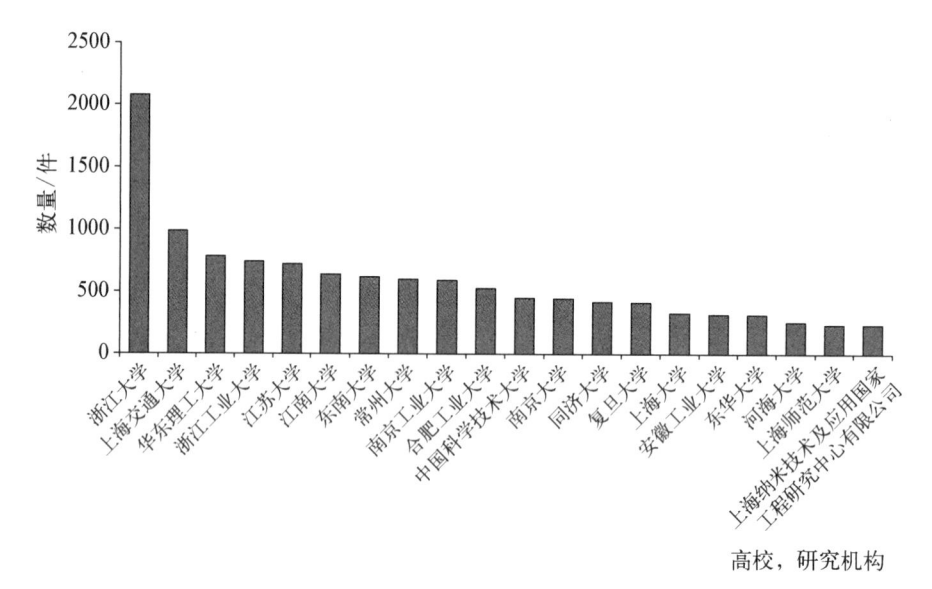

图4-2-10 长三角获得氢能专利授权数量存量前20位的机构[①]

据王明辰(2023)通过专利数据对全球氢能产业专利前20的企业进行分析发现,丰田、松下、日产、本田位居前4位,尤其是丰田对氢能

---

① 资料来源:根据incoPat专利服务平台检索所得。

表4-2-5 全球现有氢技术领域排名前10位的企业申请者概况(2011—2020年)[①]

单位:项

企业	生产 成熟技术	生产 受气候驱动	存储、分配和转换 成熟技术	存储、分配和转换 受气候驱动	最终用途应用 成熟技术	最终用途应用 受气候驱动
液化空气集团(法国)	174	44	94	50	18	21
林德集团(德国)	155	48	87	40	9	23
丰田(日本)	12	48	114	50	2	528
空气产品公司(美国)	61	20	30	13	2	8
巴斯夫(德国)	34	34	23	11	2	13
壳牌(英国)	52	33	18	14	1	82
三菱(日本)	37	46	10	7	20	75
本田(日本)	7	48	48	16		200
现代(韩国)	1	17	44	14		319

专利的申请量高达6842项,反映出这些企业在氢能领域具有先发优势和雄厚的技术储备(表4-2-6)。王翔(2022)通过专利数据对我国氢能专利申请主体分析发现,排名前列的创新主体为丰田、通用、福特、本田、三星、现代等公司,均为跨国公司和龙头企业,上榜的中国机构主要为大学与科研院所,例如中国科学院大连化学物理研究所(大连化物所)、清华大学、华南理工大学、浙江大学等;长三角地区仅浙江大学、上海神力科技有限公司、上海交通大学、同济大学位列前20(图4-2-11),上

[①] International Energy Agency, *Hydrogen patents for a clean energy future: A global trend analysis of innovation along hydrogen value chains*, January, 2023.

海神力科技有限公司在2021年的营业收入仅为1.51亿元,其体量远达不到龙头企业的要求。

表4-2-6 全球氢能产业支柱型企业排名前20(王明辰,2023)

单位:项

申请人	申请量/项	国别	申请人	申请量/项	国别
丰田	6 842	日本	日立	1 118	日本
松下	3 118	日本	戴姆勒	923	德国
日产	2 883	日本	博世	801	德国
本田	2 604	日本	新日本石油株式会社	790	日本
通用	2 345	美国	奥迪	787	德国
东芝	1 910	日本	LG	706	韩国
三菱	1 702	日本	巴斯夫	617	德国
三星	1 630	韩国	三洋	594	日本
日本瓦斯	1 402	日本	富士电机株式会社	593	日本
现代	1 253	韩国	林德集团	593	德国

(三)跨区域创新合作水平与支持的力度不足

氢能产业链因其广泛的覆盖范围,其深度发展必须建立在跨区域创新合作的基础之上,才能为氢能产业创新链产业链融合发展提供空间基础。长三角推动氢能产业创新合作也离不开各地的支持与协同,需要依托长三角各地的氢能产业创新合作。笔者通过对长三角氢能产业不同尺度的创新合作水平进行分析发现,城市内部、省内(城市间)、

第四章　长三角氢能产业创新基础与现状问题

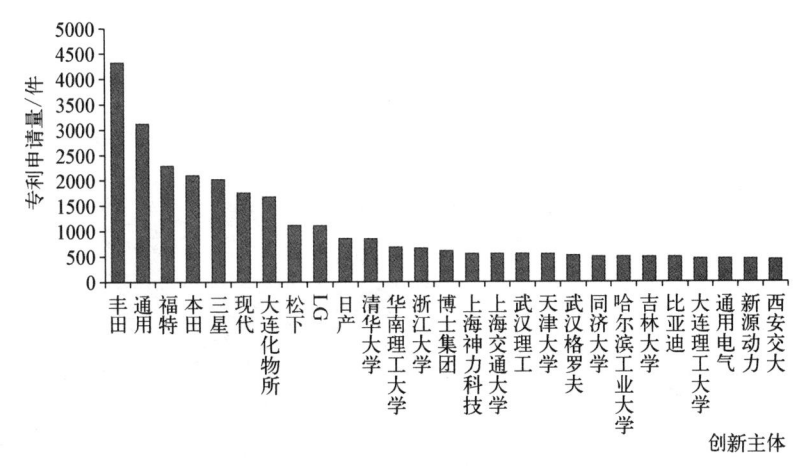

图 4-2-11　我国氢能主要创新主体专利申请量(王翔,2022)

长三角地区的专利合作占比分别为70.88%、13.48%和15.64%,而城市内部、省内(城市间)、长三角地区的专利转让占比分别为46.05%、26.36%、27.59%。可见,长三角地区氢能产业专利合作与专利转让主要集中在城市内部,城际和省际氢能产业专利合作与专利转让占比较小,其中,城际氢能产业专利合作和专利转让占比分别仅为29.12%、53.95%(图4-2-12)(图4-2-13)。

作为长三角氢能产业创新的龙头,上海在推动氢能产业创新合作上具有较好的基础。上海积极整合长三角地区的氢能资源,构建区域协同的供氢网络,并积极推动氢能运输"网络化",积极拓展区域一体化下的氢能产业应用场景。从氢能产业专利合作与专利转让的空间尺度的角度来看,上海氢能产业专利合作主要集中在城市内部;其中,城市内部氢能产业专利合作占87.9%、城市内部技术转让占56.3%,均远高于长三角平均水平70.9%和46.0%。这反映出上海在推动氢能产业产学研合作上仍然主要局限在城市内部,然而,为了加速氢能产业的区域协同发展,与长三角其他城市建立紧密的联动机制,构建区域一体化下的氢能产业创新合作网络已显得尤为迫切和重要。

103

长三角氢能产业创新合作机理与路径

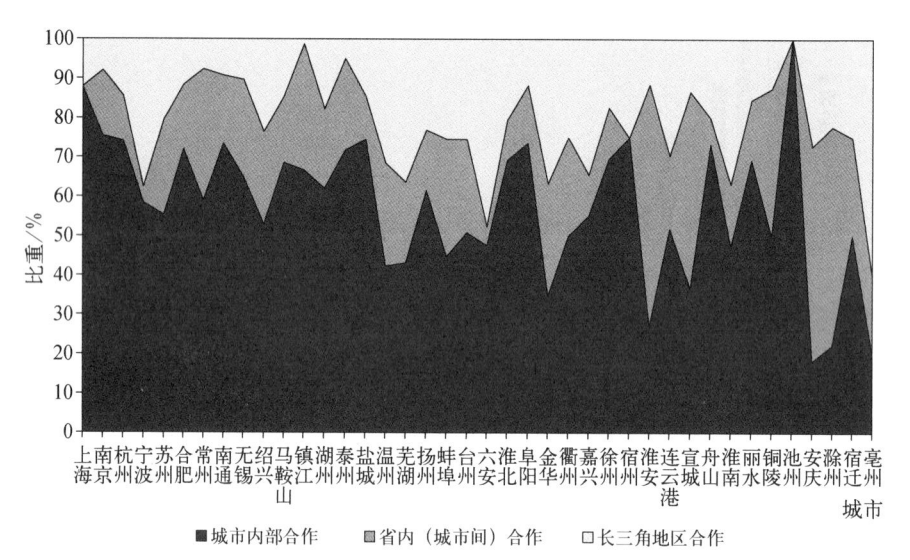

图4-2-12 长三角不同空间尺度的氢能专利合作占比

说明：部分城市未发生氢能专利合作事件，故数据为零或未体现。

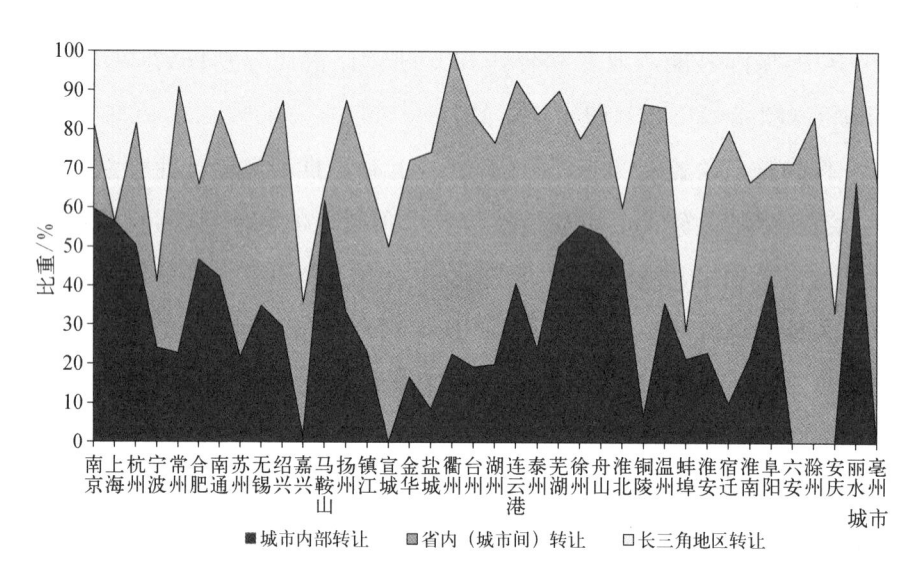

图4-2-13 长三角不同空间尺度的氢能专利转让占比

说明：部分城市未发生专利转让事件，故数据为零或未体现。

从激励措施出台的情况来看,目前长三角地区促进氢能产业发展的政策方向过于狭窄,基本围绕氢燃料电池汽车展开,对氢能技术创新的驱动作用有限。在顶层战略方面,长三角各省市大规模针对氢能的明确扶持补贴政策相对缺乏,对氢能产业相关企业有补贴、优惠电价、税收优惠等供给侧的激励政策相对有限,针对储氢和氢能汽车领域的需求侧政策,目前缺乏实际的指标。同时,在碳交易市场的背景下,持续的高碳价将加速氢能推广;然而,长三角地区碳市场尚处于初期阶段,其影响范围和效果在短期内有限,因此需要加快碳市场的进程,以促进氢能的高效和可持续发展。伴随氢能的补贴与鼓励政策逐渐被提上日程,从制氢到储运氢再到应用氢,有望迎来大范围的更新与成长。

从各地氢能产业创新行动看,尽管各地在氢能产业规划、行动计划、政策方案等中对氢能产业跨区域创新合作提出了相应政策支持,但仍然存在以下问题:一是对于长三角层面的氢能产业创新合作政策支持力度相对不足,在三省一市出台的90多项规划、政策、方案中,仅在数个规划、政策中提及从长三角层面推进氢能产业发展与技术创新,对如何推进长三角层面的氢能产业创新合作的内容依然有限。二是现有政策更多是在政策指引层面,缺乏具体实施计划,尤其是在如何推进氢能产业创新合作政策方面相对缺失。三是现有政策更多聚焦产业链协同、打造"长三角氢走廊"、共同打造示范区等方面,但对于如何推进氢能产业技术领域联合攻关、科技资源共享、技术推广应用缺乏政策支持,使得各地在氢能技术创新上,更多的是单打独斗,缺乏技术创新协同,难以形成氢能产业创新合力。

(四)氢能产业应用领域仍然相对薄弱

氢能产业高度依赖于应用场景,并在交通、发电、储能等领域均具有广泛的应用场景。只有通过大规模的推广应用，氢能产业技术创新才能有效服务于社会经济发展和绿色低碳发展需求；只有依托丰富的应用场景，才能有效地提高技术成熟度、降低技术成本。氢能产业创新合作也必须依托产业链上中下游的融合，以及氢能产业与数字技术、服务等领域的融合。长三角地区依托良好的氢能产业发展基础，形成了良好的氢能产业应用生态，以及丰富而广泛的应用场景，形成了全产业链布局。然而，当前长三角地区氢能产业应用仍然相对薄弱，不利于氢能产业创新合作。

从总体技术发展及应用看，长三角地区氢能产业发展重点仍集中在制氢、储运氢等中上游环节，对下游氢能应用发展仍然不够，对氢能消费市场开拓仍然不足，导致氢能用户少，难以为氢能产业发展提供足够的正反馈，并可能抑制氢能技术的发展。正如国际氢能委员会分析不同领域氢能具备竞争力的时间点，氢能在工业领域已总体具有竞争力，但在交通、电力与热力领域仍然要到2030年后才初步具备竞争力，而高品质热力、联合循环涡轮机、小型汽车等要到2040年以后才具有较强竞争力（图4-2-14）。当前，长三角地区在储能、发电等领域应用仍然比较薄弱，这也不利于为经济发展提供更好的支撑。同时，长三角地区氢能基础设施建设仍然相对滞后，难以满足丰富氢能应用场景的需求，制氢、储氢、运氢加氢环节的成本仍然居高不下，影响着氢能大规模商业化的步伐。

在工业应用方面，长三角地区氢能在化工、钢铁等领域应用较多，且用氢技术相对成熟。据平安证券统计，2023年上半年全国有52个绿氢项目公布最新进展，绿氢规划年产能65.4万吨，长三角地区在绿氢产能占据重要地位。同时，全球各国企业及我国积极探索氢冶金技术，包括蒂森克虏伯、Midrex等技术在全球位居前列。长三角地区宝武、沙

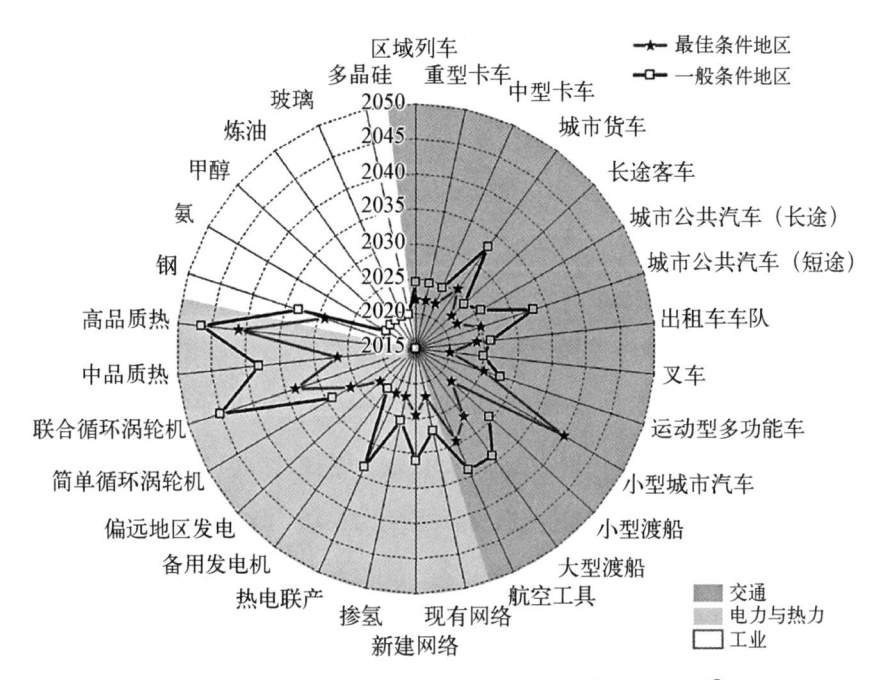

第四章　长三角氢能产业创新基础与现状问题

图 4-2-14　氢能在不同应用领域具有竞争力的时间[①]

钢等企业也积极布局,尽管氢冶金技术具备巨大潜力,但目前仍面临一系列挑战,包括补热效率不足、还原过程效率偏低以及高昂的氢气使用成本。

在交通领域的应用上,燃料电池汽车因面临显著的经济性挑战,其推广进程仍显艰难。据相关研究表明,2021 年我国燃料电池汽车百公里成本为 924 元,远高于纯电动汽车和燃油汽车,主要原因为折旧成本高昂。未来有待于进一步推动氢能产业链技术升级和规模降本,降低燃料电池汽车购置成本和用氢成本。从长三角地区氢燃料电池汽车推广看,截至 2023 年 9 月,长三角地区已运行加氢站 61 座,占全国的

[①] Hydrogen Council, *Path to hydrogen competitiveness: a cost perspective*, January 20, 2020.

25%,上海市、江苏省、浙江省、安徽省分别为13座、28座、13座、7座,分别位居全国第3、7、13、14位,而排名最高的广东省已经运行加氢站40座,已规划302座,在建的为15座,氢燃料电池汽车保有量为2 415辆。同时,长三角各地还积极规划建设加氢站,目前长三角地区在建的加氢站数量为22座、已规划加氢站99座。其中,上海市拥有已运营加氢站13座,已规划和在建的分别为63座和7座,总计位居全国各省份第三位、各城市首位。同时,燃料电池作为重要的加氢用氢载体,截至2023年9月,长三角地区共有氢燃料电池汽车保有量1 741辆,其中上海氢燃料电池汽车保有量1 370辆,仅次于广东省,但位居全国各城市首位;江苏省、浙江省分别拥有348辆和23辆,长三角地区氢燃料电池汽车保有量约占全国的30.39%。总体上,长三角地区加氢站数量仍然较少,已运营的加氢站总数仅61座,仅占全国的25%,也难以满足交通领域日益增长的对氢燃料的需求;相较于广东省等地,氢燃料

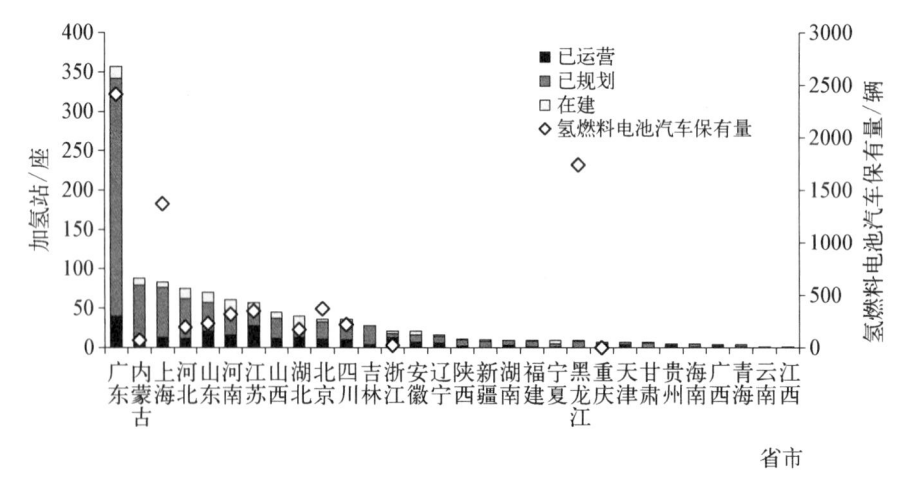

图4-2-15 全国加氢站及氢燃料电池汽车保有量分布[①]

说明:部分省市尚无氢燃料电池汽车,故数据为零。

---

① 资料来源:根据氢能产业大数据平台检索所得(检索时间2023年9月14日)。

电池汽车的保有量相对落后,且在整个汽车保有量中的占比几乎可以忽略不计,这凸显出长三角地区在交通领域氢能应用方面仍需加大推进力度。

在电力领域,氢能在电力系统的应用仍处于早期,能量效率仍然是当前的主要技术瓶颈。按照 ALK 电解槽工作效率 70%—80%、PEM 燃料电池工作效率的 45%—50%估算,电—氢—电两次转化的能量转化效率仅为 31.5%—40%。若考虑储运阶段的系统损耗,氢能电力系统的实际能量效率可能更低。长三角地区尽管积极布局氢能在电力领域的应用,但仍处于研发示范阶段,有待于电解槽、燃料电池等技术的进步。

第五章 | 长三角氢能产业创新网络格局与特征

- 数据来源与研究方法
- 长三角氢能产业创新合作的基础与特征
- 长三角氢能产业创新合作网络主体特征
- 长三角氢能产业创新合作网络时空特征

氢能产业作为国际公认的新兴产业,目前正处于产业化的初期阶段,尚未实现大规模的商品化运作。在当前的氢能产业发展阶段,技术发展被视为核心突破口,其技术创新水平直接体现并引领着整个产业的发展方向。专利作为技术研发的重要成果和保护手段,发挥着举足轻重的作用。因此,本书采用已获正式授权的发明专利数据对长三角氢能产业创新合作的特征展开具体分析。研究产业创新合作的意义,旨在判断创新主体之间以何种方式产生新互动,为寻找长三角氢能产业创新合作存在的问题和提出优化方案奠定基础。

一、数据来源与研究方法

(一)数据获取与数据处理

本书专利数据来源于incoPat全球专利数据服务网站(https://www.incopat.com/)。incoPat收集有超过1.8亿项全球专利文献是全球知名的专利数据提供商。从专利类型上来看,专利可分为发明专利、实用新型、外观设计等三大类,其中发明专利指对产品、方法或者其改进所提出的新的技术方案,具备申请难度较高、技术价值较高、权利相对稳定等特征,是三类专利中最具价值的专利类型。由于氢能技术的效果更多地依靠创新性强的发明专利来推动,因此本书选取氢能技术发明专利来展开研究。本书收集了1985年至2022年3月的上海市、江苏省、浙江省、安徽省已获正式授权的发明专利数据,由于中国专利理论上自申请到授权存在18个月的审核期,因此近两年的专利数据会出现较多的缺失,本书仅筛选1985年至2021年的专利数据并对其展开研究。

随后,根据国家知识产权局《氢能产业技术分类与国际专利分类(IPC)对照》,并结合国家知识产权局《绿色低碳技术专利分类体系》,OECD的"ENV-TECH"对专利分类号进行补充,进行专利合作与专利转让数据处理(表5-1-1):(1)通过提取发明专利中申请人一栏的多个申请单位信息来生成合作研发联系,如果申请人为个人,由于难以确定个人的地址信息,本书处理过程中予以剔除;若一条专利中包含3个及以上申请单位,则对申请单位进行拆分,通过排列组合的方式转换为一对一联系的数据。例如,A、B、C三个创新主体存在于一条专利当中,则处理成A与B合作、B与C合作、A与C合作这三条两两合作的关系数据。(2)incoPat专利数据中有转让人和受让人信息,依照与合作研发信息提取中相同的原则,将所有信息转换为一对一的联系数据。(3)进而本书对氢能技术合作研发与专利转让联系中创新主体的位置信息进行查找,依次将创新主体的单位信息输入至国家企业信用信息公示系统、企查查、天眼查等网站,获取创新主体的位置信息,并将每个创新主体都归入长三角的地级市之中,从而将氢能专利的专利合作、专利转让联系转换为具有空间属性的创新联系。(4)经过处理,得到长三角氢能产业专利合作联系数据及专利转让联系数据。

表5-1-1 氢能产业技术分类[①]

技术分类			中文关键词
一级	二级	三级	
制氢	化石能源制氢	天然气制氢	天然气/液化气/甲烷/重整/裂解/蒸汽/裂化
		煤制氢	煤气化/水煤气/合成气
		甲醇制氢	甲醇/重整/裂解/热解/蒸汽
	工业副产制氢	氯碱工业副产气制氢	氯碱/副产气/分离/提取/提纯/纯化/变温吸附/变压吸附

[①] 资料来源:国家知识产权局《氢能产业技术分类与国际专利分类(IPC)对照》,并结合国家知识产权局《绿色低碳技术专利分类体系》、OECD的"ENV-TECH"进行补充。

续表

技术分类			中文关键词
一级	二级	三级	
制氢	工业副产制氢	焦炉煤气制氢	焦炉煤气/分离/提取/变温吸附/变压吸附
		轻烃裂解制氢	乙烷裂解/丙烷脱氢/分离/提取/变温吸附/变压吸附
	水分解制氢	电解水制氢	电解水/固体氧化物电解水/碱性电解水/质子交换膜电解水/阴离子交换膜电解水
		光解水制氢	太阳能/光催化/光伏/光电/光解/光热
	生物质制氢	生物法	生物质/废物/废料/秸秆/垃圾/微生物/细菌/发酵
		化学法	生物质/废物/废料/秸秆/垃圾/气化/热裂解/重整
储氢	气态储氢	钢质内胆纤维缠绕瓶	钢/内胆/缠绕/纤维储氢/氢储/氢气罐/氢气瓶
		铝内胆纤维缠绕瓶	铝/内胆/缠绕/纤维储氢/氢储/氢气罐/氢气瓶
		塑料内胆纤维缠绕瓶	塑料/内胆/缠绕/纤维储氢/氢储/氢气罐/氢气瓶
	液态储氢	低温液态储氢	低温液态
		有机液态储氢	有机液体
	固态储氢	物理吸附材料	石墨烯/碳纳米管/活性炭/金属有机框架/分子筛
		化学氢化物	金属氢化物/复合氢化物/合金
运氢加氢	气氢输送	纯氢管道输送	运/输/送/供氢气管道
		天然气管道掺氢输送	运/输/送/供氢气天然气

续表

技术分类			中文关键词
一级	二级	三级	
运氢加氢	气氢输送	长管拖车运输	长管拖车/管束车集装格/集装箱运/输/送/供氢
	液氢输送	液氢罐车	运/输/送/供液氢槽车/罐车/货车
		液氢驳船	运/输/送/供液氢轮船/驳船
	固氢输送	金属罐车	运/输/送/供固氢槽车/罐车/货车
	加氢	加氢站	加氢站/加氢机/氢气加注
用氢	交通	氢内燃机	氢内燃机/燃气轮机/发动机/汽轮机
		氢燃料电池	氢燃料电池/燃料电池/质子交换膜燃料电池（PEMFC）/碱性燃料电池（AFC）/磷酸燃料电池（PAFC）/熔融碳酸盐燃料电池（MCFC）/固体高分子型燃料电池（PEFC）
	工业	冶金	冶金/炼铁/冶炼/高炉喷吹/高炉还原/竖炉/高炉/高炉竖炉富氢/气基竖炉富氢/煤基富氢气体
		化工	加氢/氢处理/加氢反应/混合加氢/加氢脱氯/催化加氢
	储能	氢储能	氢储能/氢能/氢气/调峰/调频

（二）研究方法

本书基于专利数据，对长三角氢能产业创新合作网络的中心度进行测度，主要测度方法如下：

（1）中心度（degree centrality，DC）

在无向图（undirected graph）中，中心度是指网络中一个节点与所有其他节点相联系的程度。对于一个拥有 g 个节点的无向图，节点 i 的度中心性是 i 与其他 $g-1$ 个节点的直接联系总数，用公式表示如下：

$$\mathrm{DC}_i = \sum_{j=1}^{g} x_{ij}(i \neq j)$$

其中，DC_i 表示第 i 节点的中心度，$\sum_{j=1}^{g} x_{ij}$ 用于计算节点 i 与其他 $g-1$ 个 j 节点（$i \neq j$，排除 i 与自身的联系）之间的直接联系的数量。DC_i 的计算就是简单地将节点 i 在网络矩阵中对应的行或列所在的单元格值加总。

(2) 加权中心度(weighted degree，WD)

中心度是对网络中节点重要性的度量，节点的度数是指直接与此节点相连的节点数，节点的度数越高，说明其邻居越多，影响力相对更大。但是单纯的度数中心性没有考虑相连边的权重，即一个节点多次与另一个节点产生关系，则其边的权重应该更高，关系更紧密。基于关键词共现，与加权度相比单纯度数更考虑了共现频次，利用了更多信息，对节点重要性的评估更加全面，倾向于揭示具有更多邻居且共现频次更高的关键词。具体公式如下：

$$\mathrm{WD}_i = \sum_{j=1}^{g} x_{ij} w_{ij}(i \neq j)$$

其中，WD_i 表示第 i 节点的加权中心度，w_{ij} 则表示节点 i 和节点 j 的联系强度，其余与中心度的解释一致。

二、长三角氢能产业创新合作的基础与特征

(一) 多城市联动推动氢能产业创新主体集聚

一是长三角氢能企业集聚，形成全国重要创新集群。根据氢能产业大数据平台数据显示(表 5-2-1)，全国 30 省(自治区、直辖市)共有 2 005 家氢能企业；其中，江苏省有氢能企业 180 家，上海市有氢能企业 155 家，浙江省有氢能企业 101 家，安徽省有氢能企业 61 家，分别位列

全国第 3、5、8、13 位。总体上,长三角地区共有氢能企业 497 家,占全国的比重为 24.79%,长三角地区已成为氢能产业的集聚高地,并在全国范围内占据重要的地位。

表 5-2-1 中国各省氢能企业数量①

单位:家

位序	省市	氢能企业数量	位序	省市	氢能企业数量
1	广东	246	16	新疆	37
2	山东	189	17	重庆	28
3	江苏	180	18	湖南	27
4	北京	171	19	天津	27
5	上海	155	20	吉林	24
6	河北	112	21	宁夏	19
7	陕西	101	22	江西	19
8	浙江	101	23	福建	19
9	山西	90	24	云南	16
10	湖北	86	25	甘肃	13
11	内蒙古	74	26	广西	10
12	四川	64	27	黑龙江	10
13	安徽	61	28	贵州	8
14	辽宁	55	29	青海	7
15	河南	51	30	海南	5

说明:由于数据缺失,本表中不含西藏自治区及台湾、香港、澳门的数据。

① 资料来源:根据氢能产业大数据平台检索所得(检索时间 2023 年 9 月 14 日)。

二是长三角氢能产业形成多个区域性集聚，初步形成集群优势。长三角氢能产业资源、创新资源丰富，集聚了一大批国内知名的氢能企业、科研院所，以及大量的金融机构、服务机构等。其中，上海的龙头地位极为显著，围绕氢能产业融合发展需求，上海市依托氢能产业全产业链优势，以及科技创新、金融、人才等优势，推进氢能创新、产业、资金、人才等多链条的深度融合。根据各城市创新主体的数量，本书绘制图5-2-1，分析长三角地区各城市氢能产业创新主体的数量差异。氢能产业已获授权的发明专利中，共有6 887个创新主体（图5-2-1）。从分布格局上来看，创新主体呈现以"合肥—南京—上海—杭州—宁波"及其沿线为主体的"之"字形结构分布，节点城市均进入前10。从省份差异来看，上海市的创新主体数量的优势明显，是唯一数量在1 000个以上的城市。此外，江苏省整体的氢能产业创新主体数量占据优势，南京、苏州、无锡、常州、南通、镇江等6个地级市进入前10；浙江省有2个城市进入前10，杭州市位列第3位，宁波市位列第8位；而安徽省仅有合肥市进入前10，且其他城市的排名整体落后于江苏省和浙江省。综合来看，以省会城市为核心的氢能产业集群态势已在长三角地区形成。

三是长三角氢能源产业不同环节的集聚态势明显。从前文图4-2-5来看，不同氢能产业环节的创新主体数量与总创新主体数量的分布整体相似，从数量角度来看，制氢环节在专利申请上占据了显著的主导地位，共有2 957个创新主体参与其中，其数量远超于用氢、储氢、运氢加氢环节的创新主体。从比例上来看，运氢加氢环节的创新主体数量占总创新主体数量比重仅为12.90%，少于其他三个环节的创新主体数量。可见，长三角在制氢、储氢、运氢加氢、用氢等不同环节都集聚了一大批创新主体，为长三角氢能产业全链条布局与创新合作提供了重要基础。

图 5-2-1 中数据:

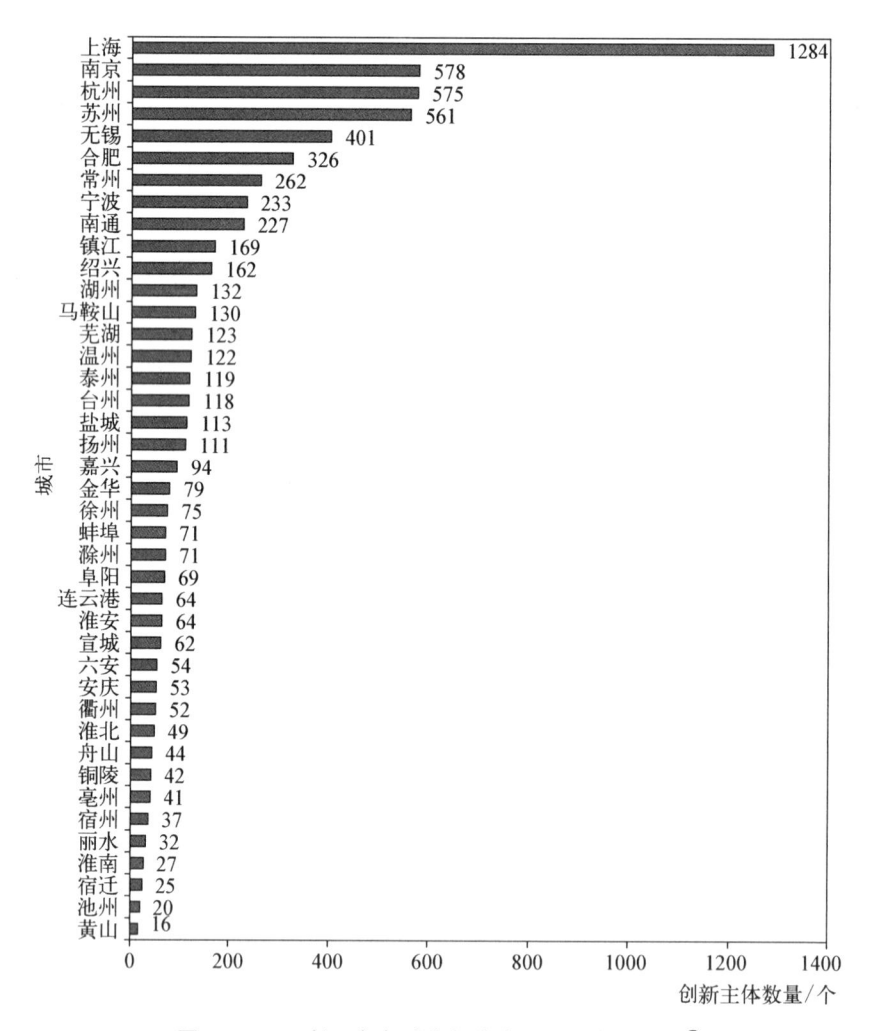

城市	创新主体数量/个
上海	1284
南京	578
杭州	575
苏州	561
无锡	401
合肥	326
常州	262
宁波	233
南通	227
镇江	169
绍兴	162
湖州	132
马鞍山	130
芜湖	123
温州	122
泰州	119
台州	118
盐城	113
扬州	111
嘉兴	94
金华	79
徐州	75
蚌埠	71
滁州	71
阜阳	69
连云港	64
淮安	64
宣城	62
六安	54
安庆	53
衢州	52
淮北	49
舟山	44
铜陵	42
亳州	41
宿州	37
丽水	32
淮南	27
宿迁	25
池州	20
黄山	16

图 5-2-1 长三角各城市氢能产业创新主体数量[①]

说明：图中创新主体数量为获得氢能产业专利授权的企业、大专院校、科研院所等的数量。

（二）多类型创新主体集聚为区域创新合作提供支撑

长三角地区的各类创新主体数量较多，为氢能产业创新合作提供了基础支撑。从氢能产业创新主体数量变化的角度来看，近年来长三

---

① 数据来源：根据 incoPat 专利数据库进行检索所得。

角氢能产业创新主体的数量持续增长,获得氢能专利授权的主体数量从2000年的44个增长至2021年的1 522个,其增速在2014年之后有所放缓。图5-2-2展示了长三角各城市不同年份的氢能产业创新主体的变化情况。结果显示,参与氢能产业创新的主体中,企业和个人保持着较为稳定的增长,企业从2000年的16个增长到2021年的1 148个,个人数量则从2000年的10个增长到2021年的175个。机关团体的参与数量在2012年之后相对稳定,一直保持在10—14个。而大专院校和科研院所在2014年之后的增长趋势不明显,上限分别为120个和76个。

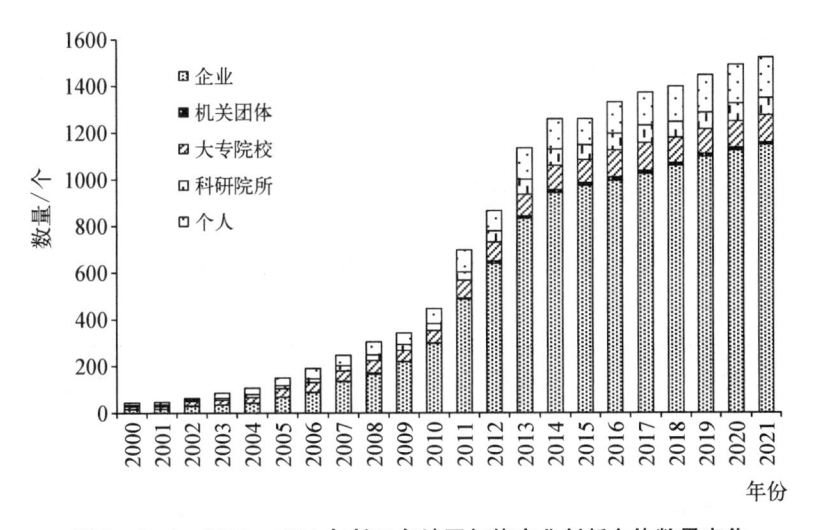

图5-2-2 2000—2021年长三角地区氢能产业创新主体数量变化

从氢能产业创新主体结构看(表5-2-2),企业和大专院校是氢能产业创新的主要推动者。首先,企业是氢能产业创新的核心主体,长三角获得氢能专利授权的企业数量以及已获授权的发明专利数分别占长三角地区氢能创新主体数量及专利数量的77.04%和44.51%。这反映出,相较于企业数量占比,长三角氢能企业专利产出相对有限。氢能产业作为一种高度依赖应用场景的产业形态,其技术研发与应用的推进离不开企业的驱动。长三角地区企业在氢能产业创新中的地位仍有待进一步巩固和提升。另外,长三角获得氢能专利授权的大专院校数量仅占创新主体总数量的2.98%,仅占企业数量的3.87%,但获授权的发明专利数占比高达43.65%,与企业专利数量基本相当,反映出大专院校是长三角地区氢能技术创新的中坚力量。而科研院所也是氢能产业创新的重要主体,长三角地区获得氢能专利授权的科研院所数量占所有创新主体数量的3.62%,但其授权专利数量占所有氢能专利数量的5.47%。最后,个人授权发明专利也是长三角地区的重要力量,其人数及专利数占比分别为15.29%和5.96%;机关团体在创新主体总数量及专利总数量中分别占1.07%和0.41%。然而,个人、机关团体与企业、大专院校及科研院所相比,在长三角氢能产业创新中地位仍相对有限。

表 5-2-2 长三角氢能产业创新主体的整体结构

单位:%

类型	创新主体数量占比	专利数量占比
企业	77.04	44.51
机关团体	1.07	0.41
大专院校	2.98	43.65
科研院所	3.62	5.47
个人	15.29	5.96

从各类创新主体在不同时间的比重变化看,企业在创新主体数量上的优势逐渐增强。图 5-2-3 展示了 2000—2021 年长三角地区氢能产业

创新主体的比重结构变化,企业数量一直占据优势地位,可见企业是氢能产业创新发展的重要主体。而企业占氢能产业创新数量的比重从2000年的不足40%,增长至2021年的接近80%,从比重整体的增长速度可以看出,随着氢能产业的发展,企业在氢能产业创新中的作用持续增强。

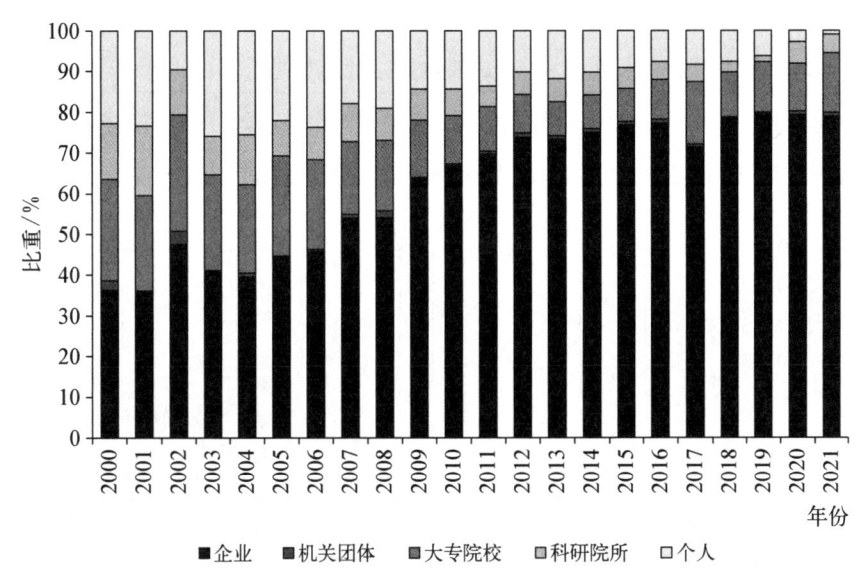

图5-2-3 2000—2021年长三角地区氢能产业创新主体比重结构变化
说明:一个创新主体可能参与不同年份的专利申请。

(三)全链条布局推动氢能产业创新产出不断增长

(1)长三角氢能产业链建设日趋完善,创新产出长期保持增长态势。近年来,长三角积极推动全产业链条布局,各地区围绕氢能产业链各环节积极开展创新合作,使得长三角氢能产业链各环节创新水平不断增长,结构日趋合理。图5-2-4展示了长三角各城市不同年份的氢能产业各环节的专利数量和占比的变化情况。可见,2000—2021年,长三角制氢和用氢环节的专利数量占比较高,至2021年,制氢和用氢专利数量分别达到 2 592 项和 2 499 项。储氢环节的氢能产业专利数量稳定位居第三位,至 2021 年专利数量达到了 1 854 项。而运氢加氢环节的专利数量最少,至 2021 年仅 526 项。从各环节专利占比来看,2000年制氢专利数量占据绝对优势,占比高达 47.93%,而运氢加氢专利数量仅占 2.48%;至 2021 年,制氢和用氢的占比分别为 34.69% 和 33.44%,而储氢和运氢加氢的专利数量占比达到了 31.86%(其中储氢专利占比 24.81%,运氢加氢占比 7.04%)。可见,长三角氢能各环节专利产出均不断增长,氢能产业全链条布局、全领域创新态势良好。

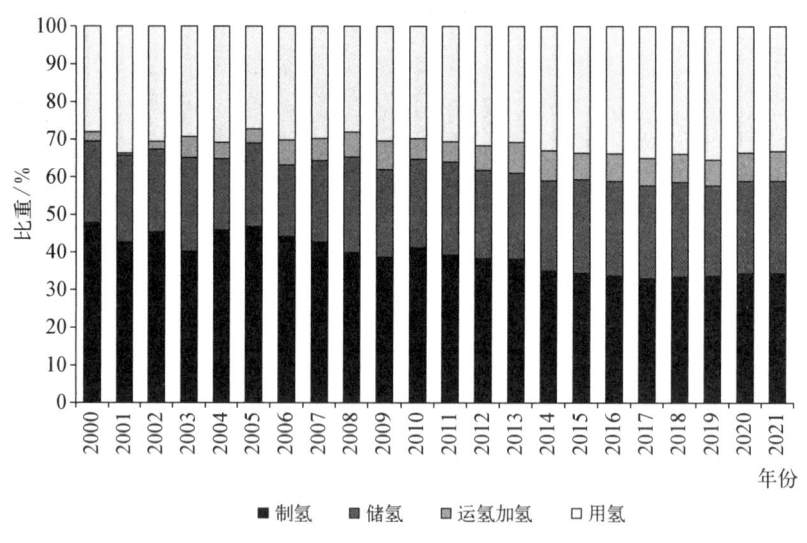

图 5-2-4 2000—2021 年长三角地区不同氢能产业环节专利数量及比重变化

(2) 以省会城市为中心的长三角氢能产业空间分布格局基本形成。从图 5-2-5 中看出,省会城市在长三角氢能产业的空间分布中占据中心地位。从长三角不同氢能产业环节的专利数量表现来看,直辖市及省会城市的优势同样明显,上海、杭州、南京、合肥均进入前 4 位,苏州、无锡、镇江、常州、宁波、马鞍山分列第 5—10 位。从各省的情况来看,江苏省在氢能产业专利总量上达到13 288项,占据优势地位,上海市以9 526项专利居于第二位,浙江省则以8 842项专利居于第三位,安徽省以5 613项专利位列第四位。分环节来看,制氢和用氢环节的专利数量最多,分别为13 630项和12 075项;储氢环节以专利数量8 803项位列第三;运氢加氢环节的专利数量则较少,仅有2 761项。除了各城市在运氢加氢

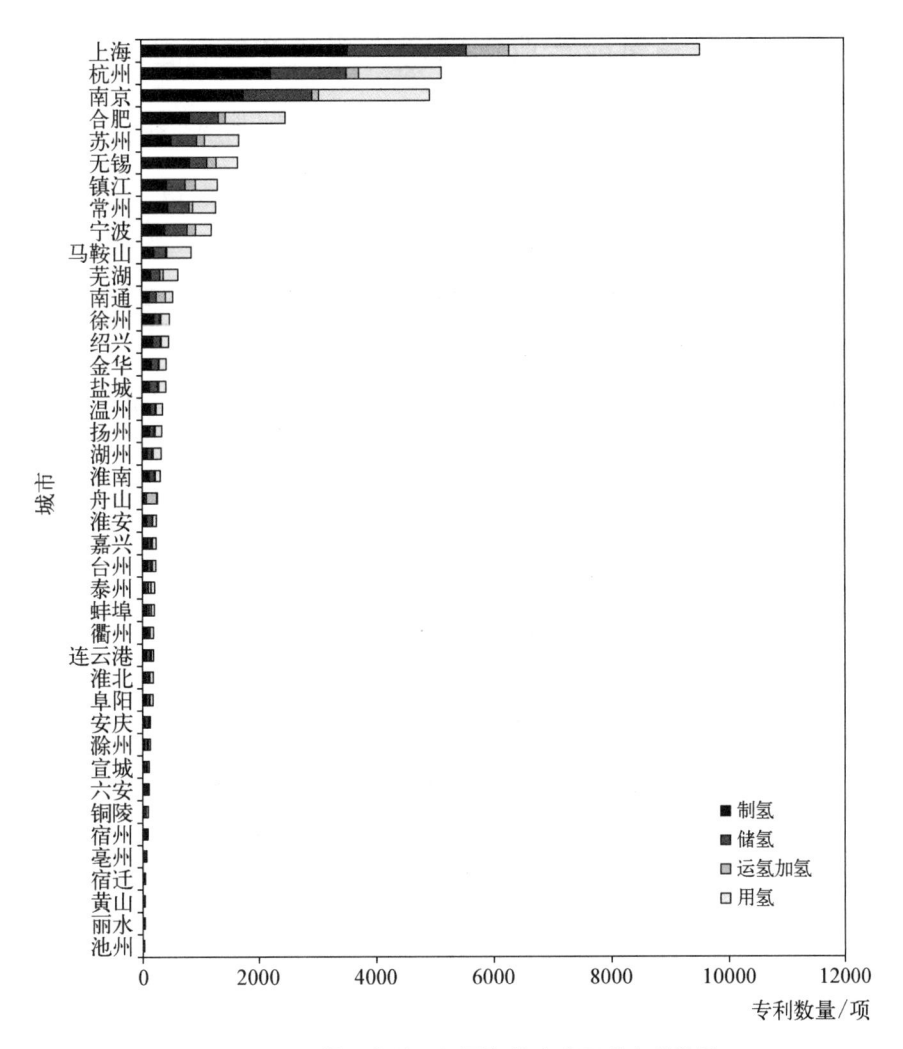

图5-2-5 长三角地区不同氢能产业环节专利数量

领域的专利数量位次变动显著外,省会城市在制氢、储氢、用氢等关键环节上的发明专利数量均稳居前4的竞争,展现出了明显优势和实力。从整体上来看,省会城市在氢能产业建设上均有良好基础,但各省依托的实际情况和条件存在差异。除上海市外,江苏省各地市表现占据显著优势,浙江省其次,而安徽省各地市的氢能产业建设相对较为薄弱。

三、长三角氢能产业创新合作网络主体特征

创新网络中的各类参与主体是长三角氢能产业创新合作的基础支撑,分析各类主体的目的在于刻画不同主体在长三角氢能产业创新合作网络中的地位,识别企业尤其是龙头企业的地位,确定龙头企业的核心纽带作用;同时,明确高校与科研院所在创新网络中的关键角色,为龙头企业在推动氢能产业创新合作时选择恰当的合作伙伴——即那些具有显著研究实力和技术优势的高校与科研院所,提供有力的支撑与指导。

(一)不同创新主体在氢能产业创新产出中的地位

氢能产业作为未来清洁能源的重要组成部分,其创新产出依赖于多方主体的共同努力,企业、高校和科研机构各自发挥着不可替代的作用。其中,企业作为市场主体,承担着技术研发、生产制造和市场推广的重任;高校和科研机构作为知识创新的源泉,提供前沿技术和基础研究成果。这些创新主体在氢能产业链的不同环节中各展所长,相互协同,推动了氢能技术的突破和产业的快速发展。

从大专院校和科研院所氢能专利情况来看,长三角大专院校和科研院所是氢能专利的主要申请者,在氢能产业发明专利的拥有量上占据巨大优势。表5-3-1展示了排名前50的长三角创新主体所持有的

氢能产业的专利数量,专利数量排名前18的创新主体均为高校,其中浙江大学的氢能产业的专利数量超过2000项,上海交通大学、华东理工大学、浙江工业大学等位居其后。从氢能专利数量占比的视角来观察,表5-3-2显示了长三角地区高校及科研院所在氢能专利领域展现出显著优势,前50的高校及科研院所的专利数量占据绝对主导,高达92.69%。在制氢、储氢、运氢加氢、用氢等环节中,这些高校及科研院所同样占据核心地位,其专利数量也分别占94.72%、94.63%、97.37%和88.63%的份额,这些数据显示,长三角地区的高校及科研院所在氢能产业创新方面发挥着主体作用。

表5-3-1 长三角氢能产业发明专利机构排名(前50)

排序	创新主体	排序	创新主体
1	浙江大学	13	同济大学
2	上海交通大学	14	复旦大学
3	华东理工大学	15	上海大学
4	浙江工业大学	16	安徽工业大学
5	江苏大学	17	东华大学
6	江南大学	18	河海大学
7	东南大学	19	上海纳米技术及应用国家工程研究中心有限公司
8	常州大学		
9	南京工业大学	20	上海师范大学
10	合肥工业大学	21	浙江师范大学
11	中国科学技术大学	22	中国科学院上海硅酸盐研究所
12	南京大学	23	上海神力科技有限公司

续表

排序	创新主体	排序	创新主体
24	安徽师范大学	37	南京信息工程大学
25	华东师范大学	38	南京理工大学
26	宝山钢铁股份有限公司	39	扬州大学
27	苏州大学	40	宁波大学
28	浙江工商大学	41	盐城工学院
29	江苏科技大学	42	江苏师范大学
30	浙江理工大学	43	安徽大学
31	上海电力大学	44	安徽理工大学
32	中国科学院宁波材料技术与工程研究所	45	浙江天蓝环保技术股份有限公司
33	上海应用技术学院	46	中国科学院合肥物质科学研究院
34	中国科学院上海高等研究院	47	南京农业大学
35	阳光电源股份有限公司	48	合肥学院
36	中石化南京化工研究院有限公司	49	南京航空航天大学
		50	国电南瑞科技股份有限公司

说明：本表仅统计创新主体作为第一申请人的发明专利数量。

表5-3-2 长三角高校、科研院所、企业在氢能专利数量前50机构中的占比

单位：%

机构	总专利	制氢专利	储氢专利	运氢加氢专利	用氢专利
高校	88.56	90.81	90.24	96.32	84.21
科研院所	4.13	3.89	4.39	1.05	4.42
企业	7.31	5.28	5.37	2.63	11.37

从企业氢能专利的情况来看,在氢能专利授权数量前50的创新主体中,仅有7家企业入围,它们分别是上海纳米技术及应用国家工程研究中心有限公司、上海神力科技有限公司、宝山钢铁股份有限公司、阳光电源股份有限公司、中石化南京化工研究院有限公司、浙江天蓝环保技术股份有限公司以及国电南瑞科技股份有限公司。然而,这些企业在氢能专利数量上与大专院校和科研院所相比,存在较大差距。以上企业持有的氢能产业发明专利仅占排名前50的创新主体氢能专利总量的7.31%,在制氢、储氢、运氢加氢、用氢四个环节中的专利数量占比分别为5.28%、5.37%、2.63%、11.37%。当前阶段,长三角氢能产业的创新活力主要集中于高校和科研院所,相比之下,头部氢能企业的研发能力尚显不足,因此,为了进一步提升长三角氢能产业的创新能力,必须强化高校、科研院所与龙头企业之间的创新合作,共同推动技术突破和产业升级。

(二)国有企业在氢能产业专利合作网络中占据核心地位

表5-3-3显示,国有企业在长三角氢能产业专利合作网络中的主导优势十分明显。在进入前50的创新主体中,电力系统的相关企业数量最多。据统计,有16家电力系统的相关创新主体进入前50,以国电南瑞科技股份有限公司、江苏省电力公司为代表。当前,电力系统相关企业在专利合作方面主要倾向于在电力系统内部,形成了相对封闭的合作网络。这些企业持有的氢能专利以及合作领域主要聚集在用氢环节。同时,高校研发能力强,但合作倾向不突出,以浙江大学为例,虽然浙江大学拥有2 079项氢能专利,但专利合作次数仅为324次;其他大学的情况也类似,但仍有19家高校进入前50,其优势依然明显。分环节来看,专利合作主要集中在用氢环节,前50创新主体用氢环节的合作次数达到了3 702次;其次为制氢环节和储氢环节,数量分别达到了

1 134 次和 816 次;运氢加氢环节的专利合作数量则较少,仅为 110 次。上述结果表明,虽然国有企业在持有氢能产业发明专利数量上优势不明显,但在创新合作上的活跃程度高、带动作用强。

表 5‑3‑3 长三角氢能专利合作前 50 的创新主体

排序	创新主体	排序	创新主体
1	国电南瑞科技股份有限公司	18	国网浙江省电力公司
2	江苏省电力公司	19	复旦大学
3	浙江大学	20	南京工业大学
4	华东理工大学	21	浙江师范大学
5	南化集团研究院	22	浙江工业大学
6	南京南瑞集团公司	23	合肥工业大学
7	上海交通大学	24	浙江天蓝脱硫除尘有限公司
8	国电南瑞南京控制系统有限公司	25	华东电力试验研究院有限公司
9	南京南瑞继保电气有限公司	26	东华大学
10	东南大学	27	江苏省电力公司南京供电公司
11	国网上海市电力公司	28	南京大学
12	国网江苏省电力公司	29	宝山钢铁股份有限公司
13	中国石化扬子石油化工有限公司	30	上海市电力公司
14	江苏省电力公司电力科学研究院	31	中国科学院上海高等研究院
		32	南京理工大学
		33	国网浙江省电力公司电力科学研究院
15	中国电力科学研究院	34	江南大学
16	河海大学	35	中国石油化工股份有限公司上海石油化工研究院
17	常州大学		

续表

排序	创新主体	排序	创新主体
36	巨化集团技术中心	43	国网浙江省电力公司杭州供电公司
37	中化蓝天集团有限公司	44	同济大学
38	马鞍山钢铁股份有限公司	45	安徽大学
39	国网江苏省电力公司电力科学研究院	46	中冶华天工程技术有限公司
		47	上海化工研究院
40	马钢(集团)控股有限公司	48	浙江吉利控股集团有限公司
41	国网电力科学研究院	49	南京南瑞太阳能科技有限公司
42	中石化宁波工程有限公司	50	江苏大学

（三）民营企业在氢能产业专利转让网络中地位相对较高

民营企业自身创新能力处于相对弱势地位，对创新合作的拉动作用相对有限，但民营龙头企业在长三角氢能产业专利转让网络中的作用相对较高。表5-3-4显示在长三角氢能产业专利转让方面，民营企业的积极性大幅提升，上海神力科技有限公司、浙江天蓝环保技术有限公司的转让次数分别达到568次和297次，分别位列第1位和第3位，包括上海华谊新材料有限公司、上海华谊丙烯酸有限公司、上海凯赛生物技术研发中心有限公司、温州静雅环保科技有限公司均进入前20。尽管高校和电力系统相关企业在高级别创新主体数量上依然保持着显著优势，使它们在专利转让网络中继续占据重要的地位，然而不容忽视的是，优势大幅下降。这种优势相较于以往已经有了明显的减弱。分环节来看，专利转让主要集中在用氢环节，排名前50的创新主体用氢环节的专利转让次数达到了2 230次；其次为制氢环节和储氢环节，数量分别达到了1 676

次和700次;运氢加氢环节的专利转让的数量极少,仅有50次。上述结果表明,民营企业对专利使用有巨大需求,是长三角氢能产业专利转让网络的主要推动方,民营龙头企业对专利转让的牵动作用开始显现。

表5-3-4 长三角氢能专利转让前50的创新主体

排序	创新主体	排序	创新主体
1	上海神力科技有限公司	17	南京南瑞继保电气有限公司
2	上海市电力公司	18	温州静雅环保科技有限公司
3	浙江天蓝环保技术有限公司	19	常州大学
4	国电南瑞科技股份有限公司	20	南通大学
5	南京南瑞集团公司	21	上海大学
6	浙江大学	22	国网电力科学研究院
7	上海华谊新材料有限公司	23	浙江天蓝环保技术股份有限公司
8	上海交通大学	24	国电南瑞南京控制系统有限公司
9	江南大学	25	上海电力大学
10	南京南瑞太阳能科技有限公司	26	浙江师范大学
11	中国科学院上海高等研究院	27	江苏大学
12	上海华谊丙烯酸有限公司	28	上海碧科清洁能源技术有限公司
13	华东理工大学	29	宁波市镇海捷登应用技术研究所
14	江苏省电力公司		
15	上海中科高等研究院	30	东南大学
		31	河海大学
16	上海凯赛生物技术研发中心有限公司	32	浙江建业化工股份有限公司

续表

排序	创新主体	排序	创新主体
33	蚌埠知博自动化技术开发有限公司	42	南京工业大学
		43	宁波华实纳米材料有限公司
34	安徽海德化工科技有限公司	44	浙江工业大学
35	上海电力通信有限公司	45	宝山钢铁股份有限公司
36	上海世展化工科技有限公司	46	浙江新和成股份有限公司
37	上海瑞气气体设备有限公司	47	上海浦景化工技术有限公司
38	中国科学院上海硅酸盐研究所	48	中国船舶重工集团公司第七一一研究所
39	江苏工业学院		
40	江苏清泉化学股份有限公司	49	南京大学
41	复旦大学	50	江苏清能新能源技术有限公司

（四）龙头企业在氢能产业创新合作中的作用有待提升

1. 长三角氢能龙头企业的创新能力较弱，亟待加强。企业的创新能力是决定创新合作话语权的重要基础。表5-3-1显示，长三角持有的氢能产业发明专利数量的前18位均为高校和科研院所，无一企业上榜。这说明，当前阶段的氢能龙头企业的创新能力仍旧相对偏弱，导致龙头企业在创新合作中处于相对弱势地位，牵动作用受限。

2. 国有企业对长三角氢能产业的不同产业链环节专利合作网络的整合能力较弱。以国电南瑞科技股份有限公司、江苏省电力公司、上海市电力公司等电力系统相关企业在长三角氢能产业专利合作网络中占据网络中心位置，但其影响高度集中在用氢环节。例如，表5-3-3长三角氢能产业专利合作排名前2位的企业中，国电南瑞科技股份有限公司的总专利合作次数为402次,几乎全部集中在用氢环节,江苏省电力公司总专利合作次数达398次,有91.46%的专利合作次数集中在用氢环节。上述现象均表明在长三角氢能产业专利合作网络中,龙头企业的影响过于集中在用氢领域,对于不同氢能产业链环节的整合能力仍待加强。

3. 在长三角专利转让网络中表现优秀的民营龙头企业规模有待成长。表5-3-4显示,民营企业在长三角氢能产业专利转让网络中的贡献巨大,例如上海神力科技有限公司和浙江天蓝环保技术有限公司,分别位列第1和第3。但整体来看,民营龙头企业的总体规模尚小,2022年上海神力科技有限公司营业收入未到3亿元,浙江天蓝环保技术有限公司的年营业额则刚过4亿元,尚属于成长型企业,受限于规模,其对于产业链上的创新合作整合能力尚显不足。

四、长三角氢能产业创新合作网络时空特征

氢能产业链庞杂,因此需要在区域层面进行精心协同规划与布局。鉴于长三角氢能产业领域已具备坚实的产业基础,各城市之间展开积极布局,城市间联系紧密,加之长三角一体化水平持续提高,其发展趋势愈发明显。因此,从区域层面分析长三角氢能产业创新合作格局显得尤为必要,以便精准识别各城市的优势与短板,从而为更好推动该区域氢能产业的创新合作提供有力支撑与指导。本部分结合长三角氢能产业的整体网络和不同环节的创新网络的表现,开展区域层面创新合作网络特征分析。

(一)长三角氢能产业区域创新合作水平不断上升

1. 长三角各省市氢能产业合作趋势明显,专利合作、专利转让数量

持续增加。图5-4-1展示了2000—2021年长三角氢能产业专利合作、专利转让的数量变化。从数量上来看,专利转让数量在研究时间段内一直占据优势,但专利合作数量的增长幅度较大。2000年专利转让数量是专利合作数量的3.8倍,至2021年,专利合作数量经历了显著的增长,从2000年的10项增长至2021年的1517项。同时,专利转让数量从2000年的38项增长至2021年的1582项,仅为专利合作数量的1.04倍,两者之间的差距显著减小。可见,长三角内部氢能产业的创新网络日益紧密,为氢能产业创新合作提供了良好的基础。

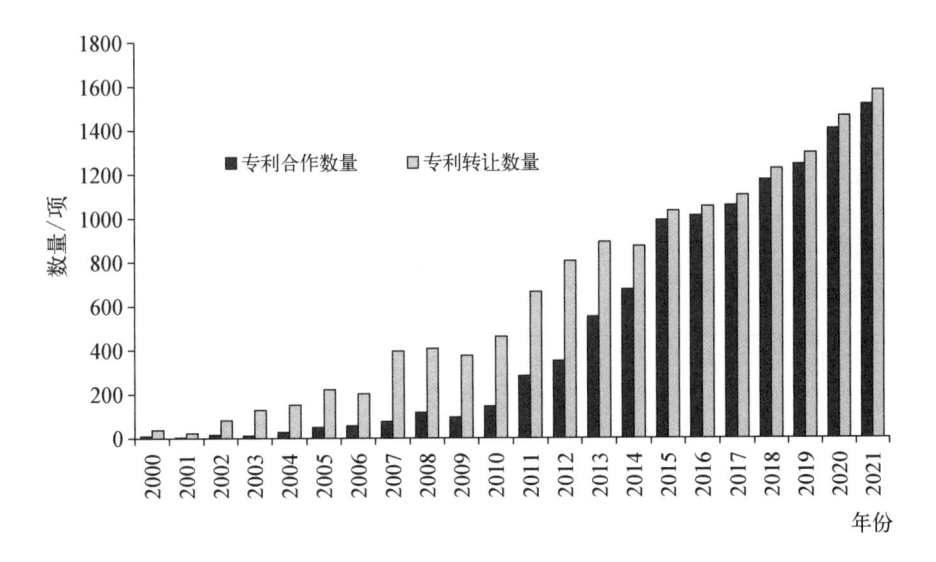

图5-4-1 2000—2021年长三角氢能产业专利合作、专利转让的数量变化

2. 企业在长三角氢能产业专利合作中占据主体地位。根据创新主体的类型,统计各省氢能产业专利合作创新网络中参与的创新主体情况。表5-4-1显示,江苏省参与创新合作网络的创新主体数量最多,有483个创新主体,其中企业、科研院所、高校的数量均居长三角"三省一市"的首位。上海市的创新主体数量居于第二位,有318个创新主体参与了氢能产业专利合作创新网络。其次为浙江省,有 286 个创新主体参与了氢能产业专利合作创新网络。安徽省参与氢能产业专利合作创新网络的创新主体数量最少,仅有 147 个。从创新主体的结构来看,企业数据占据绝对优势,数量高达 1 009 个;科研院所、高校、机关团体的数量分别为 108 个、88 个及 29 个,与企业的数量相差较大。

表 5-4-1 长三角各省氢能产业专利合作的创新主体结构

单位:个

省份	企业	科研院所	高校	机关团体	创新主体总数
上海	259	33	16	10	318
江苏	404	40	32	7	483
浙江	232	24	22	8	286
安徽	114	11	18	4	147
合计	1 009	108	88	29	1 234

说明:由于个人存在重名以及地址难以查找等情况,创新主体统计中不统计个人。

3. 长三角氢能产业专利转让网络的参与主体更为活跃。相较于专利合作网络,专利转让网络参与的创新主体数量显著增加。表 5-4-2 显示,长三角"三省一市"参与氢能产业专利转让网络的创新主体数量排名依次为江苏省、浙江省、上海市、安徽省,分别为 1 208 个、603 个、535 个及 449 个,江苏省参与专利转让网络的创新主体数量占据较大优势。从创新主体的结构上来看,参与专利转让网络的企业数量达到 2 603 个,约是参与专利合作网络的企业数量的 2.58 倍。参与专利转让网络的高校、科研院所、机关团体的数量分别为 88 个、82 个及 22 个,与参与专利合作网络的主体数量相差较小。

表 5-4-2 长三角各省氢能产业专利转让的创新主体结构

单位：个

省份	企业	科研院所	高校	机关团体	创新主体总数
上海	497	23	10	5	535
江苏	1 121	38	42	7	1 208
浙江	560	17	21	5	603
安徽	425	4	15	5	449
合计	2 603	82	88	22	2 795

说明：由于个人存在重名以及地址难以查找等情况，创新主体统计中不统计个人。

（二）长三角氢能产业创新合作网络核心—边缘结构特征明显

1. 长三角城际专利合作网络呈现以南京、上海、杭州、合肥为中心的星芒状结构。图 5-4-2 显示，南京市是长三角专利合作网络的核心城市，在省内和省际的专利合作网络中均表现优秀，这主要得益于南京市拥有较多电力系统企业，而电力系统企业的合作创新是氢能产业合作创新的重要组成部分。在专利合作网络中，上海市和杭州市虽然略弱于南京市，但它们的中心地位依然十分明显。然而，在城际专利合作网络中，合肥市在安徽省内的中心地位虽然明显，但其合作强度和密度相较于南京、上海、杭州等城市，则显得较为薄弱。可见，除上海市外，江苏省在长三角城际专利合作网络居于优势地位，浙江省紧随其后，而安徽省网络发展相对落后。从联系强度上来看，专利合作强联系的形成基本位于发达城市之间，边缘城市较难参与到专利合作网络之中。

2. 长三角城际专利转让网络比专利合作网络更加完善，以上海、南京、杭州、合肥四个城市为中心的星芒状结构得到强化。图 5-4-3 显示，上海市在专利转让网络中的优势十分明显，是长三角氢能专利技术

专利合作联系

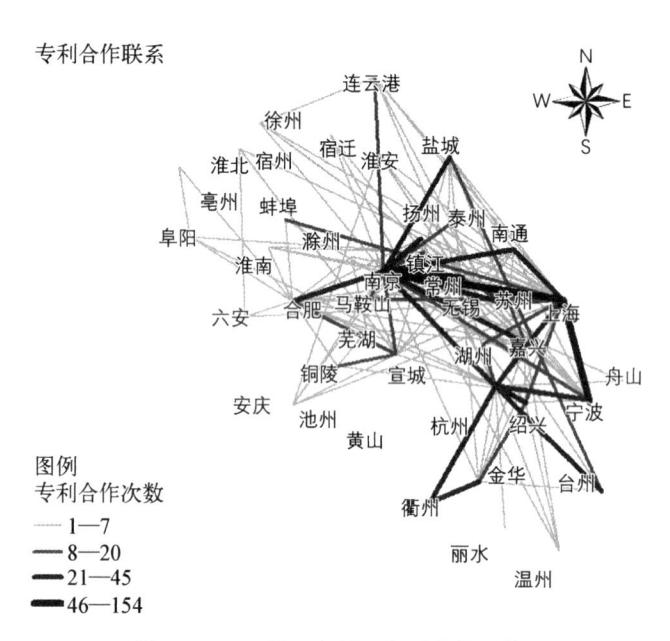

图 5-4-2 长三角城际专利合作网络

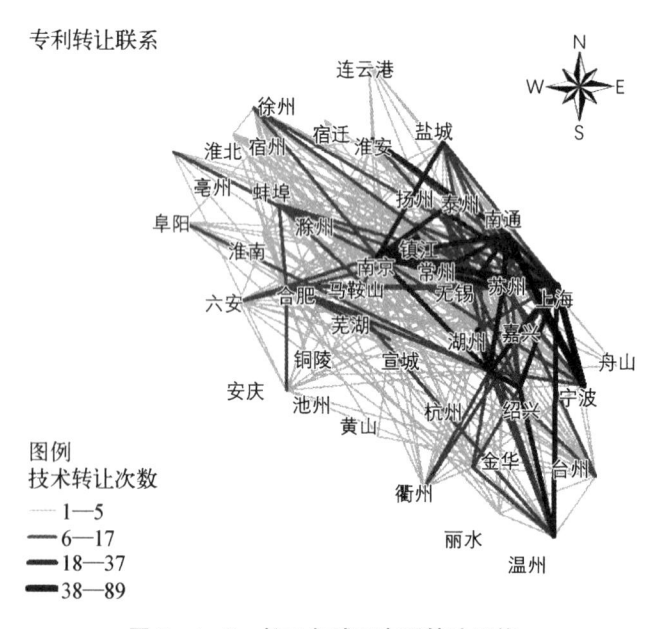

图例
专利合作次数
- 1—7
- 8—20
- 21—45
- 46—154

专利转让联系

图 5-4-3 长三角城际专利转让网络

图例
技术转让次数
- 1—5
- 6—17
- 18—37
- 38—89

转让网络的绝对核心，南京市、杭州市居于上海市之后，合肥市在安徽省中占据中心位置。从省际差别来看，上海市、江苏省在长三角城际专利转让网络中居于优势地位，浙江省紧随其后，而安徽省则相对落后。从联系强度上来看，专利转让的强联系不仅普遍存在于发达城市之间，部分发达城市与欠发达城市之间的联系也较为紧密；这进一步证明了专利转让网络覆盖面较广。加强包含专利转让等在内的技术转让合作，是欠发达城市融入氢能产业创新网络的有效途径之一。

（三）各城市围绕不同产业链开展密切合作

1. 氢能产业不同环节专利合作网络结构特征

长三角制氢和用氢环节的专利合作网络较为完善，储氢及运氢加氢的创新合作网络发育相对较弱。表5-4-3显示了长三角氢能产业不同环节专利合作网络的特征：（1）制氢环节的平均度和平均加权度都比较高，说明制氢环节的专利合作网络联系强度大、密度高。制氢环节的平均聚集系数达到0.59，在四个环节中最高，说明制氢环节合作创新网络倾向于在网络社区内部形成联系，从而更易于形成所谓的"小世界"现象，即网络内部信息流通迅速且紧密，形成了一种相对封闭但高效的创新生态。（2）储氢环节专利合作网络的网络直径为4，平均路径长度为2.15，是四个环节中最小的数值，表明储氢环节专利合作网络的连接性较好，能够较便利地促进创新主体之间的合作。储氢环节专利合作网络的其他各项数值均居中。（3）运氢加氢环节是四个环节创新网络中最不完善的环节，平均度和平均加权度均最低，网络直径和平均路径长度大，较难形成合作。（4）用氢环节的平均度和平均加权度较大，网络密度较大；模块度和平均聚集系数很小，社区结构不强，难以形成"小世界"网络。总体上，长三角氢能产业链的专利合作网络呈现首尾发达而中间部分稍显薄弱特征。特别值得注意的是,制氢环节的专利合作网络社区结构更加明显,更易形成"小世界"网络,而与之相对的用氢环节则呈现出相反的趋势。

表5-4-3 长三角氢能产业不同环节专利合作网络特征

名称	含义	制氢	储氢	运氢加氢	用氢
平均度	网络总边数/网络总节点数,表示网络的平均联系程度	5.49	4.67	1.74	4.90
平均加权度	联系强度的网络总边数/网络总节点数	22.87	13.61	5.04	33.68
网络直径	节点间的距离指从一个节点要经历的边的最小数目,其中所有节点之间的最大距离称为网络直径	4.00	4.00	5.00	5.00
模块度	衡量网络社区结构强度的方法,其值越接近1,表示网络划分出的社区结构的强度越强	0.32	0.34	0.39	0.13
平均聚集系数	聚集系数表示一个图形中节点聚集程度的系数;局部聚集系数表示一个节点与它相邻节点形成团的紧密程度;平均聚集系数表示所有节点的局部聚集系数的均值。平均聚集系数越大,则越容易形成"小世界"	0.59	0.50	0.33	0.20
平均路径长度	网络中所有节点对之间的平均最短距离	2.18	2.15	2.53	2.22

从各城市在专利合作网络中的地位来看,省会城市在长三角氢能产业不同环节的加权中心度中占据明显优势。表5-4-4展示了各城市不同环节专利合作网络的加权中心度。从分环节的角度来看,上海市在制氢、储氢、运氢加氢环节的加权中心度均最大,占据领先优势。而在用氢环节,南京市的加权中心度高达351,约是上海市的1.88倍,

可见南京市在用氢环节的合作创新网络中占据绝对优势。除了上海市和南京市在专利合作网络中占据显著的主导地位外,杭州、宁波、常州、苏州、南通、无锡等城市也在加权中心度上展现出了相对的优势。这些城市在制氢和用氢环节的加权中心度表现较好,储氢环节居于第三位,但与前两者相比稍显逊色;而运氢加氢环节的加权中心度显著低于其他三个环节。从地域分布来看,上海市和江苏省的专利合作网络发展更为成熟,浙江省紧随其后,而安徽省表现相对较弱。

表5-4-4 长三角氢能产业不同环节专利合作网络加权中心度

城市	制氢	储氢	运氢加氢	用氢	城市	制氢	储氢	运氢加氢	用氢
上海	174	94	24	187	宿迁	4	0	7	7
南京	124	81	22	351	杭州	88	8	4	128
无锡	38	14	4	21	宁波	114	41	1	70
徐州	3	1	1	5	温州	8	44	9	4
常州	30	23	8	107	嘉兴	12	4	7	49
苏州	27	9	8	42	湖州	17	11	0	6
南通	17	17	10	29	绍兴	37	5	0	20
连云港	5	8	3	9	金华	26	14	0	20
淮安	6	4	0	4	衢州	20	9	0	19
盐城	16	8	0	19	舟山	0	0	5	4
扬州	17	7	0	16	台州	0	9	0	14
镇江	11	12	2	11	丽水	11	0	0	1
泰州	13	7	0	6	合肥	1	8	2	51

续表

城市	制氢	储氢	运氢加氢	用氢	城市	制氢	储氢	运氢加氢	用氢
芜湖	0	0	0	10	滁州	9	8	0	1
蚌埠	23	1	0	8	阜阳	4	0	0	0
淮南	0	14	0	2	宿州	0	0	0	0
马鞍山	2	0	0	17	六安	0	8	0	2
淮北	4	2	0	0	亳州	3	0	0	0
铜陵	9	4	0	0	池州	0	0	0	0
安庆	1	7	0	7	宣城	1	4	3	3
黄山	0	0	0	0					

2. 氢能产业不同环节专利转让网络的结构特征

表5-4-5显示了长三角氢能产业不同环节专利转让网络特征：(1) 制氢环节的平均度为7.51,平均加权度为22.22,均为最高,这说明制氢环节的专利转让网络联系强度大、密度高。制氢环节的平均聚集系数达到0.41,在四个环节中最高,说明制氢环节合作创新网络倾向于在网络社区内部形成联系,较容易形成"小世界"现象。此外,制氢环节的网络直径和平均路径长度均为最短,这一特点揭示了制氢环节在专利转让网络中展现出了创新主体之间进行专利转让的极大便利性和高效性。(2) 储氢环节中的专利转让网络的各项数值均居中,表现较为一般。(3) 运氢加氢环节是四个环节中专利转让网络最不完善的环节,平均度和平均加权度均最低,网络直径和平均路径长度较大,较难形成合作。(4) 用氢环节的平均度和平均加权度较大,这说明用氢环节专利转让网络的密度和强度较大;模块度和平均聚集系数较小,说明社区结构

性不强,难以形成"小世界"网络。总体上,长三角氢能产业专利转让网络在制氢环节比较发达,储氢和用氢环节网络相对接近,而运氢加氢专利转让网络发展较为落后。

表 5-4-5 长三角氢能产业不同环节专利转让网络特征

名称	含义	制氢	储氢	运氢加氢	用氢
平均度	网络总边数/网络总节点数,表示网络的平均联系程度	7.51	5.95	2.63	5.59
平均加权度	联系强度的网络总边数/网络总节点数	22.22	16.05	4.58	16.39
网络直径	节点间的距离指从一个节点要经历的边的最小数目,其中所有节点之间的最大距离称为网络直径	4	5	7	4
模块度	衡量网络社区结构强度的方法,其值越接近1,表示网络划分出的社区结构的强度越强	0.21	0.23	0.38	0.22
平均聚集系数	聚集系数表示一个图形中节点聚集程度的系数;局部聚集系数表示一个节点与它相邻节点形成团的紧密程度;平均聚集系数表示所有节点的局部聚集系数的均值。平均聚集系数越大,则越容易形成"小世界"	0.41	0.36	0.18	0.35
平均路径长度	网络中所有节点之间的平均最短距离	1.98	2.23	2.88	2.09

从各城市在专利转让网络中的地位看,省会城市、中心城市的加权中心度同样占据明显优势。表 5-4-6 展示了各城市不同环节专利转让网络的加权中心度。分环节来看,上海市在制氢、储氢、运氢加氢环节的加权中心度均最大,占据领先优势。而在用氢环节,南京市的加权中心度为

174，其高于上海市，可见南京市在用氢环节的专利转让网络中同样占据优势。除上海市和南京市占据显著优势外，杭州、宁波、苏州、南通、无锡、合肥、芜湖等城市在专利转让网络的加权中心度上具有相对优势。各城市制氢环节的加权中心度表现最为优异，其次为用氢环节，再次为储氢环节，运氢加氢环节的加权中心度显著低于其他三个环节。总体上，技术转让网络的空间格局延续了专利合作网络的主要特征，但边缘城市在网络中的表现要更好，意味着边缘城市更易参与到专利转让网络之中，通过技术转让合作的方式来参与长三角氢能产业链布局，进而提升创新能力。

表 5-4-6 长三角氢能产业不同环节专利转让网络加权度中心性

城市	制氢	储氢	运氢加氢	用氢	城市	制氢	储氢	运氢加氢	用氢
上海	203	172	33	160	泰州	26	35	10	33
南京	191	108	23	174	宿迁	1	0	1	1
无锡	69	51	15	49	杭州	132	0	14	137
徐州	23	24	5	24	宁波	108	63	3	70
常州	41	55	5	62	温州	83	100	29	37
苏州	132	97	35	96	嘉兴	24	43	16	22
南通	137	104	34	60	湖州	39	9	7	37
连云港	15	9	0	4	绍兴	84	26	3	63
淮安	22	36	0	13	金华	30	46	9	21
盐城	41	32	0	41	衢州	20	20	10	8
扬州	26	15	0	9	舟山	2	9	4	5
镇江	35	19	4	27	台州	32	4	1	20

续表

城市	制氢	储氢	运氢加氢	用氢	城市	制氢	储氢	运氢加氢	用氢
丽水	4	32	1	4	黄山	2	9	0	5
合肥	60	3	6	43	滁州	8	1	3	1
芜湖	40	48	3	12	阜阳	14	15	11	6
蚌埠	43	7	17	24	宿州	9	8	0	7
淮南	8	17	0	6	六安	46	9	5	0
马鞍山	26	5	12	25	亳州	6	2	0	3
淮北	4	19	17	5	池州	1	0	0	0
铜陵	8	8	0	0	宣城	17	5	6	7
安庆	10	4	0	0					

3. 氢能产业不同环节专利合作网络的空间特征

长三角氢能产业专利合作网络总体呈现出"南京—上海—杭州—宁波"组成的"之"字形区域占据中心位置的特征。图5-4-4显示,长三角不同氢能产业环节的城际专利合作网络的差异较大。从空间形态上来看,制氢、储氢、用氢环节的专利合作网络形态相对接近,以合肥市、南京市、上海市、杭州市、宁波市及其沿线组成的"之"字形区域为核心,在省内呈现以省会城市为中心的星芒状结构,其中在制氢和用氢环节中,南京市和杭州市的联系较为紧密,但在储氢环节中,南京市和杭州市的联系较弱。合肥市在安徽省的中心地位显著,但相较上海、南京、杭州三市,其网络发展较为落后。运氢加氢环节的专利合作网络明显呈现出碎片化状态,网络结构相当不完整。目前仅能观察到"上海—苏州""杭州—台州""南京—常州"等少数几组城市间存在的专利合作联系,且最大联系强度仅为7,与其他环节的专利合作网络相差较大。

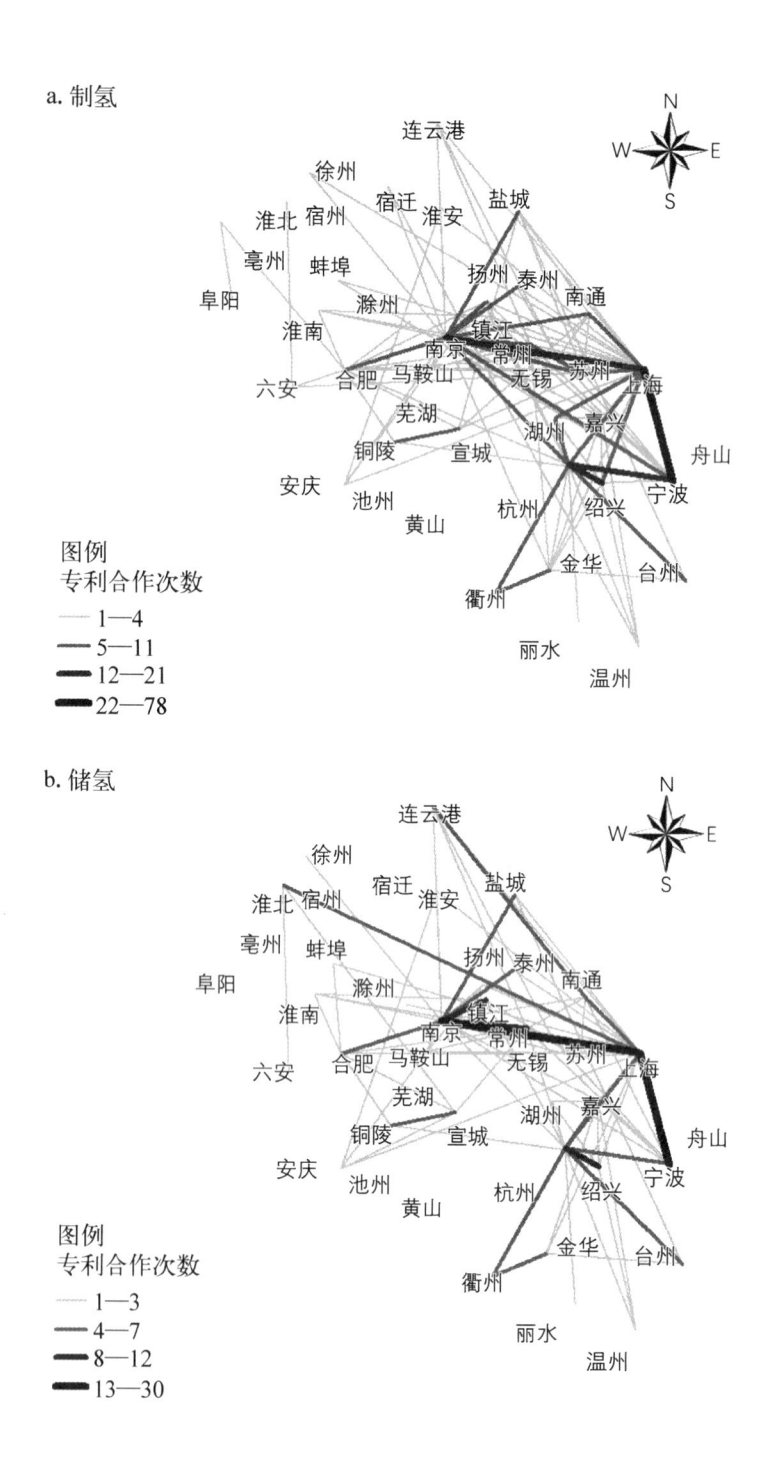

长三角氢能产业创新合作机理与路径

a. 制氢

图例
专利合作次数
—— 1—4
—— 5—11
—— 12—21
—— 22—78

b. 储氢

图例
专利合作次数
—— 1—3
—— 4—7
—— 8—12
—— 13—30

第五章 长三角氢能产业创新网络格局与特征

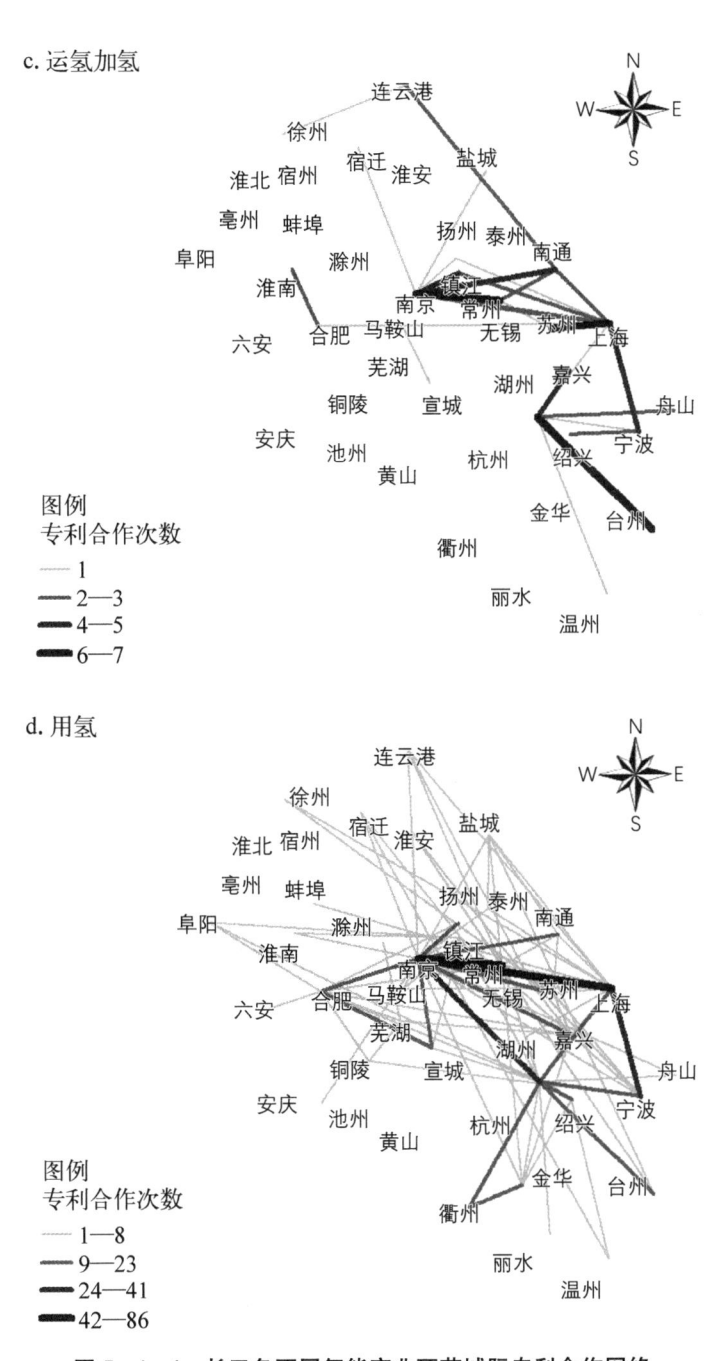

c. 运氢加氢

图例
专利合作次数
—— 1
—— 2—3
—— 4—5
—— 6—7

d. 用氢

图例
专利合作次数
—— 1—8
—— 9—23
—— 24—41
—— 42—86

图 5-4-4 长三角不同氢能产业环节城际专利合作网络

4. 氢能产业不同环节专利转让网络的空间特征

从专利转让网络空间特征来看,"之"字形区域的中心位置进一步凸显,相较于专利合作网络,合肥等城市在专利转让网络中的重要性显著增强。图5-4-5显示,长三角参与氢能产业专利转让的城市数量增加,参与度相对更好。从氢能产业专利转让网络空间格局看,四个环节氢能专利转让网络格局较为接近,即"之"字形结构和星芒状网络结构特征明显。从区域差异看,上海市、江苏省南部、浙江省北部的氢能专利转让网络较为密集,苏北、浙西南地区、安徽省大部分城市参与氢能专利转让则相对较少,安徽省仅合肥等少数城市参与氢能专利转让较多。从不同环节看,安徽省在制氢、运氢加氢环节的专利转让参与度相对较高,储氢、用氢环节的专利合作则更为集聚在经济发达城市;其中,运氢加氢环节的专利转让网络明显比专利合作网络更为密集。总体上,长三角氢能产业专利转让网络"核心—边缘"结构明显,但参与专利转让的城市数量更多,这也进一步说明专利转让是经济欠发达城市参与长三角氢能产业创新合作的有效途径。

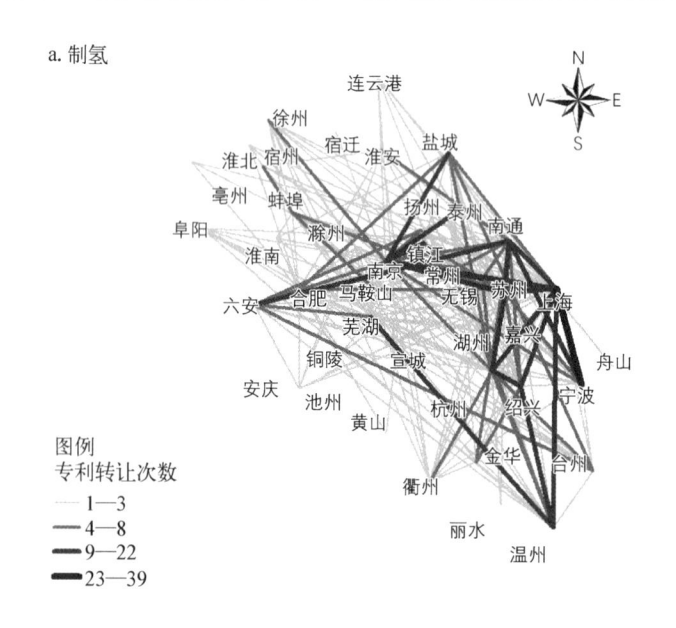

a. 制氢

第五章 长三角氢能产业创新网络格局与特征

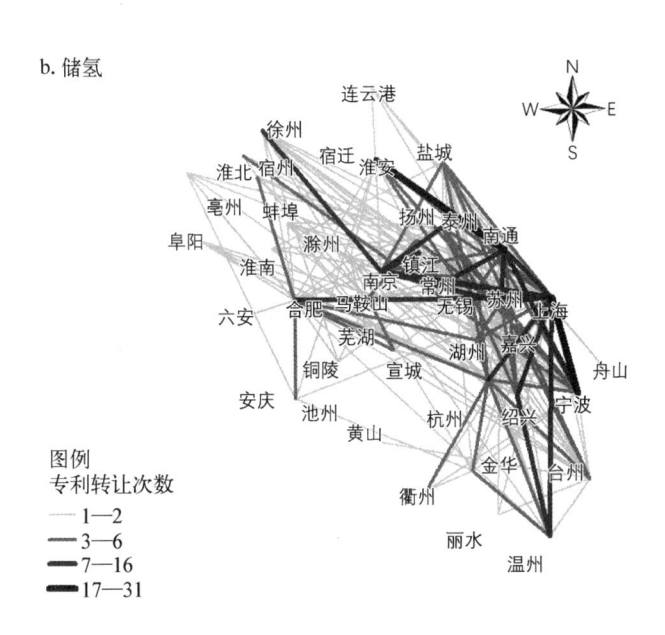

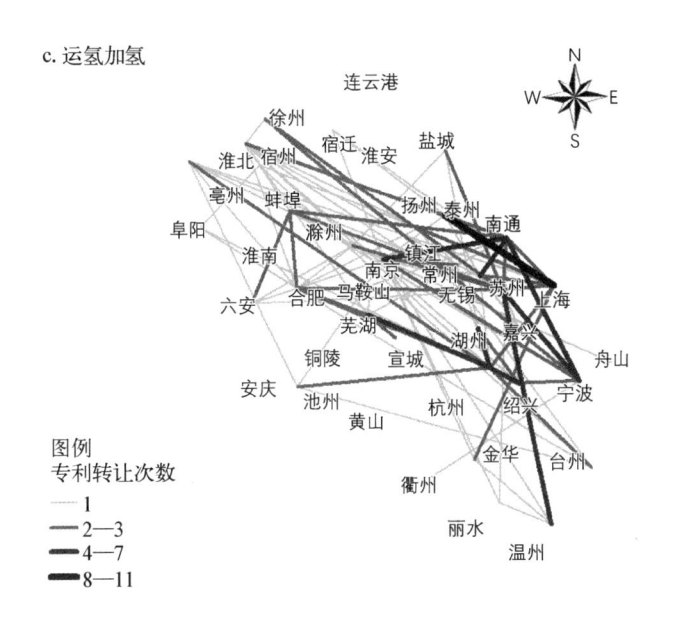

b. 储氢

图例
专利转让次数
— 1—2
— 3—6
— 7—16
— 17—31

c. 运氢加氢

图例
专利转让次数
— 1
— 2—3
— 4—7
— 8—11

d. 用氢

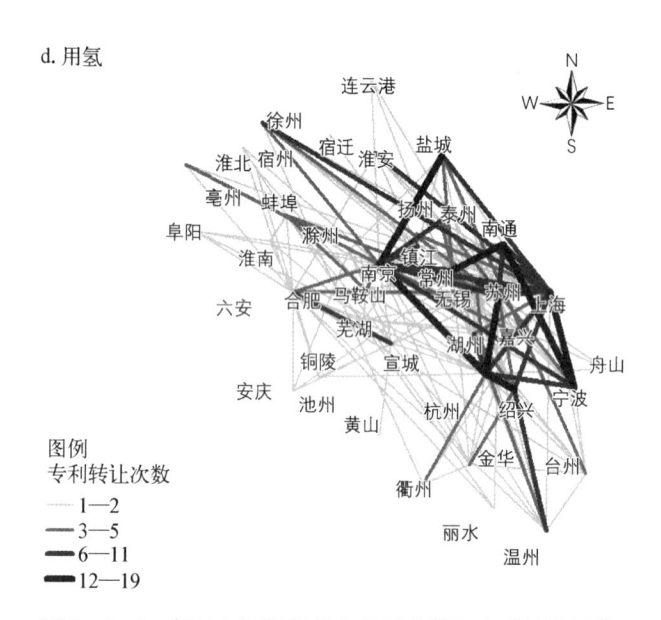

图 5-4-5　长三角不同氢能产业环节城际专利转让网络

第六章 | 长三角城市群氢能产业创新合作的影响机制

- 数据来源与研究方法
- 长三角地区氢能产业创新合作网络特征
- 长三角地区氢能创新合作影响机制研究
- 研究结论

长三角地区拥有大量的工业副产氢资源,集聚了大量制氢、储运氢、氢燃料电池制造等企业资源,以及一大批实力较强的氢能领域的科研院所(朱松强等,2021)。近年来,长三角各地积极部署氢能产业,推动氢能产业的科技创新和跨区域创新合作。然而,创新活动及其合作关系构成的网络在空间上展现出非均衡性,氢能产业创新网络通常具有显著的空间异质性和集聚性特征。尽管学术界对氢能产业在一定区域集聚的深层原因尚未形成明确的共识。同时,氢能产业创新合作及其演化背后的影响因素,以及长三角地区氢能产业创新合作网络所展现的规律,均是当前亟待解决的关键问题。当前,关于氢能产业创新合作影响因素的研究缺乏全面而系统的分析。

为此,本章以长三角地区氢能产业为研究对象,利用大数据挖掘技术获取2005—2021年长三角氢能产业合作研发及技术转让两类跨区域创新合作的数据,运用社会网络分析,探析长三角氢能产业创新合作网络的总体特征,并利用多元回归计量模型探究长三角氢能产业创新合作的影响因素及作用机理,为丰富氢能产业创新合作研究方法体系和长三角氢能产业创新合作提供理论参考,有助于为该地区发展清洁低碳能源技术提供关键的政策指导,进而推动长三角地区发展清洁低碳能源技术早日实现碳达峰与碳中和目标,助力全球应对气候变化的挑战。

一、数据来源与研究方法

（一）数据来源

合作研发与技术转让是分析创新合作网络的重要数据源,并得到大量学者的使用(周灿等,2018;尚勇敏等,2023)。不同地区的各类创新主体进行合作、交流、创新与转让,对于氢能技术的开发和应用具有重要意义(Zhou et al.,2023)。本章基于氢能产业合作研发与技术转让数据,深入构建了长三角氢能产业的创新合作网络,并对其进行了细致的分析,这些数据涵盖了联合申请专利、专利转让等多个方面,所有数据来源于 incoPat 全球专利数据服务网站。此外,清洁能源技术专利数量的统计,是根据经济合作与发展组织(OECD)发布的 ENV-TECH 清洁能源专利分类号,通过专利检索、数据清洗,确保了数据的准确性和完整性。同时,环境规制数据则来源于对规划文本数据的深入挖掘和分析,至于能源消耗等社会经济数据则来源于历年《中国城市统计年鉴》。这些多元数据的整合与应用,为本章的研究提供了坚实的数据支撑和依据。

(二)研究方法

1. 模型设定

为了检验氢能产业创新合作的影响因素,本章构建以下回归模型:

$$\begin{aligned}\text{HEC}_{it} = &\alpha_0 + \alpha_1 \text{LKB}_{it} + \alpha_2 \text{LIS}_{it} + \alpha_3 \text{LRD}_{it} + \alpha_4 \text{EC}_{it} \\ &+ \alpha_5 \text{ER}_{it} + \alpha_6 \text{GDPG}_{it} + \alpha_7 \text{POPU}_{it} \\ &+ \alpha_8 \text{IND}_{it} + \alpha_9 \text{FDI}_{it} + \mu_i + \delta_t + \varepsilon_{it}\end{aligned} \quad (4)$$

$$\begin{aligned}\text{HET}_{it} = &\beta_0 + \beta_1 \text{LKB}_{it} + \beta_2 \text{LIS}_{it} + \beta_3 \text{LRD}_{it} + \beta_4 \text{EC}_{it} \\ &+ \beta_5 \text{ER}_{it} + \beta_6 \text{GDP}_{it} + \beta_7 \text{POPU}_{it} \\ &+ \beta_8 \text{IND}_{it} + \beta_9 \text{FDI}_{it} + \mu_i + \delta_t + \varepsilon_{it}\end{aligned} \quad (5)$$

公式中,i 和 t 分别表示城市和年份,HEC 表示氢能合作研发,HET 表示氢能技术转让,LKB 等分别表示各影响因子,α 为待估系数,μ 表示城市固定效应,δ 表示时间固定效应,ε 为随机误差项。

2. 变量解释

(1)被解释变量。本章被解释变量为氢能合作研发(HEC)和氢能

第六章 长三角城市群氢能产业创新合作的影响机制

技术转让(HET),分别用长三角地区各城市当年氢能专利联合申请数量(正式授权数量)和氢能专利转让数量表征。

(2) 解释变量。① 本地知识基础(LKB)。借鉴相关研究,采用清洁能源技术专利存量作为衡量指标(Cheng and Yao)。② 创新主体数量(LIS)。创新主体在氢能创新的合作网络中发挥着关键作用,创新主体数量越多,更有助于开展氢能产业创新合作,本章选择参与氢能产业专利申请的企业、高校、科研院所三类创新主体数量作为衡量指标。③ 政府财政科技投入(LRD)。氢能技术具有公共物品属性,政府资金支持是推动氢能产业研发及创新合作的重要因素,本章选择政府财政科技支出占当年财政支出比重作为衡量指标(Pigato et al.,2020)。④ 能源消耗(EC)。在碳减排压力下,一个地区的能源消耗量越大,越有加强氢能等清洁能源技术创新合作的动机,但也可能因为能源转型成本过高而不利于推动氢能产业创新合作。由于城市层面历年能源消费量数据的缺乏,电力消费与能源消费具有很高的相关性,且电表自动记录的消费数据较之人工核算更为准确。我们借鉴张可等人(2022)的研究,采用单位 GDP[①] 用电总量作为能源消耗的衡量指标。⑤ 环境规制(ER)。地方政府对生态环境的重视程度对于氢能创新具有重要影响,本章借鉴陈诗一和陈登科(2018)的研究,采用政府工作报告中环境词汇的比重作为衡量指标[②]。⑥ 经济水平(GDP)。经济发展水平是氢能产业创新的基础,也为氢能产业创新及推广应用提供了载体,本章借鉴相关研究将人均 GDP 作为经济水平的衡量指标(Peng,2020)。

[①] "GDP"为"国内生产总值"的英文缩写,但目前在经济学领域及普通人口中均无差别指代"生产总值",本书中沿用此用法,即:无论是国内生产总值还是地区生产总值,均称 GDP。

[②] 中国各级政府会在每年年初召开的"两会"上发布政府工作报告,并报告过去一年的工作成绩及未来的工作计划。政府工作报告中对环境的重视程度能反映政府当年环境治理力度。环境词汇包括:绿色、低碳、环境保护、环保、空气、生态、$PM_{2.5}$、化学需氧量、二氧化碳、PM_{10}、排污、污染、二氧化硫、能耗、减排等。

⑦ 人口密度(POPU)。人口数量为氢能产业创新提供了人才基础,也有助于激发氢能产业创新需求。⑧ 产业结构(IND)。第二产业占比越高,对能源消费的需求也越高,进而将倒逼开展氢能产业创新合作;同时,第二产业是当前氢能重要的应用场景,本章采用第二产业的比重作为产业结构的衡量指标。⑨ 外商直接投资(FDI)。外商直接投资能反映一个地区的对外开放程度,也是重要的知识转移途径,能够给当地带来氢能及相关清洁能源产业的先进技术。本章使用外商直接投资占GDP的比重作为衡量指标。

表 6-1-1 变量解释

变量类型	变量		指标解释	缩写
被解释变量		氢能合作研发	氢能专利联合申请数量(件)	HEC
		氢能技术转让	氢能专利转让数量(件)	HET
解释变量	创新基础因素	本地知识基础	清洁能源技术专利存量(件)	LKB
		创新主体数量	氢能产业创新主体数量(个)	LIS
		政府财政科技投入	科技支出占财政支出比重(%)	LRD
	创新需求因素	能源消耗	单位GDP用电总量(千瓦时/万元)	EC
		环境规制	政府工作报告中环境词汇的比重(%)	ER
	经济环境因素	经济发展水平	人均GDP(元)	GDP
		人口密度	人口密度(人/平方千米)	POPU
		产业结构	第二产业比重(%)	IND
		外商直接投资	外商直接投资占GDP比重(%)	FDI

二、长三角地区氢能产业创新合作网络特征

(一) 长三角氢能产业创新合作城市的比重变化

从2005—2021年长三角氢能产业创新合作城市占比可见(图6-2-1、图6-2-2),氢能专利联合申请与专利转让数量呈现出较强的集聚性。从专利联合申请的角度来看,长三角专利联合申请都高度集聚在南京、上海、杭州、常州、宁波、合肥等城市,而安徽省、浙江省西南部、苏北地区的城市仅占有一小部分的专利联合申请量。从专利转让量上看,氢能专利转让的集聚度与专利合作相比有所降低,但仍然高度集中在上海、南京、苏州、南通、杭州、绍兴等少数城市,安徽省、苏北地区、浙江省西南部城市专利转让占比仍然较小。

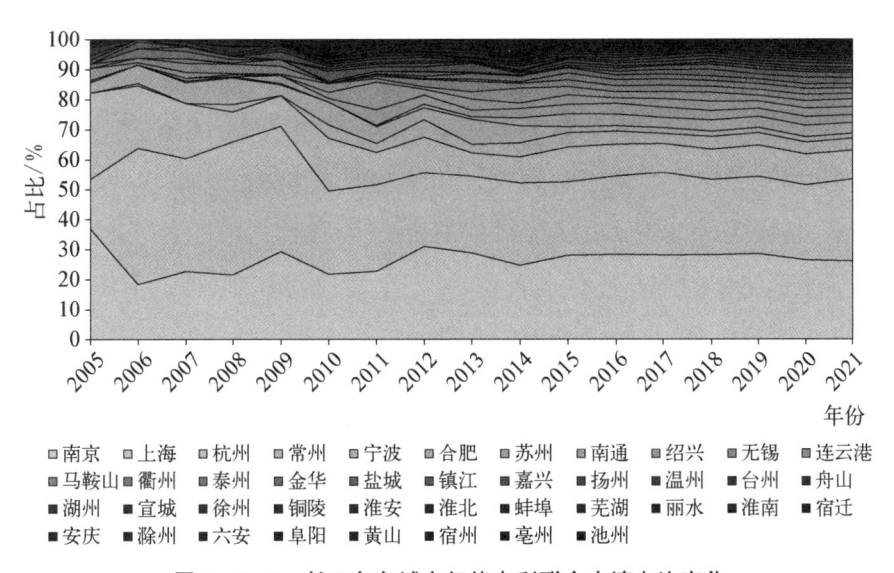

图 6-2-1 长三角各城市氢能专利联合申请占比变化

长三角氢能产业创新合作机理与路径

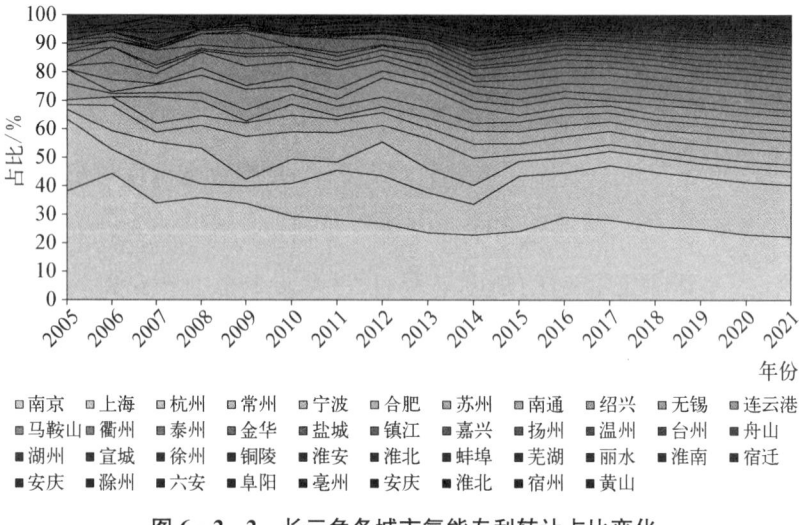

图 6-2-2 长三角各城市氢能专利转让占比变化

（二）网络结构特征

为了揭示长三角氢能产业创新合作格局，我们绘制了长三角地区41个城市的城际氢能合作研发及技术转让网络拓扑图。从合作研发网络看[图6-2-3(a)]，在长三角城际专利合作研发网络中，上海、南京、杭州、宁波等城市占据中心位置。尤其是南京市得益于当地能源电力企业、科研院所等雄厚的氢能科技创新机构，在长三角氢能产业专利合作研发网络中的中心度位居首位，高于上海、杭州等城市。上海市、杭州市的科研院所、高校资源以及丰富的氢能企业资源，使得其氢能合作研发也较为活跃。合肥、宁波、常州、嘉兴、苏州、绍兴等城市位居氢能合作研发的第二梯队，其余城市参与氢能合作研发相对较少。在省域格局上，上海市、江苏省的氢能合作研发网络发育程度相对较为成熟，浙江省紧随其后，安徽省氢能产业链或研发网络相对较薄弱。

从技术转让网络看[图6-2-3(b)]，长三角氢能产业技术转让网络发育程度比合作研发更为完善，技术转让网络集聚性也相对低于合

第六章 长三角城市群氢能产业创新合作的影响机制

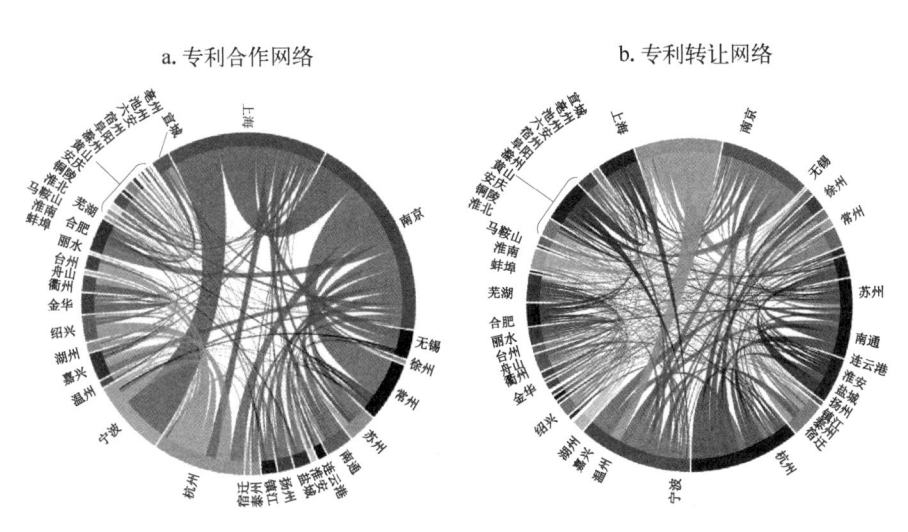

图 6-2-3 长三角氢能合作研发及技术转让网络

作研发网络。上海、南京、杭州、宁波、苏州、合肥、无锡、温州、南通等城市对氢能技术创新水平及技术需求均较强，在长三角氢能技术转让网络中居于核心地位。在省域格局上，上海市的氢能技术转让水平整体较高，江苏省、浙江省的氢能技术转让水平居于其次，安徽省的氢能技术转让水平相对落后。在网络联系强度上，与合作研发不同，技术转让的联系不仅存在于发达城市之间，而且在发达城市和欠发达城市间的技术转让联系也相对活跃，对于欠发达城市而言，通过积极寻求和建立与发达城市的技术转让联系，它们能够有效地参与到长三角氢能产业的创新合作中，这无疑为它们提供了一个宝贵的发展机遇。

三、长三角地区氢能创新合作影响机制研究

（一）基准回归结果

为了探讨长三角氢能产业创新合作的影响因素，我们采用多元回归模型进行分析（见表 6-3-1）。从第（1）列可见，本地知识基础

(LKB)、创新主体数量(LIS)的回归系数在1%水平上显著为正,政府财政科技投入(LRD)的回归系数在10%水平上显著为正,这些指标反映了一个地区的创新基础,即较好创新基础有助于更好获取外部氢能知识,并推动本地参与氢能合作研发。环境规制(ER)、经济发展水平(GDP)和人口密度(POPU)的回归系数在10%或5%水平上显著为正,反映出一个地区的环境规制、经济发展水平和人口密度对于氢能合作研发有正向促进作用。而能源消费(EC)的回归系数为负,反映出能源消费强度越大,反而不利于其参与氢能合作研发。其原因可能为,一个地区能源消费强度越大,其能源结构可能以化石能源为主,这种能源消费惯性阻碍了其在氢能领域的创新投入。产业结构(IND)和外商直接投资(FDI)的回归系数不显著。从不同阶段看,2005—2012年,仅政府财政科技投入(LRD)的回归系数在10%水平上显著为正,其余指标均不显著。2013—2021年,各指标的显著性和方向性与2005—2021年的回归结果总体相似。这反映出,随着时间变化,一个地区的本地知识基础、创新主体数量、政府财政科技投入等创新基础条件,以及严格的环境规制、良好的社会经济基础,对于氢能合作研发越来越重要。

表6-3-1 氢能产业合作研发回归分析结果

变量	2005—2021年 (1)	2005—2012年 (2)	2013—2021年 (3)
LKB	0.160*** 0.057	0.091 (0.093)	0.181** (0.076)
LIS	0.442*** (0.071)	0.096 (0.094)	0.664*** (0.087)
LRD	0.213* (0.126)	0.268* (0.161)	0.253** (0.112)

续表

变量	2005—2021年 (1)	2005—2012年 (2)	2013—2021年 (3)
EC	−0.192* (0.099)	0.298 (0.272)	0.113 (0.119)
ER	0.561* 0.321	−0.074 (0.446)	0.829*** (0.348)
GDP	0.346** (0.178)	0.237 (0.258)	0.384*** (0.153)
POPU	0.369* (0.222)	−0.845 (1.231)	0.368** (0.181)
IND	−0.176 (0.162)	−0.272 0.533	0.007 (0.135)
FDI	−0.126 (0.092)	−0.028 (0.144)	−0.155 0.173
城市固定效应	YES	YES	YES
时间固定效应	YES	YES	YES
R^2	0.765	0.599	0.411
样本量	697	328	369

注：*表示$p<0.1$，**表示$p<0.05$，***表示$p<0.01$，下同。

我们进一步分析氢能技术转让的影响因素（见表6-3-2）。从第(1)列可见，本地知识基础、创新主体数量的回归系数在1%水平上显著为正，政府财政科技投入在10%水平上显著为正，反映出创新基础对于推动各地区参与氢能技术转让至关重要。环境规制的回归系数在5%水平上显著为正，反映出环境规制对氢能技术转让具有积极作用。经济发展水平、FDI的回归系数分别在10%和1%水平上显著为正，反映出较好的经济基础为氢能技术转让提供了良好的基础,而FDI将有助于拓展各地区氢能技术知识,并激励各地区参与氢能技术转让。其余指标均不显著。从不同阶段来看,2005—2012年,各项指标均不显著。这一时期,长三角地区氢能技术转让数量很少,且创新基础、创新需求与经济社会水平都相对较低。2013—2021年,除人口密度在5%水平上显著为正以外,其余指标的显著性和方向性与2005—2021年相似。这进一步强调了,坚实的创新基础、迫切的创新需求以及经济与社会基础是推动氢能技术转让的有利条件。

表6-3-2 氢能产业技术转让回归分析结果

变量	2005—2021年 (1)	2005—2012年 (2)	2013—2021年 (3)
LKB	0.336*** (0.057)	0.150 (0.099)	0.211** (0.085)
LIS	0.385*** (0.071)	0.149 (0.105)	0.461*** (0.093)
LRD	0.236* (0.126)	0.172 (0.171)	0.642*** (0.237)
EC	−0.105 (0.099)	−0.164 (0.290)	0.034 (0.133)
ER	0.533** (0.221)	0.176 (0.475)	1.166*** (0.389)
GDP	0.387* (0.208)	0.403 (0.275)	0.518** (0.183)
POPU	0.200 (0.222)	0.278 (0.309)	0.449** (0.203)
IND	−0.119 (0.163)	−0.081 (0.567)	−1.113 (0.151)

续表

变量	2005—2021年 (1)	2005—2012年 (2)	2013—2021年 (3)
FDI	0.471*** (0.092)	0.188 (0.153)	0.370* (0.194)
城市固定效应	YES	YES	YES
时间固定效应	YES	YES	YES
R^2	0.631	0.853	0.411
样本量	697	328	369

（二）区域异质性分析

由于长三角各地区的创新基础、创新需求与经济环境等的不同,这可能对氢能产业创新合作有着不同的影响。为了分析氢能创新合作影响机制的区域异质性特征,根据中共中央、国务院印发的《长江三角洲区域一体化发展规划纲要》,我们将长三角地区的41个城市划分为中心区和非中心区,分别包含27个和14个城市,并进行区域异质性检验(见表6-3-3)。

表6-3-3中,第(1)和(3)列分别为中心区氢能合作研发和氢能技术转让的回归结果。当地的创新基础、创新主体数量和政府财政科技投入的回归系数均显著为正,表明其对于中心区的氢能产业创新合作有着显著的正向影响。环境规制对于氢能合作研发的影响不显著,但对氢能技术转让的影响显著为正,反映出环境规制促进了中心区的氢能技术转让,但并未有效促进氢能合作研发。经济发展水平、人口密度对于氢能合作研发和技术转让的影响均为正显著,但产业结构和FDI仅对氢能技术转让具有显著的正向影响。其原因可能在于第二产业转型过程中对氢

能技术的显著需求,这种需求推动了中心区城市积极引进外部的氢能技术专利。在这个过程中,外国直接投资(FDI)作为一种关键的技术转移方式,对中心区城市氢能技术转让产生了积极的推动作用。

第(2)和(4)列为非中心区氢能合作研发和技术转让的回归结果。尽管当地创新基础、创新主体数量、政府财政科技投入对非中心区氢能创新合作有积极影响,但非中心区创新基础等与中心区有较大差距,这使得这种促进作用不完全显著,例如创新基础对非中心区城市氢能合作研发的影响不显著,创新主体数量对氢能技术转让的影响不显著。同时,经济发展水平对氢能产业合作研发具有显著促进作用,能源消耗对氢能技术转让具有显著的负向作用,但对合作研发的影响不显著。而环境规制、人口密度、产业结构、FDI对非中心区氢能合作研发及技术转让的影响均不显著。此外,能源消耗对氢能合作研发的作用不显著,但对技术转让有显著的负向作用,这可能与非中心区能源利用上相对较为粗放,导致能源转型的成本较高,进而缺乏开展氢能技术转让的内在需求。

以上结果说明影响长三角地区的氢能产业创新合作的因素具有较强的区域异质性。一方面,长三角中心区城市氢能创新资源丰富,拥有大量从事氢能创新的企业、高校和科研院所,为氢能合作研发和技术转让提供了重要支撑。而非中心区氢能创新基础相对薄弱,缺乏对外进行创新合作交流的载体支撑。另一方面,长三角中心区城市环境规制力度和绿色低碳意识较强,对氢能产业创新合作的支持力度也较大,且经济社会基础较好,形成了创新合作—创新环境的良好互动,促进了中心区城市氢能产业创新合作。而非中心区城市经济发展环境条件也相对较差,其对于氢能产业创新合作的作用也不显著。需要指出的是,当前不管是中心区城市还是非中心区城市,氢能产业创新需求均相对不足,缺乏开展氢能产业创新合作的内生动力。

表6-3-3 氢能产业创新合作影响因素的区域异质性分析结果

变量	氢能合作研发		氢能技术转让	
	(1)	(2)	(3)	(4)
LKB	0.169*** (0.064)	0.470 (0.266)	0.799*** (0.133)	0.598*** (0.106)
LIS	0.596*** (0.085)	0.834*** (0.265)	0.725*** (0.178)	0.089 (0.106)
LRD	0.368** (0.150)	0.870*** (0.491)	0.317*** (0.115)	0.463** (0196)
EC	−0.111 (0.103)	−0.234 (0.415)	−0.184 (0.215)	−0.314* (0.166)
ER	0.168 (0.368)	−1.001 (0.742)	1.177** (0.572)	−0.374 (0.547)
GDP	0.389** (0.204)	1.982*** (0.742)	0.752* (0.429)	0.611** (0.297)
POPU	0.505** (0.228)	0.748 (0.425)	0.604* (0.319)	−0.280 (0.566)
IND	−1.402 (0.348)	0.189 (0.406)	1.539** (0.730)	−1.228 (0.162)
FDI	−0.102 (0.120)	−0.547 (0.350)	1.105*** (0.52)	0.108 (0.140)
城市固定效应	YES	YES	YES	YES
时间固定效应	YES	YES	YES	YES
R^2	0.799	0.361	0.444	0.432
样本量	457	240	457	240

四、研究结论

本章以长三角地区氢能产业为研究对象,利用2005—2021年长三角氢能产业专利联合申请及专利转让数据,运用社会网络分析方法、GIS空间分析,探析长三角氢能产业创新合作的网络特征、时空演化等,并利用多元回归计量模型探究长三角氢能产业创新合作的影响机制,研究得出以下结论:

1. 长三角地区氢能产业创新合作网络整体仍然不发达,大量城市在氢能产业创新合作网络中处于相对较为边缘化的位置。其中,氢能产业合作研发网络呈现明显的"核心—边缘"的结构,氢能产业技术转让网络确实展现出了等级层次性,然而,相较于合作研发网络,其发育程度更为成熟。尽管如此,该网络的集聚程度还是相对较低。长三角欠发达地区借助技术转让网络,开展跨区域氢能产业创新合作,是提升本地氢能产业创新能力、促进氢能产业发展的有效途径。

2. 长三角氢能产业创新合作的发展受到创新基础、创新需求、经济环境等多方面因素的影响,但不同因素的影响程度存在差异。其中,本地知识基础、创新主体数量、政府财政科技投入等创新基础因素对氢能合作研发与技术转让具有显著的积极影响,创新需求因素方面仅环境规制具有积极影响,能源消费的拉力作用并不显著。经济水平、人口密度、FDI等经济环境因素也具有一定影响。

3. 在长三角氢能产业创新合作中,不同因素的影响呈现出显著的区域异质性。具体而言,创新基础和经济环境对中心区城市影响更为显著。相比之下,创新需求对中心区和非中心区的影响显得较为微弱。长三角中心区氢能产业创新合作发育较为成熟,且经济发展水平较高、氢能产业基础较好、创新主体数量较多,具有开展技术合作研发和转让的良好载体。非中心区城市的本地知识基础、创新主体数量、环境规制以及经济环境方面是其相对薄弱环节,应加快弥补其创新基础、创新需求及经济环境等方面的不足。为此,需要积极建立与中心区城市的创新联系网络,加强合作与交流,以促进创新资源和技术的有效流动与共享,这将是非中心区城市提升其创新合作水平的关键途径。

第七章 ｜ 长三角氢能产业创新合作的创新效应研究

- 文献回顾与研究假设
- 数据说明与研究设计
- 实证结果分析
- 研究结论

自长三角一体化发展上升为国家战略以来,长三角各地积极推动氢能科技创新和产业创新跨区域协同,为长三角地区,尤其是那些基础相对薄弱的地区发展氢能产业提供了机遇。然而,在长三角区域一体化的背景下,氢能产业创新仍然高度集聚在上海、南京、杭州等少数地区。可见,在创新网络作用下,并非所有地区都能成功实现氢能科技创新,仍然有大量地区面临着显著滞后状态。这就引发了以下思考:(1)跨区域的创新合作是否促进了氢能产业创新?(2)氢能产业是否具有创新空间黏性,欠发达地区能否突破对氢能产业创新路径依赖的制约?这也是本章拟解决的关键问题。

一、文献回顾与研究假设

经济地理学者们认为,跨区域创新网络是一个地区建立外部联系最重要的途径之一(De Noni et al.,2023),有助于为本地带来先进的技术、人力资本和管理经验等(Cheung et al.,2004),通过外部手段打破原有产业的"锁定"局面,从而塑造产业发展路径和推动产业结构向新的方向发展并实现路径突破(He et al.,2018;Balland et al.,2021)。尤其是知识密集型的产业越来越强调跨地理空间的创新合作(Lorenzen,2005),因为知识密集型产业通常是跨学科的创新过程,在产业形态、技术与市场等方面都具有不确定性,需要与其他比较有优势的企业或区域之间加强合作交流,共同推动新兴产业创新(吴俊等,2016)。加强跨区域的创新联系,特别是深化全球范围内的合作,能够极大地优化创新资源整合效益,有效打破本地化的路径依赖(刘可文等,2021)。

根据上述分析,本节提出以下假设:

假设1:跨区域创新网络有助于促进各地区整体实现氢能产业创新。

氢能产业是一种重要的新兴产业。跨区域创新网络为一个地区新兴产业创新提供了良好的外部创新网络资源,那些在创新网络占据较好位置,或者具有较强的吸收能力、便于捕获外部有利创新要素的地区,通常能够相对更容易地促进新兴产业创新(赵建吉等,2019;苏灿等,2021)。也有学者认为,新产业形成与创新发展往往是本地产业创新基础和新兴产业融合的结果,本地产业创新基础为新兴产业提供了知识和能力的来源,增加了新兴产业的出现及创新发展的可能性(Klepper,2007;宓泽锋等,2021)。外部创新资源整合、构建和重新配置与本地能动性结合,将促进新兴产业形成具有空间黏性的创新系统结构(Gong et al.,2024)。需要指出的是,创新网络及创新条件在空间上具有非均衡性(马双等,2020)。随着新兴产业的发展,其创新网络通常会转向集聚化(张路蓬等,2018),这就使得处于创新网络边缘的地区,可能难以有效地获得外部的创新要素与资源(尚勇敏等,2023)。同时,不同地区在创新条件、吸收能力等方面也存在较大差异,这可能导致将外部创新要素转化为本地新兴产业发展所需要资源的过程中,其效果可能因地区差异而呈现不同的结果(Zhao et al.,2019)。

根据上述分析,本节提出以下假设:

假设 2:跨区域创新网络促进氢能产业创新具有区域异质性,创新禀赋较弱的地区难以通过创新网络促进氢能产业创新。

二、数据说明与研究设计

(一)数据来源与处理

本章通过氢能产业专利合作研发与技术转让,分析长三角氢能产业创新网络,数据来源于 incoPat 全球专利数据服务网站。其数据处理过程同第五、六章。社会经济数据来源于《中国城市统计年鉴》及各城市统计年鉴。

(二) 模型设定

为了检验跨区域创新网络对氢能产业创新的影响,本章构建以下基准模型:

$$\text{HEI}_{it} = \alpha_0 + \alpha_1 \text{HEC}_{it} + \alpha_2 \text{HET}_{it} + \alpha_3 \text{control}_{it} \\ + \mu_i + \delta_t + \varepsilon_{it} \tag{1}$$

模型公式中,i 和 t 分别表示城市和年份,HEI 表示氢能产业创新水平,HEC_t 表示氢能合作研发,HET 表示氢能技术转让,control 表示一系列控制变量,α 为待估系数,μ 表示城市固定效应,δ 表示时间固定效应,ε 为随机误差项。

(三) 变量解释

(1) 被解释变量:氢能产业创新水平(HEI)。专利产出是衡量产业创新水平的重要指标,本章以人均氢能专利授权量作为被解释变量。

(2) 解释变量:氢能合作研发(HEC)、氢能技术转让(HET)。为了分析不同类型创新网络对氢能产业创新水平的影响,本章将创新网络分为氢能合作研发和氢能技术转让两种,分别用人均氢能专利合作数量、人均氢能专利转让数量表征。

(3) 控制变量。① 经济水平(ED)。② 人口密度(POPU)。③ 外商直接投资(FDI)。④ 能源消耗(EC)。由于缺乏中国城市历年能源消费量数据,而电力消费与能源消费具有很高的相关性,电表自动记录消费数据更为准确,因此,本章采用单位 GDP 用电量表征。⑤ 环境规制(ER)。[①] 本章选取 15 个能较全面反映政府环保重视程度的词汇,利用 R 语言进行文本统计分析,计算环境词汇数量在总词汇中的占比,作为

---

① 以上变量的具体说明见第六章。编注。

环境规制强度的衡量指标。表7-2-1为所有变量的解释。

表7-2-1 变量解释

变量类型	变量	指标解释	缩写
被解释变量	氢能产业创新水平	人均氢能专利授权量	HEI
解释变量	氢能合作研发	人均氢能专利合作数量	HEC
	氢能技术转让	人均氢能专利转让数量	HET
控制变量	经济水平	人均GDP	ED
	人口密度	人口密度	POPU
	外商直接投资	外商直接投资占GDP比重	FDI
	能源消耗	单位GDP用电总量	EC
	环境规制	政府工作报告中环境词汇的比重	ER

为减小指标间的异方差,对各指标进行取对数处理,由于个别指标存在0值,因此采用公式 $\ln x = \ln(1+x)$ 进行处理,式中 x 为指标值。

三、实证结果分析

(一)单位根检验

为避免回归模型中伪回归问题,需要对指标进行单位根检验。本文数据年份为2005—2021年,选择LM检验对各项指标数据进行单位根检验,其目的是检验指标数据是否平稳。如果存在单位根,则指标不平稳,反之则平稳。LM检验的原假设 H_0 为所有个体是平稳的,备选假设 H_1 为部分个体非平稳。本文通过Stata对指标进行LM检验。从检验结果表7-3-1所示,各指标的 Z 值均小于0.05,表示不拒绝原假设,说明各项指标数据是平稳的。

表7-3-1 LM单位根检验结果

区域	HEI	HEC	HET	ED	POPU	FDI	EC	ER
中心区	6.773	7.562	11.125	8.251	7.263	8.114	9.502	4.152
非中心区	<0.001	<0.001	<0.001	<0.001	<0.001	<0.001	<0.001	<0.001

(二)基准回归结果

在对基础数据进行回归分析之前,需要对模型中主要的解释变量进行多重共线性检验。检验结果显示,变量的方差膨胀系数(VIF)远小于经验法则中的临界值10,这说明不存在多重共线性的影响。因此,考虑固定效应模型还是随机效应模型。通过Hausman检验发现,检验结果的p值小于0.01,即原始假设被拒绝,这说明应该采用固定效应模型。

从表7-3-2可见,跨区域合作研发、技术转让对氢能产业创新在1%水平上均显著为正,跨区域创新网络对氢能产业创新具有显著的积极作用,假设1得到了验证。跨区域创新网络的重要作用便是推动各类创新主体实现跨区域合作的交流,开展合作研发和创新要素的优化配置,从而有助于促进各地氢能创新水平的整体提升。从控制变量上看,经济发展水平(ED)、外商直接投资(FDI)、能源消耗(EC)对氢能产业创新水平均在1%至10%水平上显著为正,反映了经济基础、外商直接投资是氢能产业创新的重要经济和要素基础,并促进了氢能产业创新水平的提升;而能源消耗将进一步刺激对氢能的需求,进而提升氢能产业创新积极性。环境规制(ER)将对传统能源企业带来巨大的市场竞争压力,激发企业能源技术创新的积极性,推动氢能产业创新。而人口密度(POPU)对氢能产业创新的影响并不显著。

表 7-3-2 基准回归结果

变量	被解释变量：人均氢能专利授权量	
	(1)	(2)
HEC	0.093*** (0.031)	0.090*** (0.031)
HET	0.312*** (0.031)	0.287*** (0.033)
ED	—	0.708* (0.383)
PD	—	−0.026 (0.387)
FDI	—	0.388** (0.163)
EC	—	0.676*** (0.207)
ER	—	0.705*** (0.060)
城市固定效应	YES	YES
时间固定效应	YES	YES
R^2	0.632	0.646
样本量	697	697

注：***表示 $p<0.001$，**表示 $p<0.05$，*表示 $p<0.1$；括号内为标准误。

（三）稳健性检验

为进一步验证跨区域创新网络对氢能产业创新的影响是否稳健，本章分别采用替换被解释变量、缩短时间窗口、替换空间计量模型等方式进行稳健性检验(见表 7-3-3)。

表 7-3-3 稳健性检验

变量	氢能专利授权总量	人均氢能专利授权量(2012—2021年)	SDM模型	SAR模型	SAC模型
	(1)	(2)	(3)	(4)	(5)
HEC	0.090*** (0.031)	0.053* (0.031)	0.116*** (0.031)	0.089*** (0.029)	0.093*** (0.029)
HET	0.287*** (0.033)	0.254*** (0.031)	0.276*** (0.033)	0.278*** (0.031)	0.277*** (0.031)
控制变量	Yes	Yes	Yes	Yes	Yes
城市固定效应	Yes	Yes	Yes	Yes	Yes
时间固定效应	Yes	Yes	Yes	Yes	Yes
rho	—	—	−0.621** (0.287)	−0.834*** (0.271)	−0.706*** (0.286)
R^2	0.646	0.396	0.650	0.646	0.646
样本量	697	410	697	697	697

注：***表示$p<0.001$，**表示$p<0.05$，*表示$p<0.1$；括号内为标准误。

（1）替换被解释变量。氢能专利授权总量的数据指标，直接反映出一个地区氢能产业创新领域的总体规模与综合实力，本章将被解释变量替换为当年氢能专利授权总量。从回归结果第（1）列可见，合作研发与技术转让的显著性和方向均保持不变，即对长三角地区氢能产业创新具有显著的积极作用。

（2）缩短时间窗口。近年来长三角各地积极推进氢能产业创新；同时，2012年以来，我国生态文明建设进入新时代，积极推动能源绿色低碳发展。其中，2012—2021年，长三角氢能专利授权量、专利合作数量、专利转让数量分别占2005—2021年的85.62%、89.37%和82.06%。为此,本章将样本时间选择为2012—2021年,再进行回归分析。从回归结果第(2)列可见,在2012—2021年,长三角地区氢能产业创新得到了显著增强,这主要得益于合作研发及技术转让的积极推动。

(3) 替换空间计量模型。考虑到创新网络和产业创新活动均具有较强的空间溢出性,本章分别采用SDM模型、SAR模型、SAC模型三种空间计量模型进行检验。其中,空间权重居中为城市空间直线距离,即41×41的空间权重矩阵,并对矩阵采取标准化处理。从回归结果第(3)、(4)、(5)列看,各模型中解释变量的显著性和方向均保持不变,表明基准回归结果稳健。

(四)异质性分析

跨区域创新合作的重要目的就是缩小区域间创新水平的差距,为此有必要分析在不同发展水平下跨区域创新网络促进氢能产业的异质性特征,进而验证跨区域创新网络是否促进了经济欠发达地区的氢能产业创新。《长江三角洲区域一体化发展规划纲要》将长三角地区41个城市划分为中心区包含27个城市,非中心区包含14个城市。

从长三角中心区和非中心区氢能创新水平及创新合作水平比较看,2005—2021年,长三角地区非中心区城市在氢能专利授权数量上的占比从3.22%增长至7.63%,而专利合作及专利转让数量占比分别从2.74%和0.63%增长至6.24%和12.61%(图7-3-1)。这反映出经济相对滞后的非中心区城市在氢能创新合作与创新产出上均呈现出总体上升的趋势,特别是在技术转让网络中的地位显著增强。然而,关于跨区域氢能创新网络在中心区和非中心区氢能产业创新上的作用是否存在差异,仍有待进一步验证。

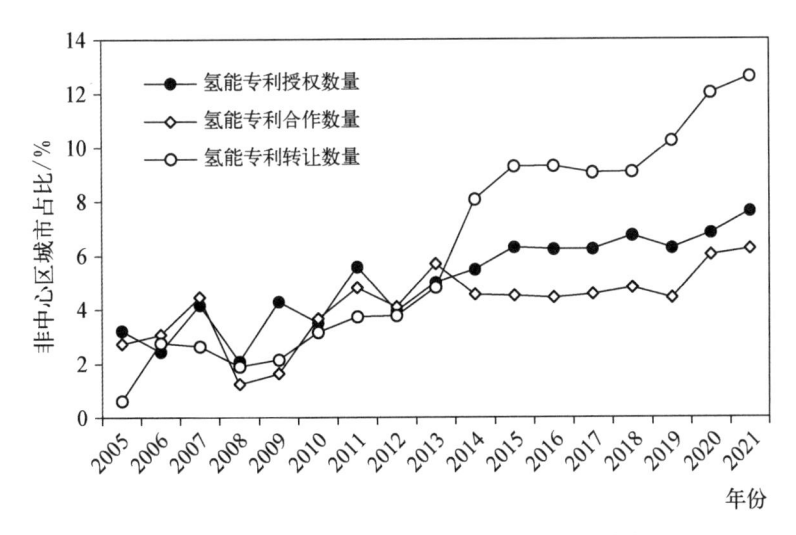

第七章 长三角氢能产业创新合作的创新效应研究

图 7-3-1 2005—2021 年长三角非中心区城市氢能创新合作及创新产出占比

本章将样本分为中心区、非中心区两类分别进行回归分析检验,回归结果见表 7-3-4。从第(1)和(2)列可见,跨区域合作研发和技术转让对氢能产业创新具有显著的积极作用。中心区的 27 市的经济发展水平相对较高,要素流动频繁,创新基础较好,跨区域创新网络进一步促进了中心区创新要素的优化配置,提升了各地氢能创新的整体水平。第(3)和(4)列表明,仅跨区域技术转让(HET)对非中心区氢能产业创新具有显著积极影响,而跨区域合作研发(HEC)的回归系数不显著,即跨区域合作研发并没有促进长三角相对欠发达的非中心区的氢能产业创新。其原因可能在于氢能产业创新的过程非常复杂,经济欠发达地区缺乏开展合作研发的创新基础,难以通过合作研发提升本地氢能创新水平。而通过专利引进、吸收、扩散、再创新的过程,更有助于促进欠发达地区氢能创新能力的提升。以上部分支持了假设 2,即跨区域创新网络促进氢能产业创新具有区域异质性,但创新禀赋较弱的地区并非难以通过创新网络促进氢能产业创新,而是需要选择合理的创新合作模式,即技术转让是创新基础较弱地区开展跨区域创新合作的更优选择。

表7-3-4 异质性分析结果

变量	中心区		非中心区	
	(1)	(2)	(3)	(4)
HEC	0.185*** (0.038)	0.169* (0.038)	0.011 (0.055)	0.032 (0.062)
HET	0.261*** (0.036)	0.240*** (0.039)	0.372*** (0.060)	0.352*** (0.060)
控制变量	—	Yes	—	Yes
城市固定效应	—	Yes	—	Yes
时间固定效应	—	Yes	—	Yes
R^2	0.647	0.660	0.644	0.663
样本量	457	457	240	240

说明:***表示$p<0.001$,**表示$p<0.05$,*表示$p<0.1$;括号内为标准误。

四、研究结论

本章以2005—2021年长三角地区41市的氢能产业为研究对象,实证检验跨区域创新网络对氢能产业创新的影响。研究发现:(1)跨区域的合作研发和技术转让整体上对氢能产业创新均具有显著的积极影响,跨区域创新合作能有效地推动各类创新主体间的合作交流、促进创新要素进行优化配置,进而提升各地氢能产业整体创新水平。(2)跨区域创新网络仅在创新基础较好、经济相对发达的地区发挥了显著的促进作用。在创新基础相对较差、经济相对欠发达的地区,仅跨区域技术转让对氢能产业创新具有促进作用,且外部创新网络与本地创新基础的协同的作用效果相对有限。本章旨在深入探讨如何提升新兴产业在跨区域创新合作中的协作水平,并特别关注那些具有不同创新基础和经济发展水平的地区,如何克服新兴产业创新的路径依赖,从而为提升区域整体创新水平提供政策启示。

第八章 | 国外氢能产业创新合作的经验与模式

- 全球氢能产业发展趋势
- 全球主要经济体氢能产业创新的特征及趋势
- 国外氢能产业区域创新合作的经验与模式
- 国外氢能产业创新合作模式与案例
- 国外推动氢能产业创新合作的政策启示

《氢能洞察 2023》报告显示,截至目前,全球已有 1 046 个大型氢能项目(电解量超过 1 兆瓦的工厂),近 50％的项目专注于氢能的大规模工业应用,20％的试点项目布局在交通运输领域,氢能技术俨然已经成为世界各国在"绿色技术"领域竞争的制高点,氢能技术的研究和商业化步伐逐渐加快。基于此,本章在深入剖析全球氢能产业发展趋势、产业布局等现状特征的基础上,总结国外氢能产业创新合作的经验,旨在为长三角推动氢能产业创新合作与产业发展提供借鉴和指导。

一、全球氢能产业发展趋势

当前,包括欧盟、美国、日本、澳大利亚、韩国等多个主要经济体已将发展氢能提升到国家战略层面,相继制定发展规划、路线图以及相关扶持政策,推动氢能产业进程不断加快。总体来说,纵观欧盟、美国、日本、中国等世界先行经济体的氢能战略,具有以下共同点:其一是普遍重视"制氢—储氢—运氢加氢—用氢"全产业链条技术的研发和规模化示范;其二是有鉴于氢能技术构成复杂、产业交织融合、研发失败风险较大,氢能技术发展与创新攻关的核心主体通常是国际知名的研发机构、大型跨国旗舰企业乃至国家级氢能产业联合体;其三是注重国际层面的交互协同,注重寻求国际合作伙伴。

(一)全球氢能产业发展现状

1. 氢能经济增长强劲

在全球加快能源绿色转型的背景下,氢能产业已成为全球能源领域投资增速最快的行业之一。国际氢能委员会发布的分析报告《氢能洞察 2023》显示,预计到 2030 年全球氢能直接投资额将达到 320 亿美元。根据国际能源署预计,到 2050 年,全球生产能源用氢的支出将达到6.8万亿美元。对于氢能市场规模,国际能源署对2050年氢能在全球能源总需求中的占比进行了预测(图8-1-1),其中最乐观的为国际氢能委员会和彭博新能源财经,这两家机构预测到2050年氢能在总能源中的占比将达22%,其余几家机构的预测值约在12%—18%。尽管不同机构对氢能未来的市场空间预测数据有所差异,但全球范围内已普遍认可氢能产业具备巨大的发展潜力,而相较于当前氢能在全球能源结构中仅约占0.1%的微小份额相比,其未来的增长预计将实现质的飞跃。

机构	预测值/%
国际可再生能源署	12
国际能源署	13
国际能源转型委员会	18
彭博新能源财经	22
国际氢能委员会	22

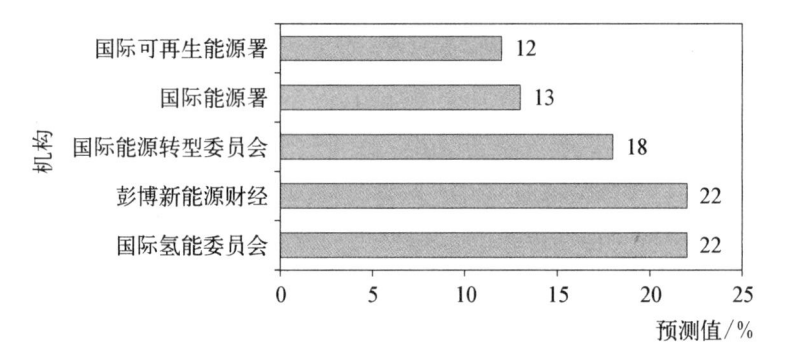

图8-1-1 不同机构对2050年氢能在全球能源总需求中占比的预测[①]

说明:彭博新能源财经(BNEF)的预测基于绿色乐观情境(green scenario),能源转型委员会(ETC)的预测基于仅实现供应端脱碳情境(supply-side decarbonization only scenario),国际能源署(IEA)的预测基于净零排放情境(net zero scenario),国际可再生能源机构(IRENA)的预测基于达成1.5℃目标情境。

2. 氢能应用向多领域快速渗透

现阶段,氢能应用从化工原料向交通、建筑及能源领域快速渗透,特别是大量氢能公共汽车、氢动力火车、市政服务重型车辆已经投入运营和使用。未来,氢能技术将有望应用于制造合成燃料、长途航空和航运、水泥钢铁和化学品生产,以及热能和电力应用中。此外,随着电力多元化应用"Power to X"和"绿氢+"模式的推广,氢能全产业正日益

[①] 数据来源:Statista,毕马威分析。

成熟,展现出发展态势。

3. 加氢基础设施建设浪潮席卷全球

自2013年开始,全球建成的加氢站数量呈现连续增长趋势,截至2022年底,全球新投入129座加氢站,共有814座投入运营,主要分布于中国、日本、德国、美国和韩国,站内电解水制氢技术在欧洲加氢站得到广泛采用。液氢加氢站、商用车加氢站和自动无人加氢站正在加速布局,预计到2030年全球加氢站数量将超过4 500座,多元化、网络化的氢能基础设施体系基本形成。

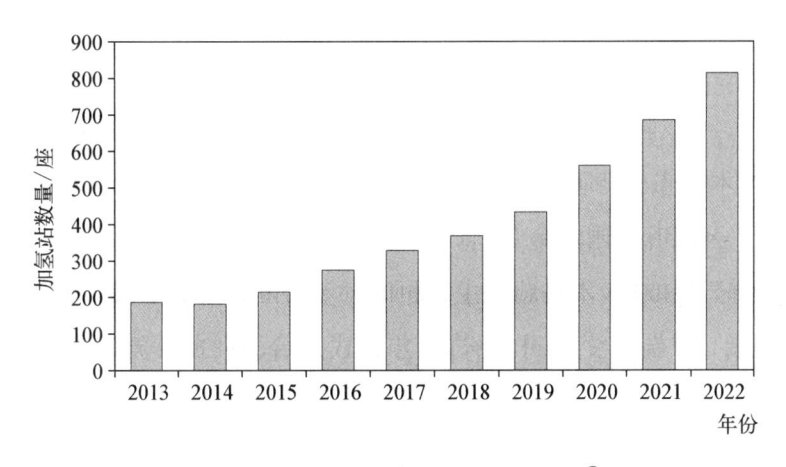

图8-1-2 全球加氢站数量变化趋势①

4. 氢交易市场建设仍处于初期阶段

鉴于全球氢能产业及需求分布的不平衡,全球氢交易市场应运而生。从全球氢产品贸易量来看,氢产品出口最多的地区依次为拉丁美洲、澳大利亚、北美洲,而亚洲和欧洲大部分地区主要为氢产品进口地区。究其原因在于以下两点:一方面电解水制氢严重依赖于太阳能、风能的清洁电力,拉丁美洲和澳大利亚拥有丰富的可再生能源,是为氢

---

① 资料来源:https://www.h2stations.org/statistics/。

能供应的优势条件；另一方面，诸如以美国为代表的北美地区拥有相对完善的化石燃料制氢设备，但国内氢需求规模相对较少，因此也成为氢产品出口地之一。

（二）全球氢能创新前沿领域

根据美国、日本、韩国、德国、法国近年来氢能技术相关专利的布局领域，可以发现：第一，由于氢气储运技术的挑战，将氢气有效地混合到现有天然气基础设施，并同步推进高性能储氢材料的研发，将是推动氢能产业实现革命性突破的关键所在；第二，低成本、高性能的氢燃料电池电堆成为氢能更大范围应用的关键抓手；第三，加速开发与人工智能相结合的新组件、配置和传感器技术，用于实时运行监控和早期故障检测，从而能在商业应用中安全运输氢气；第四，扩大电解槽产能，并致力推动氢能成本下降；第五，全球各国政府和企业积极布局绿氨赛道，目前尚处在产研结合和商业化早期阶段，已有60多家企业宣布建立可再生氨工厂，项目集中投产时间预计在2026年左右。

表8-1-1 全球主要国家氢能技术研发热点领域(Choi et al., 2022)

国家	关键技术（排名前三的技术领域）
美国	合成气流反应器(用于制氢)、储氢压力容器的制作、发动机系统效率提升
日本	供氢阀门和放电技术、燃料电池隔膜成型、燃料电池主体框架组件
韩国	用于燃料电池的磺酸聚合物、锂空气电池、用于燃料电池的离子交换(半渗透)膜
德国	燃料电池冷却技术和冷却剂、双极板(用于燃料电池)、燃料电池进出口过滤器
法国	氢气液化和储存、稳定的化合物组成、合成气流反应器(用于制氢)

第八章　国外氢能产业创新合作的经验与模式

（三）全球氢能科技应用状况

从全球层面来看，氢能作为一种原料广泛地应用于工业原料、直燃供能、家用燃料电池和燃料电池汽车等领域，各国也在积极拓宽氢能在发电、储能和工业脱碳中的应用规模，相关技术近年来已取得了长足进步。

1. 氢燃料领域

氢能作为燃料，在铁路交通、航空及汽车等领域得到较多的应用。在铁路交通领域，氢动力火车作为减碳的有效途径，主要是与燃料电池结合构成动力系统，替代传统的内燃机。德国在2022年开始运营世界上第一条由氢动力客运火车组成的环保铁路线，续航里程可达1 000千米，最高时速达到140千米；中国在2021年试运行国内首台氢燃料电池混合动力机车，满载氢气可单机连续运行24.5个小时，最大可牵引载重超过5 000吨，于2022年建成首个重载铁路加氢科研示范站，将为铁路作业机车供应氢能。

在航空领域，随着航空业面临的环境压力和碳减排要求的不断增加，氢能被认为是未来航空业实现绿色低碳转型的重要路径。全球多个航空制造商和科技公司正在积极探索氢能在航空领域的应用。空客公司推出了"ZEROe"项目，计划在2035年前推出首架零排放氢动力飞机。波音公司也在研究氢能与燃料电池技术在航空领域的应用潜力。多家初创公司如Universal Hydrogen和ZeroAvia也在推进氢能飞机的研发和试飞，并取得了初步成果。多国政府和国际组织正在积极推动氢能在航空领域的发展。欧盟通过"氢能战略"支持氢能技术的研发和应用，美国、日本等国也推出了多项政策和资助计划，鼓励氢能在航空业的应用。国际航空运输协会（IATA）等行业组织也在积极推动氢能技术的标准化和推广。

在汽车领域,随着各国对减少碳排放和改善空气质量的要求不断提高,氢燃料电池汽车(FCEV)被视为电动汽车(EV)的重要补充,为实现可持续交通提供了另一条路径。氢燃料电池技术具有充电时间短、续航里程长等优势,特别适合长途驾驶和重型车辆的应用。目前,丰田、本田和现代等知名品牌已经推出了一系列氢燃料电池乘用车。尽管氢燃料电池汽车市场规模尚未达到广泛普及的程度,但其市场影响力正在逐步扩大。根据 IEA《2023 年全球氢评论》(*Global Hydrogen Review 2023*)显示,截至 2022 年底,全球氢燃料电池汽车的保有量已超过 5.8 万辆,同时氢燃料电池卡车的保有量也已超 7 100 辆,这些车辆主要分布于韩国、日本、美国以及中国等国家。氢能汽车的广泛普及高度依赖加氢站等基础设施的建设与发展。目前,日本、韩国、德国和加州是全球加氢站建设的领先地区。日本政府计划到 2030 年建设超过 900 个加氢站,韩国计划到 2040 年建设 1 200 个加氢站,欧洲地区的多个国家也制定了氢能基础设施的发展规划。同时,各国政府正在积极推动氢能汽车的发展,通过政策支持和资金投入促进氢能技术的研发和基础设施建设。

2. 冶金和供热领域

从全球范围看,氢能在全球冶金和供热领域正得到越来越多的应用。在冶金领域,氢基直接还原铁技术日渐成熟,出现了一批氢冶金项目,例如瑞典的 HYBRIT 项目、德国的 SALCOS 项目、德国蒂森克虏伯氢气竖炉直接还原(DR)+熔炼(SAF)、法国 GravitHy 公司氢气直接还原铁项目、奥地利的 Voestalpine 项目、日本的 JFE 钢铁公司和新日铁住金公司等。当前,氢冶炼类项目主要依赖焦炉煤气和天然气制氢。在氢基直接还原类项目的初期阶段,通常采用灰氢作为主要的氢源,未来将逐步过渡到蓝氢、绿氢。在氢供热领域,氢气在家庭、商业和工业供热领域也形成了一批应用项目,例如日本的 ENE-FARM 项目、德国的氢能供热示范项目、英国的 H21 项目等。然而,由于氢气供应和储存基础设施不完善、系统初始投资成本以及氢气生产成本高,目前氢气在冶金和供热领域的应用尚未实现广泛推广。

3. 工业原材料领域

工业原材料是当前氢能源最大的应用领域之一,其中氢气是重要的工业原料,已经被广泛用于合成氨、合成甲醇、石油化工和冶金等工业领域。尤为值得一提的是,合成氨是目前工业原材料规模最大的应用领域,全球范围内超过 37% 的氢气被用于这一生产过程中,显示出氢气在推动工业发展方面的重要价值。

二、全球主要经济体氢能产业创新的特征及趋势

全球最早的氢能发展战略诞生于日本(2017 年),随后包括韩国、德国、美国、中国等超过 30 个国家和地区纷纷出台国家氢能发展战略,积极培育氢能及燃料电池技术的攻关和产业发展。其中,美国、欧盟、日本的氢能战略最具代表性。

(一)美国

2020 年 7 月,美国能源部发布战略《氢能战略:赋能低碳经济》,不断加快氢技术的研究、开发和部署。2020 年 11 月,美国能源部再次出台了《氢能计划发展规划》,旨在开发可负担的清洁氢技术,刺激对清洁氢的商业需求。2021 年 6 月,美国又推出了首个氢攻关计划"Hydrogen Shot",提出在 10 年内降低清洁氢的生产成本,使其达到每千克仅 1 美元的水平,降幅高达 80%。2023 年 6 月 5 日,美国《国家清洁氢能战略和路线图》(图 8-2-1)的发布,提出了加速清洁氢能生产、加工、交付、存储和

应用的综合发展框架。路线图指出,美国清洁氢产量将从当前几乎为零增长的水平,预计到 2030 年将迅猛增长至 1 000 万吨/年,到 2040 年,这一数字将再翻一番,达到 2 000 万吨/年。而到了 2050 年,美国的

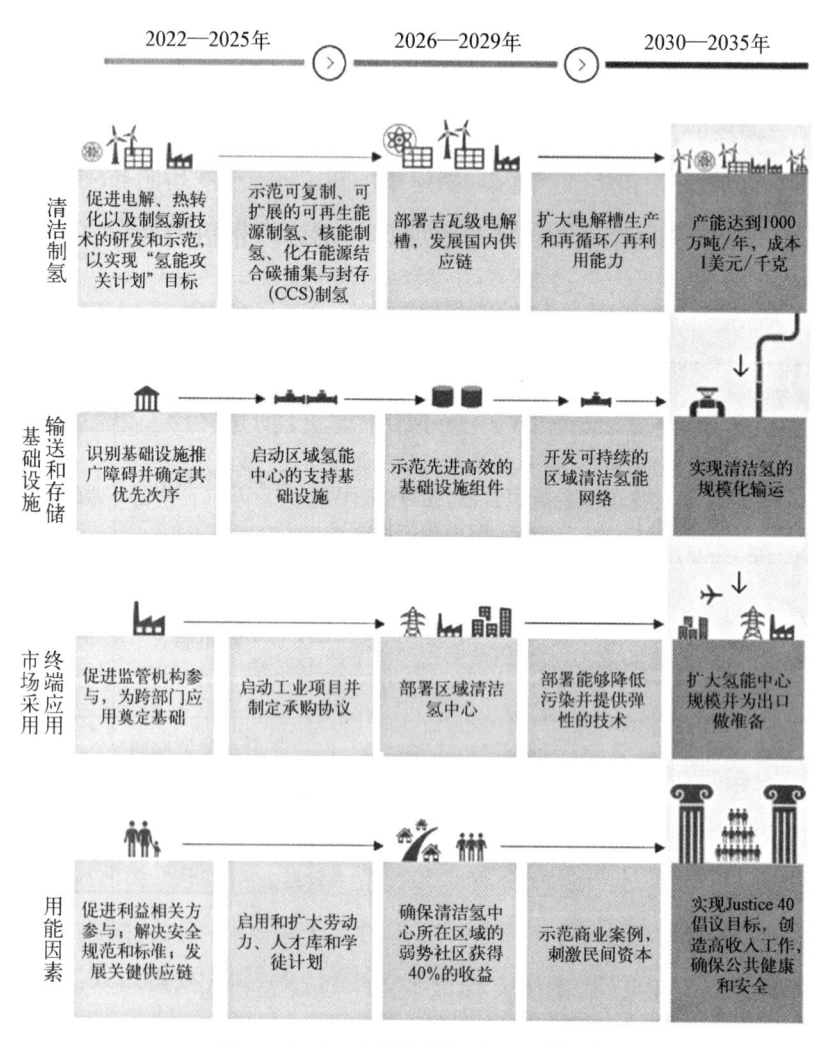

图 8-2-1 美国氢能战略和路线图[①]

---

① 资料来源:美国能源部(2023),转引自中国科学院科技战略咨询研究院(2023)。

清洁氢产量有望实现跨越式增长,预计将达到 5 000 万吨/年的规模。通过广泛部署清洁氢能技术,美国预计在 2050 年能将碳排放量较 2005 年减少约 10%。同时,路线图还提出了在 2022—2025 年、2026—2029 年、2030—2035 年的近、中、长期行动时间表,涵盖了清洁制氢、高效输送和存储基础设施、终端应用市场的采用、用能因素等多个关键领域。此外,相应的支持行动也将同步实施,以确保清洁氢能技术的顺利推进和广泛应用。

总体来说,美国新版路线图的重点基于"三个关键优先战略",以确保氢能技术链、产业链、供应链上的全球领先地位。具体包括:(1)明确将氢能嵌入应用价值最高的重化工产业(如化工、钢铁和炼油)、重型卡车及清洁电网等长期储能等领域;(2)专注于氢能区域网络的建设,并围绕重点用户群体,在邻近区域实施大规模生产;(3)利用 CCUS 开发先进气化材料、组件(气化炉、净化系统、膜、催化剂)和系统(小型和大型等离子、热和微波),从而可利用多种燃料(煤、生物质和废塑料)生产低成本的碳中性氢。

(二)欧盟

2020 年 7 月,欧盟发布《气候中性的欧盟氢能战略》,对其未来 30 年的氢能发展路线进行了谋划;2021 年 7 月,欧盟在氢能战略上再度进行补充,通过了一项名为"Fit for 55"的综合性减排提案;在 2022 年 2 月,欧盟正式启动了纯净氢能合作伙伴(Clean Hydrogen Partnership)计划;2022 年 5 月,欧盟继续发布了 REPowerEU 战略;2023 年 3 月,其又发布了新版《氢能源标准化工作路线图》。目前,欧盟在已公开的氢能项目数量方面处于全球领先地位,占全球比重达到 55%。2022 年 2 月,欧盟清洁氢合作伙伴关系"清洁氢能联合行动计划"

(Clean Hydrogen JU)[①]发布《2021—2027年氢能战略研究与创新议程》,提出了到2027年氢能研发的重点领域和优先事项,明确了6个研发重点领域的研发和创新活动。

表8-2-1 欧盟氢能研发的重点领域和创新活动[②]

关键维度	构成
可再生能源制氢	1. 电解制氢 2. 其他替代技术(生物质和生物废物气化制氢、微生物电解制氢、直接太阳能制氢)
储氢和氢气分配	1. 储氢(至少25万立方米的大规模地下储氢;关于能源或其他工业应用的大规模储氢需求的政策研究);2. 氢气用于天然气网络(重点关注混氢技术,以及将氢气用于工业、交通和住宅等);3. 液态氢载体;4. 改进现有氢气运输方式;5. 氢气压缩、净化;6. 加氢站
氢能交通应用	1. 模块化组件;2. 重型车辆;3. 船舶;4. 铁路;5. 航空
氢能供热和供电	1. 固定式燃料电池(支持通过燃料电池热电联产满足工业和其他大规模应用的发电和中、低品位热需求);2. 氢燃气轮机、锅炉和燃烧器
交叉领域	生命周期可持续性评估、回收和生态设计
氢谷	在港口部署氢气生产、运输,并应用于船舶燃料、港口运营、进口或出口、港口工业腹地或物流枢纽;在机场部署氢能,用于航空燃料、机场运营、内部交通枢纽、物流枢纽、机场及周边建筑的供热和供电、机场附近工业应用;开发氢岛(区域氢能中心),结合氢气生产、分配和应用
供应链相关技术	大中规模制造能力范围内的供应链创新方法与质量措施实施;基于供应链和价值链差距分析研究,开发泛欧技术(测试)平台

① Clean Hydrogen JU 是欧盟推进氢能研发创新的重要平台,是"燃料电池与氢能联合行动计划"(FCH-JU)及其二期计划的后续,成员包括欧盟委员会、"氢能欧洲"组织(Hydrogen Europe,代表欧洲工业界)和欧洲氢能研究协会(Hydrogen Europe Research,代表欧洲研究机构)。
② 资料来源:http://www.casisd.cn/zkcg/ydkb/kjqykb/2022/202205/202207/t20220711_6474130.html。

第八章　国外氢能产业创新合作的经验与模式

总体来说,欧盟的氢能战略可以被概括为30年的"三步走"计划:第一阶段(2020—2024年),欧盟计划建造一批功率达100兆瓦的绿氢电解设备,2024年前,全欧盟的可再生氢制备总功率达到6 000兆瓦,生产100万吨的可再生氢,对现有氢生产过程脱碳化,增加电解槽的制造能力,并通过先进的碳捕集基础设施生成低碳氢。第二阶段(2024—2030年),欧盟将建成多个"氢谷"(Hydrogen Valleys),安装至少40吉瓦的可再生能源电解槽,预计到2030年,欧盟氢年产量将达到1 000万吨,并创造14万个相关就业岗位,在可再生电力充足且价格低廉时将电力转化为氢,通过碳捕集改造现有的化石氢。第三阶段(2030—2050年),欧盟可再生能源制氢技术将逐渐成熟,其大规模的部署将使所有脱碳难度系数高的工业领域使用氢能代替。到2050年,大约1/4的可再生电力可能用于生产可再生氢。

（三）日本

从氢能研究到"氢能社会"的构想,再到形成国家战略,日本大致经过了三个阶段。日本早在20世纪70年代就开始了氢燃料电池技术的研发,2003年发布《第一次能源基本计划》,首次提出"氢能社会"的构想,2014年将氢能与电力和热能并列为国家核心二次能源。2017年以来,日本先后发布了《日本再复兴计划》《能源基本计划》《氢能基本战略》等发展战略规划。2023年6月6日,日本经济产业省发布《氢能基本战略》的修订版,该战略提出在确保实现碳中和目标的同时,也将加强全球竞争力和发展海外市场纳入氢能战略。

日本凭借其先发优势在氢能源领域拥有了大量的技术储备,在氢能和燃料电池领域拥有的优先权专利占据全球的50%以上,全球加氢站处于氢能源技术的第一位。根据日本构建"氢能社会"的战略构想,

表 8-2-2　日本氢能基本战略的核心要点[①]

维度	目标要点
1. 稳定、廉价和低碳氢的供应	1.1 氢供应量目标：2030 年 300 万吨/年、2040 年 1 200 万吨/年、2050 年 2 000 万吨/年。 1.2 氢成本目标：2030 年、2050 年氢能供应成本 30 日元/立方米、20 日元/立方米。 1.3 低碳氢碳强度目标：从原料生产到氢气生产的碳排放强度低于 3.4 千克 CO_2/千克 H_2。
2. 相关行动计划	2.1 建立本国氢能供应链及国际氢能供应链。 2.2 燃烧发电、燃料电池（交通、发电等）、供热和原料利用、钢铁行业、化工行业等领域应用。 2.3 出台支持计划以建立大规模供应链。 2.4 促进区域氢能利用及地方政府合作。 2.5 推进创新技术发展。 2.6 加强国际合作。 2.7 促进公众接受。
3. 氢能产业化竞争力	3.1 氢能供应（包括制氢及供应链）。 3.2 低碳燃烧发电。 3.3 燃料电池。 3.4 氢气直接使用。 3.5 氢基化合物使用。

其规划实施的路线主要包括：推广燃料电池应用场景、使用未利用能源制氢、运输、储存与发电以及依托可再生能源，未利用能源结合碳回收与捕集技术，实现全生命周期零排放供氢系统。预计到 2025 年，日本将建设 320 个加氢站；2030 年建成大规模国际氢气供应链，在 2050 年之前建立移动燃料电池的基础能源设施网，削减全球碳排放量总计约为 60 亿吨。

---

① 资料来源：日本《水素基本战略（案）》。

（四）经验总结

从美国、欧盟以及日本的发展经验来看，美、欧、日在发展模式及目标设定上各有侧重，例如，欧盟将氢能视为深度脱碳实现清洁能源转型的重要载体，不仅限于交通领域，更致力于在工业、建筑等多个领域拓展其应用场景。日本发展氢能的主要驱动力是实现能源多元化供应，旨在保障能源安全。而美国则将氢能视为战略储备技术，通过持续的技术研发和与集中化的燃料电池示范应用，不断巩固其在全球氢能领域的竞争力。

表 8-2-3　代表性国家氢能基本战略的模式特点

国家/组织	模式特点
欧盟	结合可再生能源制氢进行多场景示范应用，以能源结构清洁化转型、产业脱碳为核心目标；以应对气候变化紧迫性为主，有针对地推进一系列项目示范
美国	培育新的经济增长点，拥有先进核心技术或氢能源优势，通过技术出口或氢资源出口，以塑造新经济增长极为目标，打造氢能产业集群
日本	开展国际氢资源供应链与贸易，国内进行发电等综合示范应用，替代石油、煤炭等石化资源，保证能源安全与技术优势

三、国外氢能产业区域创新合作的经验与模式

氢能产业是涵盖氢气制备、储存、运输、加注、燃料电池到终端应用的庞大产业链，世界主要国家及地区纷纷从综合战略或规划、综合计划或路线图、氢能领域战略或规划、氢能领域计划或路线图等四大方面着手，推动氢能产业区域创新合作，逐步推动氢能从生产到应用的全面成熟。例如，德国政府为了促进氢能和燃料电池在区域内的实际应用，提

出了氢能区域建设的想法;美国加州在旧金山、洛杉矶等地建立加氢站,通过高速公路连接形成局部网状,发展氢燃料电池车等。

(一)日本打造氢能产业集群

为确保日本在全球氢能领域的竞争力,根据《氢能源基本战略》修订版,日本政府将实施集群支持计划,以建立具有国际竞争力的产业集群和供应链为目标(投资约1万亿日元),提升地方和中央政府、工业界和学术界的合作水平,打造具有国际竞争力的氢能集群,分别位于福冈县、福岛县和山梨县。

(二)德国建设氢能区域

2019年,德国联邦交通和数字基础设施部公布了德国氢能示范区域(Hyland)项目,这也是国家氢能和燃料电池技术创新计划的一部分,包括侧重于理念萌芽或着手组织搭建的地区(HyStarter)、侧重于创建集成概念和具备开展项目可行性分析的地区(HyExperts)、侧重于已着手方案具体实施的地区(HyPerformer)三类。通过与部分氢能区域的资金捆绑,氢能不仅能够渗透区域经济、交通和能源供应的各个领域,还能在更广泛的范围内实现应用,从而引发积极的外部效应,产生显著的协同效应,并在降低投资金额方面发挥作用。同时,2023年7月26日德国政府通过了更新版的《国家氢能战略》,进一步细化了制氢、氢能管道建设和多元化的应用场景,并计划在2030年前,全面打通氢能的生产、储运、进口及消费的各个环节,并提出在2027年至2028年,德国将初步建立起氢能基础设施网络,包括超过1 800千米长的改建和新建氢气管道,并在欧洲增加约4 500千米氢气管道。

第八章 国外氢能产业创新合作的经验与模式

（三）美国替代燃料运输走廊行动计划

自 2016 年以来,美国联邦公路管理局(以下简称 FHWA)推出替代燃料走廊指定程序(Alternative Fuel Corridor Designation Process),指出电动汽车充电站的建构原则是沿着 120 700.8 千米国家公路系统进行扩展,确保美国的 50 个州、华盛顿特区以及波多黎各都有一条或多条指定的电动汽车走廊,将沿着替代燃料走廊(AFCs)设置充电桩,确保每隔最大 80.47 千米的距离就有一个充电站点。以此为基础,美国部分州市通过组建公私合作伙伴联盟,在高速公路沿线建设加氢、充电和加压缩天然气(CNG)设施。2023 年 6 月,美国能源部发布了美国国家清洁氢战略和路线图,将区域网络作为美国氢能战略推进的关键抓手,投资和扩大区域清洁氢中心将使大规模清洁氢气生产靠近高优先级的氢气用户,从而共享临界数量的基础设施。

（四）案例启示

第一,重视传统地区在氢能产业及配套方面的既有优势,激发现有资源形成巨大的产业活力。特别是在化学、工业流程以及重型运输等能源密集地区,不仅能够使能源基础设施实现成本效益最大化,还能从规模经济中显著提升效率,进而加速技术创新。同时,这也为各地区创造了新的经济机会,通过部门间的紧密耦合实现协同效应,从而构建出各具特色的氢能产业链、完备的配套设施和商业模式。

第二,注重构建国际合作的氢能创新体系。氢能创新合作的开放性表现在许多方面:例如研究课题的合作研发、技术人员的自由流动、产研合作的开放实验室、与大学和国际的联合研发、面向产业的全方位服务以及共建氢能基础设施等。与此同时,根据《2023 年全球氢评论》的研究报告,全球已签署了 31 份氢能双边合作协议,全球创新体系的建构正在成为氢能研发体系的关键抓手。

第三，注重打造产学研合作的氢能区域。由于氢能技术涵盖基础研究、共性技术与应用研究技术，国外先进地区在推动氢能产业发展的过程中，充分考虑到高校与研究机构在技术和人才上的优势，并有意在其周围形成集聚，降低了对氢能技术有需求的企业引进人才的成本以及信息交流传递的机会增大。例如：德国现有氢能区域及其分布与德国高校及科研机构布局有着高度的契合度，产业基础好、研发机构布局密集的州，往往也是氢能技术研发与创新布局的优势区位，进而联合开展制氢、氢冶金以及加氢站建设，并成为氢能创新合作示范工程的首选。

第四，政府在制定区域协同战略、研究议程和激励私营部门投资创新方面发挥着至关重要的主导作用。一方面，政府在打造氢能集群的过程中，紧密结合区域的特色及要素条件，对区域规划与政策进行精心调整和完善，以确保氢能产业的发展避免同质化，形成各具特色的产业集群。另一方面，政府出台了一系列旨在加强监管、市场激励、金融支持以及项目支持等方面的政策，以提升现有企业氢能技术创新的积极性。同时，政府还积极支持那些投资大、周期长但至关重要的氢能基础设施建设。

四、国外氢能产业创新合作模式与案例

氢能产业的发展高度依赖产学研各类创新主体的创新合作，各国形成了各具特点的产业链、配套设施和商业模式，在推动氢能产业创新合作的过程中，形成了多元化的合作模式，这些模式涵盖了能源耦合发展模式、创新生态圈模式、技术授权孵化模式以及跨界融合发展模式等。

（一）能源耦合发展模式：以法国道达尔能源公司为例

法国道达尔能源公司（TotalEnergies）创立于1924年，经营范围涵盖了整个石油和天然气的产业链，从原油和天然气的勘探开发到发电、运输、炼化、石油产品销售以及国际原油及产品交易。近年来，道达尔在氢气生产和储运技术领域，不断加大投资，重塑研发架构，加速向多元化能源企业转型，并致力于成为"全球前五大可再生能源生产商"。

道达尔氢能创新合作模式特征为：一是纵向优化氢能与其他能源形式的耦合。道达尔依托自身的业务基础，推动从传统油气业务转向氢能领域，积极投资氢能、光伏、风电、生物燃料等新能源行业，并将氢能作为油气业务的有力补充，远期将聚焦氢能与碳捕集和封存技术相结合，协同发展蓝氢与其他低碳技术。

二是行业/产业间氢能的横向合作。道达尔积极参与由政府、非政府组织、学术界及企业界共同组成的氢能产业联盟，致力于拓展行业、政府与大学等领域内的潜在合作伙伴。公司秉持高标准，积极打造氢能基础设施，并与各方一起合作探索CCUS（碳捕集，利用与封存）技术的创新应用。在出口导向战略的引导下，道达尔专注于在中东和南美等低成本资源丰富的地区，打造大型清洁氢项目。同时，通过成立合资公司、收购股权及并购等方式，投资于氢燃料电池制造商，以推动储能技术及重型运输等领域的产业发展。

三是打造全球第一大氢基金。道达尔积极参与欧洲复兴开发银行、欧洲投资银行和法国经合投资公司氢能融资体系的建设，并与法国液化空气公司、万喜集团等成立了20亿美元的氢基础设施基金，由合资公司Hy24进行管理（Ardian和FiveT hydrogen各占50%的比例组建），以"打造全球第一大氢基金"为目标，致力于加速氢资产在美洲、亚洲和欧洲的投资。

（二）技术授权孵化模式：以日本丰田为例

早在1992年丰田就开始着手推进关于氢能技术方面的研发,并于2014年上市销售首批量产的氢燃料电池车——MIRAI,2020年,第二代氢燃料电池汽车上市。丰田除了发展乘用车领域,还将氢能技术应用延伸至巴士、卡车及叉车等商用车领域。在电堆催化剂、质子交换膜、扩散层和双极板、控制系统和密封技术等方面,其技术先发优势显著,同时在氢能生产、存储、运输以及终端使用等方面,全球领先优势明显。

丰田氢能创新合作模式的特征为:

一是牵头打造JHyM联盟和日本氢能协会。丰田围绕由企业、公共机构和研究机构等利益相关者组成的联盟开展氢能研发活动,特别是在产品的示范和商业化阶段。2018年,丰田牵头成立Japan H2 Mobility(JHyM),旨在维护和运营加氢站的基础设施公司、汽车制造商及金融投资者等合作,与政府和地方企业建立沟通,挖掘需求,在全国推广加氢站建设。同时,2020年,丰田还牵头组建日本氢能协会,通过促进公共和私人联盟以及监管框架来帮助推动日本氢能社会的发展。

二是建立全球专利研发体系并开放氢气相关专利使用权。丰田在氢能催化剂、高压储氢、质子膜、电堆、氢循环泵、燃料系统软件、反应系统和反应堆等核心模块具有领先优势,在氢燃料电池核心技术方面具有垄断地位。丰田通过全产业链的并购和共同研发等模式,与众多解决方案的提供企业、研究机构等紧密合作,实现了研发、制造与应用的深度融合。同时,丰田氢燃料汽车技术已趋于成熟,为了克服氢燃料电池的成本高昂和加氢站基础设施不足这两大挑战,丰田与全球范围内的70个实体开展了氢专利知识产权合作,并将氢气生产和供应相关的

第八章　国外氢能产业创新合作的经验与模式

专利无限期地开放,以此推动全球范围内氢能研发与制造的积极性和动力。

三是与本土上中下游企业密切合作。丰田积极与日本的本土氢能企业开展创新合作,例如与爱信精机株式会社开展密封零部件合作研发,以及进行控制系统合作,与株式会社科特拉开展催化剂创新合作;与日新制钢株式会社开展双极板和进行扩散层合作。总体来看,丰田在氢能技术领域的专利布局主要依赖于依靠日本本土的上下游企业,以及其子公司和附属公司的紧密合作。这些联合申请的专利约占丰田氢能专利的75%。

(三) 创新生态圈模式:以德国西门子能源为例

西门子能源作为全球能源行业的领先者,其基于先进技术的发电量约占全球发电总量的1/6,业务遍布全球90多个国家和地区。目前,西门子能源的业务组合涵盖传统和可再生能源技术,例如燃气轮机、蒸汽轮机、以氢气驱动的混合动力发电厂、发电机与变压器等。近年来,西门子能源致力于推广绿色氢能和Power-to-X能源转化体系,并基本形成了氢能全产业链的领先优势。

西门子氢能创新合作模式特征为:

一是牵头Hyflexpower示范项目等。西门子牵头的Hyflexpower示范项目于2020年5月启动,在Smurfit Kappa集团旗下位于法国维埃纳河畔赛拉的一家生产再生纸的公司中实施,第一阶段试运行已经成功,该项目从可再生电力中生产和储存氢气,然后以高达100%的比例添加到热电联产厂的天然气中。Hyflexpower示范项目是地平线2020研究与创新框架计划中的一个核心环节,汇聚了包括西门子能源、德国航空航天中心、瑞典隆德大学以及英国伦敦大学学院等在内的欧洲顶级合作项目团队。在此项目中，西门子能源负责建造氢气生产和储存设施的任务，具体涵盖涡轮机之前的天然气/氢气混合站以及制氢电解槽，并致力于开发氢气轮机。此外，西门子能源还引领了"H2mare"计划，该计划汇聚了来自业界、研究机构和学术界的30余家合作伙伴。各方依托自身优势，通过模块化的分工方式共同参与，旨在为绿色制氢行业树立新的标杆。

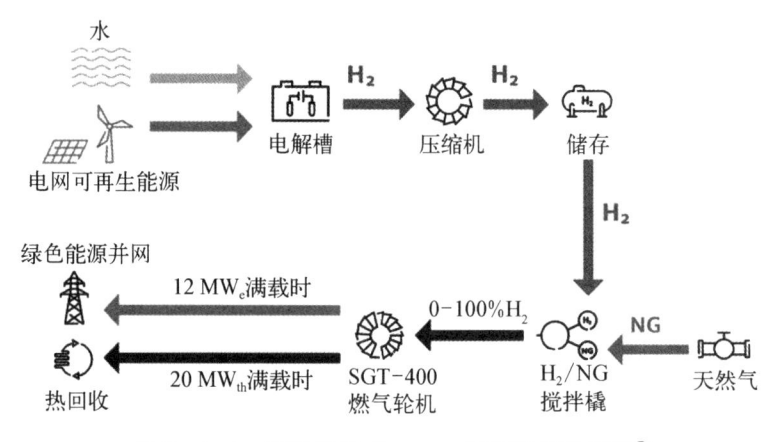

图 8-4-1 西门子 Hyflexpower 项目运行示意图[①]

二是参与地方政府氢能创新园建设。西门子同弗劳恩霍夫协会等组织合作，积极参与德国萨克森州格尔利茨（Grlitz）氢能产业园的建设。根据合作协议，西门子将深度参与德国萨克森氢联盟的各项活动，并融入德国联邦教研部的氢能应用研发计划。公司将其在能源管理、电解槽优化以及仿真模型开发等领域的尖端数字化工具，嵌入氢能创新园企业的日常生产过程中。这一举措旨在帮助企业提高能源使用效率，实现更精准的产量预测和成本控制，从而为德国萨克森州的能源转型注入强劲动力。

---

① 资料来源：https://www.hyflexpower.eu/。

三是通过收购、合资、设立研发中心等形式,打造全球旗舰式项目。西门子能源经过甄别、开发和整合外部技术,在全球主要市场地和创新中心,通过合资、收购和新建等多种方式,打造可持续发展与绿色制氢、氢能装备大规模生产线等灯塔示范项目。例如西门子能源收购西班牙歌美飒可再生能源公司股权,试行全球首个以"孤岛模式"运行的风电制氢实地测试项目,计划于2025年或2026年全面示范该海上风电制氢系统。

表8-4-1　近年来西门子能源收购和合资的主要案例

案例	目标
西门子能源与中国电力合资成立子公司北京绿色氢能技术发展有限公司	中国首个兆瓦级绿色制氢项目
收购西班牙歌美飒可再生能源股份有限公司	缔造全球最大风电企业
西门子与法液空成立合资公司	打造吉瓦级电解槽工厂
西门子能源在深圳设立了全球创新中心	打造中国和欧盟在可持续发展与数字化领域合作的灯塔示范项目
西门子与AES共同成立全球储能科技公司	全球160多个国家提供全方位的、最先进的储能解决方案

(四)跨界融合发展模式:美国康明斯公司

康明斯创立于1919年,总部位于美国印第安纳州哥伦布市。作为全球领先的动力解决方案提供商,截至2022年,康明斯在全球范围内拥有近6万名员工,销售收入达到281亿美元。2019年,康明斯电动动力事业部正式更名为新能源动力事业部,氢动力业务将正式成为其核心发展板块。2023年3月,康明斯新能源动力事业部全新品牌Accelera正式启动,康明斯已经形成了电解槽、燃料电池和储氢罐三大核心业务板块。总体而言,康明斯致力于全氢布局的纵深发展,既是零部件供应商又是零碳动力解决方案的集成商。

康明斯氢能创新合作模式特征为:

1. 加入国际氢能委员会。2018年,康明斯加入了国际氢能委员会,此举意在扩大品牌影响力,更是为了识别并消除氢解决方案实施过程中的障碍。公司积极与政策制定者、商界领导者、国际机构和民间社会等主要利益相关者展开合作,共同提出政策建议,并深度参与氢能国际标准的制定工作。此外,康明斯在企业内部设立专家小组,旨在与供应商、车辆制造商和终端用户紧密合作,共同规划并推进氢能发展的科学战略。

2. 通过并购迅速补齐短板。康明斯为加速其在新能源与氢能业务领域的布局,通过对北美电池技术公司(Brammo)、英国庄信万丰(Johnson Matthey)电池事业部、加拿大水吉能(Hydrogenics)公司以及硅谷电动传动系统公司 EDI 的收购,以及入股加拿大燃料电池增程器领先供应商 Loop Energy 等,使康明斯具备了从制氢到燃料电池制造的完整产业能力,进而为不同市场的用户提供差异化的氢能集成解决方案。

3. 与大型旗舰企业组成战略联盟。康明斯构建战略联盟的方式有两种:(1)将相对成熟的产品引入市场,并组建合资合作联盟,针对客户的实际需求实现本地化生产,例如与哥斯达黎加 Ad Astra 公司合作开发燃料电池公交巴士、与氢储运企业 NPROXX 签署合资协议并成立子公司、与 AdAstra Rocket 及法液空一道探索燃料电池试点项目及与现代汽车公司签署谅解备忘录等。(2)链接全球优势技术资源,与合作伙伴通过并购与新建实验室等方面联合进行新品研发,例如在液化空气集团(Air Liquide)的支持下完成对水吉能公司的并购,与微软公司共同建立高级能源实验室。

（五）四大模式的对比分析

通过对四大模式进行对比分析,可以得到以下发现:(1)能源耦合模式主要基于具有能源开发经验和脱碳应用场景的优势企业,通过清洁氢制备及能源利用技术,在氢能与已有石化及其他绿色能源系统之间实现耦合,聚焦于氢能产业链的上游生产环节。(2)技术授权模式是具有领先技术优势的龙头企业,基于正式合约进行的氢能技术转移活动。(3)创新生态圈模式由技术/装备制造/基础设施优势的龙头企业引领,凭借大规模氢能项目、供应多个终端以及覆盖价值链多个环节。积极构建一个涵盖高校、研究机构及氢能上下游企业的产业创新生态系统。该生态系统不仅覆盖特定区域,更注重产业链纵向与横向的分工与协作。(4)由于氢能产业链长,核心技术众多,生态系统纷繁复杂,需要整个供应链通力合作,因此氢能行业的竞争力也取决于各环节中所有企业的竞争力,跨界融合模式是龙头企业超越技术、产业和地理边界,通过企业并购与新建投资两种途径,在原有产业和技术优势的基础上拓展氢能产业链,并成长为行业寡头企业。

五、国外推动氢能产业创新合作的政策启示

氢能产业创新对政策具有较强的依赖性,全球各国围绕氢能产业发展需求,出台了一系列战略制定、财政支持、金融支持、合作联盟以及建立管理机构等政策支持举措。通过总结国外经验,总体有以下几点启示:

（一）政府牵头制定氢能战略

推动氢能产业创新发展具有长期性、战略性等特征,这有赖于制定氢能战略,为氢能产业创新发展提供指导。国外政府制定了一系列促进氢能产业创新发展的战略,如日本的《基本氢能战略》、韩国的《氢能经济发

展路线图》《氢经济法》、德国的《国家氢能战略》、美国的《美国向氢经济过渡的 2030 年及远景展望》《国家氢能发展路线图》等。从总体上来看,这些氢能战略大多聚焦于脱碳、能源供应多样化、经济增长、推动可再生能源部署以及大规模氢能出口等目标,并给予强有力的政策支持。从战略核心视角审视,各国在制定氢能战略发展路线图时,主要围绕深度脱碳、经济增长、能源安全和技术突破这四个维度展开。为了推动氢能产业的蓬勃发展,各国将多场景的氢能示范应用、氢能产业集群的构建、国际氢资源供应链与贸易的强化,以及产学研创新联盟的统筹作为核心推进策略。

表 8-5-1 全球领先国家及地区氢能战略的关键要点(万燕鸣等,2022)

维度	特点	实施路径	代表国家
深度脱碳	快速推进项目示范	以能源结构清洁化转型、产业脱碳为核心目的,结合可再生能源制氢多场景示范应用	德国、法国、英国、荷兰
经济增长	培育经济增长点	拥有先进核心技术或氢能源优势,通过技术出口或者氢资源出口,以打造新经济增长极为目标,打造氢能产业集群	韩国、澳大利亚、俄罗斯
能源安全	能源安全与技术优势	开展国际间氢资源供应链与贸易	日本
技术突破	全产业链技术研发	统筹产学研创新联盟,支持龙头企业牵头推动氢能产业协同创新	日本、中国

(二) 积极运用财政金融激励政策

氢能产业因其高额的投资成本和漫长的回报周期,在短期内难以实现盈利,为了促进这一重要产业的持续发展,各国政府纷纷采取了一系列支持措施,涵盖了补贴、税收减免、制氢项目的竞争性投标计划、需求侧激励以及设立氢能产业基金等多个方面。例如,欧盟推动产业联盟以引领绿氢的投融资发展,德国成立氢能专项投资框架、国家氢能基金等,美国通过《基础设施投资和就业法案》等提供氢能全链条财税补贴,日本设立绿色创新基金等。同时,各国还积极将氢能与碳交易结合起来,支持氢能产业链相关企业开展碳汇交易试点。2023年3月16日,欧盟正式发布了欧洲氢能银行计划,预计将投资30亿欧元助力欧洲氢能市场发展,这将进一步释放欧盟以及第三国对氢能的私人投资,扩大氢能进口,同时整合欧盟境内的氢能融资政策,提升融资工具的协调性和整体效率。

表8-5-2 美国、日本、欧盟绿氢财政金融激励政策

国家	政策要点	内容
欧盟	产业联盟引领绿氢投融资发展	欧洲价值链共同利益重点工程支持计划、欧洲氢主干网络计划、跨欧洲能源网络条例修订案、Hy2Tech和Hy2Use氢能发展项目
	分类标准与溯源认证机制为绿氢产融结合提供便利	欧盟可持续金融分类方案、氢气溯源体系CertifHy
	加强融资整合	成立欧洲氢银行
德国	多项扶持性政策	氢能专项投资框架、国家氢能基金、试点碳差价合约(CCfD)
	开展绿氢国际合作	绿色氢潜能地图项目、氢全球计划(H2Global)
美国	全链条财税补贴	《基础设施投资和就业法案》、区域清洁氢枢纽建设、燃料电池厂投资成本30%的税收抵免、碳捕集与封存激励政策
	需求侧激励协同促进燃料电池设备快速发展	美国加利福尼亚州清洁车辆补贴项目
日本	政府基金为行业发展提供有力支持	绿色创新基金,国外氢能全供应链综合支持试点项目

（三）设立氢能管理机构，统筹监测和标准规范体系

为统筹推进氢能产业的创新合作，国际上愈发愈重视设立专门的氢能管理机构，其主要做法与特征为：(1)这些机构不仅旨在监督氢能战略的实施，还致力于推动该领域的持续研发。各国普遍采取增设灵活性强的氢能管理机构的方式。以德国氢能委员会为例，其包括氢能国务秘书委员会、国家氢能理事会以及指挥部等部门，适时调整氢能相关的配套标准法规和支持政策，形成统一高效的氢能项目审批管理制度，破除制约氢能产业发展的制度性障碍和政策瓶颈。(2)注重氢能安全法规、规范和标准等的修订完善，以及氢能各环节的安全标准、责任主体和监督部门等。(3)注重将工业互联网、大数据和人工智能等数字化工具和技术手段，嵌入氢能运营的监测体系，提高监测效率和科学水平。(4)制定和完善氢能在工业脱碳、储能、发电等行业的标准体系。

（四）支持建立氢能国际科技合作

世界各国政府及企业都十分注重借助国际合作提升创新水平和推动氢能产业的发展，其主要做法与特征为：(1)建立多层次政府间的合作机制，各国政府通过政府间协议、联合研发项目、科技交流平台等形式，推动氢能技术的国际合作。例如，2024年6月3日，欧盟和日本宣布将共同制定清洁氢气供需相关政策，并在推进新燃料开发技术方面开展合作。(2)建立国际创新网络，通过建立国际氢能创新网络，促进科研机构、企业和大学之间的合作，形成协同创新体系，以促进知识共享、技术转移和人才交流，提升氢能技术的研发能力和创新水平。例如，欧盟建立欧洲清洁氢能联盟，推动公共和私营部门之间的合作，通过国际合作推进氢能技术的研发。同时，设立国际联合研发项目，共同推动氢能技术突破，例如欧盟 H2ME（Hydrogen Mobility Europe）项

目、FCH JU 项目等。(3)共同制定统一的氢能技术标准和规范,促进氢能技术的全球推广和应用。例如 2024 年 6 月 3 日,欧盟和日本宣布将联手制定氢能源的国际标准。(4)支持组建氢能产业与创新联盟,欧、美、日政府通过组建和参与多种国际性氢能联盟,积极推动氢能技术的研发、标准化和市场应用,不仅促进了各国在氢能领域的合作与交流,还为氢能产业的全球发展提供了重要的政策支持和资金保障,例如欧洲清洁氢能联盟、日本 HySTRA、美国氢能与燃料电池技术咨询委员会(HTAC)等。

第 三 篇
策略篇

第九章｜长三角推进氢能产业创新合作的路径与策略

- 长三角推进氢能产业创新合作的总体思路
- 长三角推进氢能产业创新合作的重点领域
- 长三角推动氢能产业创新合作的实施路径
- 长三角推动氢能产业创新合作的政策建议

长三角地区肩负着抢占全球氢能产业发展制高点的重要使命,需要充分发挥氢能产业资源、科技、市场等方面的综合优势,深入推进区域氢能产业创新合作,提升氢能产业创新水平及推广应用水平。本章将分析长三角推进氢能产业创新合作的总体思路、重点领域,进而提出具体的实施路径与政策建议。

一、长三角推进氢能产业创新合作的总体思路

紧扣"双碳"战略目标,以长三角区域创新一体化为发展主线,充分发挥上海、南京、杭州等城市的氢能产业创新龙头带动作用,充分发挥长三角各地的氢能产业与创新资源优势,强化分工及合作、错位发展,统筹氢能产业与创新布局,优化氢能产业协同创新生态,着力提升氢能产业协同创新能力。坚持以龙头企业培育打造为主攻方向,带动产学研用各类创新主体,致力于打通氢能产业链和创新链各个环节。整合长三角地区氢能产业创新资源,构建完善的长三角氢能供应保障体系、区域创新体系和氢能产业体系,以打造基于自主创新的现代氢能产业为核心目标,突破关键核心技术,抢占未来产业发展先机,打造全球氢能产业创新高地。

(一)龙头带动,协同发展

充分发挥龙头企业在氢能产业创新合作中的带动作用、整合作用以及协调作用,整合长三角氢能产业创新资源,联合各类创新主体,开展氢能关键核心技术的攻关、科技成果的转化应用,共同打造氢能产业创新合作体系。充分发挥龙头企业链主的优势,利用其创新链的生态位优势、话语权和资源整合能力,实现创新链相关方的交互赋能、责任传导,形成紧密耦合的协同创新合力,促进氢能创新链与产业链融合发

展、产业链上下游协同发展。

（二）全链布局，集群发展

综合考虑长三角的各地氢能资源禀赋、产业基础以及应用场景等，科学制定长三角各地氢能产业发展规划目标，强化氢能产业的布局规划引导，积极推动长三角地区制氢、储氢、运氢加氢、用氢等全链条环节实现有序而高效的布局。坚持系统思维，优化链条布局，明确发展重点，依托龙头企业，重点突破各地最有潜力和优势的链条，推进集聚发展，避免遍地开花和低水平重复建设，打造区域优势明显、上下游协同的氢能产业体系和产业集群。

（三）集中力量，协同攻关

围绕氢能产业创新链，对标国际氢能技术的前沿，精准把握氢能产业创新的迫切需求，特别是在氢能基础材料、核心零部件等关键技术壁垒方面，充分发挥龙头企业的创新优势及资源整合能力，建立健全共享合作机制。通过联合氢能创新链各类企业、科研机构开展氢能联合研发攻关，共建氢能领域科技创新平台，提升氢能技术原始创新能力，破解氢能产业核心难题，重点突破燃料电池汽车产业链的关键技术、氢能产业关键材料和零部件，强化制备工艺、储运方式的研发和创新，形成以龙头带动链条的氢能技术协同攻关体系。

（四）战略协同，合作共赢

立足长三角氢能创新资源禀赋，以"一体化"思维强化协同合作，着力强化各地氢能产业发展规划、政策协同与联动，破除跨区域创新合作

第九章　长三角推进氢能产业创新合作的路径与策略

的体制机制障碍,实现各地优势互补,推动跨区域氢能战略合作,形成区域一体化氢能产业创新合作格局。发挥龙头企业创新网络优势,积极谋划全球氢能战略科技创新合作,集聚配置全球创新资源,塑造国际合作新优势。

二、长三角推进氢能产业创新合作的重点领域

长三角氢能产业链与创新链均展现出强大实力的深厚创新基础,肩负着在全球氢能产业创新竞争中占据有利地位的重要使命。为了实现这一目标,长三角应充分发挥核心城市与龙头企业的引领作用、整合作用及协调作用,围绕制氢、储氢、运氢加氢以及用氢环节,针对基础材料、核心技术与关键部件,联合各类产学研用创新主体,展开氢能产业跨区域创新合作。

(一)制氢环节基础材料、核心技术与关键部件

1. 化石能源的清洁化制氢工艺

制氢途径呈现多样化特点,各种制氢技术存在着显著的差异,能量来源也各不相同。如何因地制宜,选择合适的制氢路径是未来氢能发展的一个重要研究课题。在不断推进制氢工艺"硬件"体系发展的同时,对制氢体系的预测、评估和优化等"软件"体系的发展也十分重要(曹军文,2021)。长三角地区长期以化石能源为主导,可再生能源相对于中西部地区较为缺乏,煤的清洁化利用是未来发展的必然途径。长三角地区近期需要在以化石能源制氢为主导的基础上,推动煤气化制氢、SMR、工业副产氢和AEC等相对成熟制氢工艺进一步发展,降低其实现规模化商业应用的技术成本,推动化石能源的清洁化制氢工艺进步,实现高碳能源低碳化利用。

2. 制氢与CCUS关键技术耦合

传统碳减排方式显然无法完全实现二氧化碳的消纳与中和,必须依靠碳捕集、利用与封存(CCUS)技术实现二氧化碳深度减排与资源化利用。CCUS关键技术通过将工业生产、能源利用过程中生成的二氧化碳进行分离后加以利用,并将多余二氧化碳进行封存,使之与大气隔绝,这是实现深度碳减排的重要途径(殷卓成等,2022)。CCUS技术与化石能源体系结合度较高,因此,发展化石能源制氢耦合CCUS技术将是实现低碳制氢技术的关键。其中,煤超临界水气化工艺和煤制氢结合CCUS技术是未来煤清洁利用的重要发展方向。在长三角地区,尽管工业副产氢的数量庞大,但其利用率却不尽如人意,这为长三角地区在近期至中期内提供了一个潜在的、相对清洁的氢能源。另一方面,甲烷裂解制氢是一种受关注较多的零碳排天然气制氢工艺,关键在于其开发低成本、高活性且长寿命的催化剂。这是加快该技术产业化、助推"碳中和"的关键。

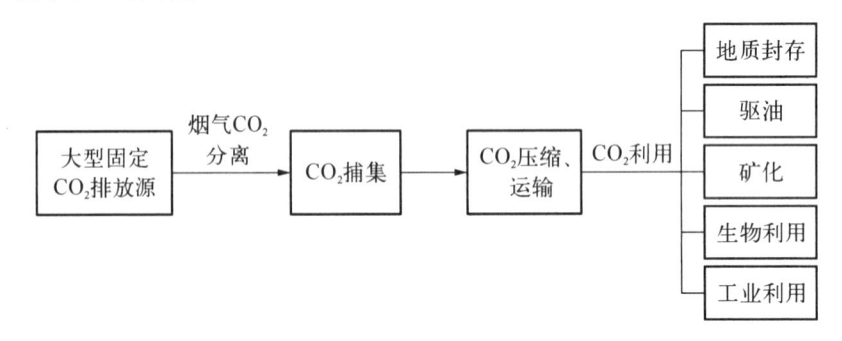

图9-2-1 CCUS工艺流程示意图(殷卓成等,2022)

(二)储运加氢环节的基础材料、核心技术与关键部件

氢能储运技术将朝着低压到高压、气态到多相态、单一到复合的方向发展,氢气储运能力与经济性将逐步提高。当前长三角地区仍以高

压气态储存和长管拖车输送为主,随着技术进步和材料发展,液氢车船输送、纯氢及掺氢管道输送将成为未来发展方向,有机液体氢储运、固态氢储运也因其在安全性方面的优势而具有广阔的发展前景。

1. 高压气态储氢技术。储氢设备将向高压力、大容量、长寿命和轻量化的方向发展,但仍需加强研发低成本且适用于高压临氢环境的新材料。此外,随着车载小容量高压氢气瓶逐渐向Ⅳ型瓶方向发展,未来的研发重心也将集中在高压储氢设备的定期检测和评价方法上。

2. 球形液氢储罐技术。球形液氢储罐技术是未来大规模液氢储存的发展方向,其设计与建造标准的制定工作亟待加速。当前,提高液氢储存容器的绝热性能,以最大程度降低液氢的蒸发率,实现接近零蒸发的目标,是目前的重点研究方向。

3. 有机液体储氢技术。实现大规模商业化应用,仍需攻克一系列技术挑战,包括提升循环储氢性能、降低脱氢反应温度与能耗、减少脱氢催化剂成本并改善其选择性等问题。在固态储氢技术领域,研发的重点聚焦于开发具有高储氢密度、成本低、循环储放氢性能优异及储放氢速度快的储氢材料。同时,设计具有出色热管理效果的储氢设备也是固态储氢技术的主攻方向。

4. 未来氢气长管拖车输送技术。安全性与输送效率是未来氢气长管拖车输送技术的重要发展方向。长三角地区需要加强掺氢天然气管道输送系统相容性、掺氢工艺及设备、氢分离提纯工艺及设备等方面的研究。

5. 高压气态储氢和液氢储氢加氢技术。长三角地区应重点提升加氢站关键材料及组件的性能,开发出高性能、长寿命、低成本的氢气压缩机和液氢泵,形成系统性、自主化的完整产品谱系,满足燃料电池汽车用氢场景的需求。"十四五"期间突破制氢加氢一体化建站法规,进一步提高35 MPa加氢站可靠性,重点开发70 MPa加氢站核心装备,加强智能化加氢站工艺控制及加氢站安全体系建设,逐步突破核心技术和零部件(熊亚林等,2022)。

(三)用氢环节基础材料、核心技术与关键部件

氢能作为一种二次能源在交通、电力、建筑、工业等领域均大有可为。相较于欧洲、日本等氢技术领先的国家,长三角地区在氢能利用方面目前主要聚焦于氢燃料电池汽车;为了长远的发展,长三角应提前布局更广阔的相关领域。长三角的氢能发展除了贡献市场、促进产业投资外,更重要的是要掌握技术标准、参与国际规则制定,这样才能在产业发展竞争中拔得头筹。在IEA发布的《2023年全球氢能评论》中,IEA回顾了按行业划分的氢最终用途的技术准备水平。其中,氨—电解(VRE)、PEM FC 微热电联产、合成甲烷热泵、氢混合天然气涡轮等处于市场开拓阶段,例如全球高温氢锅炉、金属氢化物热泵、纯氢燃气轮机等仍处于示范阶段,水泥窑掺和、混合FC-燃气轮机系统、混合煤电厂天然气轮机、等离子体熔炼还原、氧化铝精炼等仍处于试制阶段。长三角地区的龙头企业应凭借其在氢能应用场景上的显著优势,加速推动市场开拓阶段的技术向商业化应用转化;同时,借助这些龙头企业深厚产业链的优势,开展氢能商业化示范项目,旨在加快整个氢能行业步入商业化应用阶段;此外,还应积极促进试制阶段的技术成果迅速进入示范阶段。

三、长三角推动氢能产业创新合作的实施路径

氢能产业对科技成果转化、应用场景具有强烈需求,需要加强核心城市、龙头企业对氢能产业创新合作的带动作用,推动产学研创新合作和产业融合集群发展,构建多元化的应用场景,开展跨区域创新合作。

第九章 长三角推进氢能产业创新合作的路径与策略

（一）加快培育打造氢能龙头企业集团

1. 加快培育壮大行业领军企业

一是鼓励上海电气、上海石化及宝山钢铁等现有大型能源相关领域龙头企业大力发展氢能产业，抢占氢能产业发展先机。二是发挥上海化工区工业副产氢、老港垃圾填埋场生物质天然气制氢等优势，加强与相关龙头企业联动，依托产业链组建企业集团。三是推动大型制造企业向氢能装备制造转型，开展氢能替代工艺技术装备、氢冶金和分布式氢燃料电池等设备研发制造，推动氢能关键装备研发。

2. 加快培育"专精特新"企业

围绕氢能产业发展要求，培育一批"专精特新"企业，围绕燃料电池集成、模块化碱性电解槽、加氢站等关键环节，开展核心技术攻关，激发氢能产业创新创业活力。

3. 鼓励成立氢能企业集团以参与全球产业分工

一是积极推动长三角领军企业实施强强联合、跨区域兼并重组、境外并购投资等，培育构建具有国内乃至国际影响力的氢能产业企业集团，积极开拓氢能产业国际市场，加快融入全球氢能产业，参与全球氢能科技创新竞争链。二是积极引进氢能领域国际巨头与研发机构在上海等城市设立研发中心或区域总部，完善长三角氢能产业创新生态。

（二）大力支持氢能产业产学研协同创新

1. 鼓励龙头企业牵头组建创新联合体

一是鼓励上海电气、上海石化及国电南瑞科技等实力强的龙头企业牵头，联合大学、科研院所及其他企业，围绕氢能科技关键领域组建一批创新联合体，积极承担氢能领域国家重大科技项目。二是建议三省一市发改委、经信委、科委发布一批氢能科技资助计划,鼓励龙头企业牵头开展任务导向型氢能科技创新。

2. 大力支持氢能领域产学研合作

一是充分发挥主导企业竞争力优势,加大自身研发力度,攻克核心技术难题。同时,强化技术整合能力,以获得制约高端装备发展的关键共性技术和系统集成技术,从而推动集群网络协同创新能力的全面提升。二是发挥龙头企业主导作用,围绕氢能全产业链推动政产学研用融合发展,依托市场需求开展原创技术、共性技术和应用技术的联合攻关,鼓励产业链上骨干企业、科研院所等共同打造自主可控的产业生态。三是鼓励相关高校、科研院所、企业等产学研创新机构,围绕质子交换膜、固体氧化物电解槽等关键技术、关键原料以及关键装备开展联合攻关,破解氢能技术瓶颈;鼓励通过以前瞻性和颠覆性技术为中心的产学研合作,加快下一代氢技术的汇集和商业化。

3. 积极设立氢能领域相关创新平台

一是建议三省一市发改委、经信委、科委等相关部门发起支持,设立氢能产业孵化器、示范区等创新平台,推动氢能科技孵化和关键技术示范推广。二是搭建多层次多元化创新平台,建议长三角地区龙头企业牵头整合产业创新资源,联合大学、科研院所和企业建立前沿跨学科创新平台、产业创新中心、工程研究中心、制造业创新中心、联合实验室和技术研发中心等多层次创新平台,构建高效协作创新网络,助推产业关键技术开发和工程化应用。

4. 鼓励龙头企业牵头开展多种形式的合作

随着技术交叉融合不断深入、商业模式的不断演变,长三角应鼓励各类创新主体结合自身的合作需求、技术水平及创新目标等选择合适的合作对象与模式。鼓励龙头企业采取合作联盟、创新实验室、研究协议、专利许可、研发外包、商业并购、风险投资及孵化器等合作模式,通过构建多主体、多元化、多层次的协同体系,促进知识溢出、扩散和应用,提升龙头企业的创新绩效。

5. 加强氢能科技人才培养

一是加强企业与高校、科研院所联合开展氢能科技人才培养。鼓励高校开设氢能相关专业,厘清氢能科技创新知识技能需求,构建人才培养与评价体系;在推进氢能产业发展中,长三角应高度重视氢能产业链上的新技术应用,以及多学科知识交叉融合。因此,课程内容应覆盖氢能产业各环节通识知识、氢安全与标准、氢燃料电池技术等。同时,加强与高校及科研院所的合作,深化硕博人才培养体系,强化产学研深度融合,促进学术界与产业界的紧密对接,以便更精准地了解氢能前沿技术;以提高氢能关键技术、设备、材料国产化率和突破技术瓶颈为目标,特别是质子交换膜、催化剂、空压机等长三角地区氢能产业链中的薄弱环节和关键环节。

二是加强产教融合。由于氢能企业普遍规模偏小,尽管长三角对氢能人才需求不断增长,然而单个企业所需的人才规模相对较小,在一定程度上限制了企业对校企合作的投入,同时也影响了高校与氢能企业合作的积极性。因此,建议企业牵头,以行业协会或相关创新联盟为基础,联合高校,合办学生实习实训基地,打造一批产教融合试点,率先在长三角地区建立氢能对口专业,探索开办氢能专业订单班。氢能领域产教融合模式包括:(1)校企联合办学。校企双方根据实际岗位知识技能需求,共同制定专业培养方案和课程教学大纲,共同开发教材资源与企业案例,共同设计学生实习项目。(2)企业人员参与教学。由于氢能科技创新十分强调应用实践,建议支持企业人员参与教学;学校根据企业人员实际,为企业人员教学提供灵活安排,企业人员还可担任学生毕业社会或科研活动导师,与学校的校方导师共同指导。(3)学生实习参观。龙头企业及相关企业为高校学生提供实习参观机会,让学生参与设计、研发、装配、调试等环节,尤其为硕博人才提供实习机会,让高校人才更切实地了解氢能技术需求。(4)校企课题合作。鼓励企业向高校研究团队委托课题,成立联合课题组或联合实验室,为企业氢能科技研发提供智力支持。

(三)大力推动氢能产业融合发展

1. 加快推进创新链、产业链、资金链及人才链"四链"的深度融合

围绕氢能产业链部署创新链,聚焦提升氢能产业基础创新水平以及产业链的现代化水平,着力打造多个氢能产业融合集群发展基地,构建长三角、各基地成体系、多板块的氢能产业融合集群发展生态圈。大力提升氢能产业科技创新能力,加强氢能短板补链、优势领域延链、前沿领域构链。同时,围绕氢能创新链与产业链的资金需求,加大对氢能产业发展的财政补助资金的支持力度,大力支持氢能产业融资,鼓励各类金融机构对氢能产业提供支持,强化天使基金、创业基金对氢能创新企业投资。此外,应围绕氢能产业链与创新链的人才需求,鼓励高校设置相关专业,加大氢能人才培养,拓宽人才引进通道,培育高素质氢能领域专业技术人才队伍。

2. 龙头企业牵头推进产业链上中下游及服务领域的融合发展

依托长三角地区广阔的氢能产业链基础,围绕制氢、储氢、运氢加氢、用氢等各环节,推动长三角地区实现全产业链布局发展,构建全产

业链布局体系。同时,围绕氢能产业链各环节需求,积极完善氢能制备、检测认证、中试、示范运营等氢能服务体系,进一步提升长三角氢能产业融合发展水平。

(四)构建氢能技术多元应用场景

长三角地区氢能应用场景丰富,氢能应用需求庞大,这为氢能产业创新与示范应用提供了广阔前景。长三角应以市场应用为牵引,因地制宜、稳步拓展氢能在交通、储能、工业等领域应用场景。

1."以用促进"发展多场景应用

加大财政补贴力度,鼓励中/重卡车领域氢燃料电池技术的广泛应用。鼓励企业研发船用氢燃料电池系统,大力推广应用于公务船、客船、游船等。鼓励开发氢燃料电池混合动力机车,在港口码头、大型工矿企业等进行小规模应用。

2.多维度建立多场景应用网络

一是积极开展交通领域应用。拓展多元化应用场景,大力推动中重型卡车、新能源客车、船舶等使用氢燃料电池。重点推进中重型车辆对氢燃料电池的应用,不断扩大交通领域的氢能应用市场规模。

二是积极开展储能领域应用。发挥氢能长周期、大容量储能优势,探索培育"风光水电+氢储能"一体化应用的新模式。在可再生能源资源丰富及可再生能源发电站没有满负荷运转的地区,例如苏北、沿海地区。建议在这些地区的储能和峰值负荷调节中使用绿氢,积极建设绿色储氢示范项目,推动绿色储氢与间歇性可再生能源的整合。推动绿氢在石油炼化、合成氨等行业的推广应用,适当布局氢燃料电池分布式热电联产设施及氢电融合微电网,探索可再生能源+氢储能的发展模式。

三是合理布局发电领域应用。因地制宜布局氢燃料电池分布式热电联产设施,开展氢电融合微电网示范。鼓励开展氢燃料电池通信基站/备用电源示范应用,并逐步在金融、医院、学校、工矿企业等领域引入氢燃料电池应用。

四是逐步探索工业领域替代应用。首先,探索开展可再生能源制氢在合成氨、甲醇、炼化、煤制油气等行业替代化石能源的示范,促进高耗能行业低碳绿色发展;加大氢冶金技术的研发与推广力度。其次,推动绿色氢的发展及其在钢铁制造等工业生产中的应用,培育绿色氢化学工业,重点推广和应用氢基、绿色化工和冶金工艺。同时,考虑到在绿氢尚未实现稳定供应之前,焦炉煤气制氢仍是钢铁产业用氢的主要来源,实现钢焦一体化才能更有力地推进钢铁全行业氢冶金的发展。因此,应积极推进焦化产能跨省份、跨地区流动,加快推进"钢焦联合"工艺流程的建设。

表 9-3-1 氢冶金竞争性成本优势[①]

碳冶金与氢冶金成本平衡点 元/吨	碳成本 元/吨	绿氢氢冶金 元/千克	绿电 元/(千瓦·时)
962.2	100	10.81	0.150
1 024.7	150	11.51	0.159
1 087.2	200	12.22	0.169
1 149.7	250	12.92	0.179
1 212.2	300	13.62	0.189
1 274.7	250	14.32	0.198
1 337.2	400	15.02	0.209

① 自然资源保护协会:《面向碳中和的氢冶金发展战略研究》,2023 年 6 月,http://www.nrdc.cn/information/informationinfo?id=325&cook=2。

3. 开展氢能规模化示范,促进产业链成本快速下降

一是鼓励开展大基地示范项目。加大氢能产业链上中下游企业的合作,开展大基地示范项目,促进企业间"制储运加用"各环节优势资源的合理利用,加快氢能相关产品开发和投入市场的进程。鼓励龙头企业之间、龙头企业与民营企业之间的有机联动,推动氢能产业快速实现技术提升、规模扩张、市场拓展和快速降低成本。

二是鼓励各地推动示范总结。建议各地方政府加强对示范项目进行总结,提炼最佳实践,分析有代表性的示范项目,开展项目运行情况的调研与分析,梳理项目成功的核心要素、主要挑战与下一阶段发展方向,总结最佳实践案例和可参考的氢能项目发展模式。

(五)积极推动氢能产业数字化转型

1. 积极推动信息化与氢能产业化的融合发展

积极推动数字技术与氢能产业的深度融合,推行全产业链数字化进程。积极引入氢元宇宙理念,通过构建全产业链的场景数字孪生平台,破解氢能产业各场景的生产管理、运营协同难题,通过氢能产业数字化强化氢能产业管理,促进氢能产业技术迭代。

2. 积极开展数字技术赋能氢能价值链的引领示范作用

氢能产业链因其深远性、业务场景多样性以及协同操作的复杂性,常常面临数据碎片化与孤立的挑战。为了应对这些挑战,长三角应通过数字化技术来实现上下游协同效率、成本优化与效益提升,进而增强整个氢能产业链的核心竞争力。一是构建智能生产系统,在氢能生产过程中,利用物联网和大数据技术实现生产设备的实时监控和智能调控,提高生产效率和安全性;通过数字化手段优化电解水制氢、天然气

重整等工艺流程,降低生产成本。二是建立智慧储运体系,开发基于区块链技术的氢能运输和储存监控平台,实现氢气储运过程中的全流程追踪和管理,通过大数据分析优化储运路径和调度方案,提高运输效率和安全性。三是打造数字化应用场景,在氢能应用环节,推动智慧能源管理系统的建设,利用人工智能技术对氢能的终端使用进行智能优化,提高能源利用率;推广氢燃料电池汽车和分布式能源系统,构建智能化氢能应用网络。四是推动数据共享与合作,建立区域性氢能大数据平台,促进长三角各城市之间的数据共享和协同创新;通过平台汇集和分析氢能产业链各环节的数据,为政策制定和产业发展提供科学依据。

(六)支持开展跨区域氢能产业创新合作

1. 共建长三角氢能城市群

一是加快氢能产业区域协同布局。建议上海市联合三省相关部门联合编制"长三角氢能产业地图",合理布局长三角氢能产业链与创新链,避免"一哄而上"的无序发展及其导致的资源分散、重复建设和低端竞争。在氢能产业地图的指引下,长三角应积极布局,精心打造一系列氢能产业创新中心,旨在强化其在长三角地区乃至全国氢能产业融合集群发展中的组织引领功能、纽带功能和溢出功能。

二是支持龙头企业开展跨区域技术创新。由领军型企业牵头,联合相关科研院所、高校、工程技术中心等,围绕氢能产业关键环节、短板环节,构建产学研协同、上下游衔接的氢能产业创新联合体,开展联合技术攻关。支持龙头企业搭建氢能产业集成示范应用场景体系,推动氢能技术成果跨区域转移转化。

三是构建长三角一体化背景下的氢能科技创新与示范推广体系。

充分发挥长三角各地氢能产业技术优势、氢能全产业链优势、丰富多元的应用场景优势,不断研发和拓展氢能应用领域,加大氢能开发利用力度。依托长三角加氢设施、工业副产氢优势,积极打造长三角氢运输高速示范线路。大力推进氢燃料电池在客车、货车、叉车、渣土车、环卫车、大型乘用车以及船舶、航空等的应用,不断拓展氢能在交通领域的应用场景。大力推进氢能储能、氢能热电联供、氢混燃气轮机等的试点示范,开展氢储能在可再生能源消纳、电网调峰、绿色数据中心等场景的应用。大力推进氢能在氢冶金、化工等领域的替代应用。积极打造氢能示范机场、港口和社区以及氢能产业园等一批具有世界影响力的应用场景,共同打造世界级氢能应用样板间。

2. 推动国内氢能技术的合作交流

鼓励长三角地区氢能企业依托其自身氢能技术基础,以及其创新合作伙伴的资源,建立氢能创新合作网络,共建氢能源技术研发基地,共同开展技术、人才、科研项目的引进培育工作。建立氢能源技术的交流合作机制,推动氢能技术资源共享。共同搭建氢能技术合作平台,集聚国内外专家学者、顶尖科研人才,加速长三角地区氢能前瞻技术、关键核心技术突破。

3. 推动氢能科技全球开放协同

一是建议长三角地区氢能龙头企业、研究机构、政府部门等与国际氢能协会(IAHE)和其他相关国际组织建立联系,促进长三角各类企业、研究机构参与国际氢能学术交流与论坛,并深化氢能通用技术和关键技术的联合研发,以推动这些技术在全行业的广泛应用。

二是加强国外氢能技术引进,建立氢能技术研发与成果转化团队,积极推进国际先进技术的引进与转化。积极开展技术、人才、科研项目的引进培育工作。大力推进龙头企业与日本、美国、欧盟以及"一带一路"国家的企业、机构开展氢能科技国际联合研发,推动全球先进氢能技术在长三角地区的落地转化。

三是积极推进氢能技术的国际市场开拓。长三角地区应依托其丰富的国外市场资源,深化与产业链合作伙伴的战略合作。尤其是要积极探索在海外建立生产基地和项目公司的模式,借助国际知名品牌和渠道,助力长三角地区氢能技术与产品开拓全球市场。

四、长三角推动氢能产业创新合作的政策建议

(一)完善长三角氢能产业创新合作的顶层设计

1. 联合编制长三角氢能产业发展规划

建议三省一市相关部门联合编制"长三角氢能产业发展规划",明确长三角各地氢能科技与产业的发展重点,推动各地氢能科技与产业的合理分工布局,避免各地低水平的重复建设及资源浪费。同时,促进在基础设施、政策、标准、科技创新及市场等方面产生协同效应,消除氢能科技创新合作与产业联动的区域壁垒。通过制定规划,推动氢能科技与产业全产业链布局。

2. 因地制宜设计氢能产业技术路线图

建议各地科技部门科学分析氢能产业发展技术路线图,研究在制氢、储氢、运氢加氢、用氢等各环节的技术路线,明确近、中、远期发展重点,以及集中突破的关键技术领域。统筹各省市氢能科技发展的需求与资源基础,加快建设氢能综合应用示范区。引导氢能企业向有基础、有条件和有优势的氢能产业集聚区布局,推动氢能产业集群与创新集群的建设。鼓励企业从技术研发、产业布局、当地资源禀赋等多方面考虑,制定自身氢能发展战略与实施路径。

第九章 长三角推进氢能产业创新合作的路径与策略

(二)完善氢能产业创新合作支持体系

1. 优化氢能科技创新的支持政策

一是建议长三角各地适当放宽氢能项目的区域限制,放开对非化工园区制氢和加氢的管制,逐步放松氢燃料汽车通行权等政策限制;借鉴美国《通胀削减法案》经验,试行清洁氢税抵免政策等。

二是完善氢能基础设施参与电力市场和碳市场的相关机制,建议具备条件的地区加快出台对可再生能源制氢优惠电价的政策支持,进一步完善分时电价机制,鼓励弃风、弃光、弃水及谷段电力制氢。研究构建氢能设施参与电力市场的全方位准入准则与交易机制,促进氢能高效融入并同时活跃于现货、辅助服务和中长期交易等多元化电力市场。

三是加大绿氢项目政策的支持力度,健全绿氢项目的激励机制。建议具备条件的地方政府持续实施支持氢能发展的贷款贴息、减免企业税费、普惠金融服务、优先用地供应等财政/金融/税收/土地政策,对于氢能产业的关键零部件或项目给予投资补助。制定支持氢能源产业技术的相关创新政策,引导企业、科研院所等加大技术攻关投入力度,鼓励技术合作、人才引进、设立产业基金等多途径支持氢能及燃料电池基础材料、核心技术和关键部件的技术攻关。制定低碳清洁氢优先利用、"氢储能"项目等激励措施,对于落实灰氢替代、新型储能的新能源制氢项目,我们将在资源配置、项目核准(备案)、并网时序、系统调度与运行安排、电力保障利用小时数,以及电力辅助服务补偿考核等方面,给予适当的政策倾斜和优先支持。另外,研究在化工、钢铁等领域出台低碳清洁氢配额机制,相关企业可以通过出售配额获得激励,逐步淘汰高排放技术装备。

2. 完善氢能产业创新资金支持

一是完善加大政府对氢能科技创新资金支持。建议三省一市发改委、经信委、科委等设立氢能专项基金,重点向龙头企业倾斜;为氢能设备、研发等提供补贴,降低氢能科技及设施的资金成本。

二是完善金融支持氢能科技创新体系。大力发展绿色债券、银行贷款、融资租赁等方式,为龙头企业引领氢能科技创新提供资金。鼓励金融机构利用央行碳减排支持工具等政策,开展涉氢绿色金融产品创新,加大对低碳清洁氢项目的信贷支持。

3. 成立氢能科技创新服务平台

成立由政府主导、企业和研究机构参与的氢能科技创新服务平台,为氢能产业链中的企业、科研机构和政府部门提供全方位的支持和服务,积极推动氢能技术的创新应用和产业化发展。搭建交流合作平台,定期举办行业论坛、专题培训等活动,促进氢能产业链各方之间的交流与合作。发挥平台在提供技术咨询、技术评估和转化、项目合作对接、政策咨询和解读方面的功能,为氢能产业发展提供政策保障和环境支持。鼓励上海打造全国乃至全球性的氢能贸易金融服务中心、知识产权交易中心等平台,拓展氢能科技创新与产业发展的空间。

(三)积极推动氢能领域标准的制定与完善

1. 鼓励龙头企业参与氢能领域的标准制定

鼓励龙头企业联合相关企业、行业参与者、学者和标准制定者等,通过多利益相关方平台开展合作,促进交流,共同制定氢能相关标准。借鉴欧盟经验,将氢能纳入绿色金融标准体系。政府提供支持,鼓励龙头企业及产业联盟参与制定上海市以及其他各省的氢能产业目录。

第九章 长三角推进氢能产业创新合作的路径与策略

2. 加强氢能领域的标准体系建设与区域间的标准衔接

一是鼓励试点地方标准或企业标准。建议长三角各地积极鼓励和支持制定地方和团体标准,特别是在国家标准未覆盖的领域,为其他地方的氢能科技创新和产业发展提供可推广复制的经验模式,为未来国家标准的制定提供解决方案。为充分发挥长三角地区的创新活力和产业融合优势,鼓励长三角地区紧密结合当前技术创新方向和产业新动向,加强氢能、氢燃料电池等相关标准的建设,展现其引领行业发展的标杆作用。

二是加强产业链标准体系建设。充分认识氢能与燃料电池等技术标准化对促进氢能科技进步、拓展应用领域、保障安全运营、引领产业高质量发展起到至关重要的作用,围绕当前基础安全与管理、制备和加注等大量细分领域的标准空缺,加大对涉氢储运装备,特别是高压氢储运、液氢储运特种设备检验检测方面的标准化及检验检测体系建设。

三是加强标准体系衔接。建议长三角各地研究国家氢能及相关行业领域标准体系,加强标准体系衔接,确保地方标准与国家标准、行业标准协调一致,并在一定程度上发挥其作为先行先试区域的引领与示范作用。加强长三角各省市在一体化背景下共同研究氢能领域相关标准,减少区域间标准上的"断头路",为区域间氢能科技创新合作、氢能产业链跨区域布局等提供标准体系基础。

3. 加强氢能领域的国际标准衔接

加强与国际标准化组织的交流合作,提高与国际标准的接轨水平,为长三角地区氢能产业的国际合作和对外贸易提供标准技术支持。鼓励长三角相关企业、机构主动加入国际标准化组织(ISO)委员会、国际电工委员会(EC)等的国际标准化制定工作,积极提出氢能领域国际标准提案,参与氢能相关国际标准制定,提升我国氢能国际标准化影响力。

参考文献

1. 曹蕃、陈坤洋、郭婷婷等：《氢能产业发展技术路径研究》，《分布式能源》2020 年第 5 期。

2. 曹军文、张文强、李一枫等：《中国制氢技术的发展现状》，《化学进展》2021 年第 33 卷第 12 期。

3. 曹贤忠：《基于全球—地方视角的上海高新技术产业创新网络研究》，中国财政经济出版社 2019 年版。

4. 陈劲、阳银娟：《协同创新的驱动机理》，《技术经济》2012 年第 31 期。

5. 陈劲：《整合式创新：新时代创新范式探索》，科学出版社 2021 年版。

6. 陈秋阳、陈云伟：《国际氢能发展战略比较分析》，《科学观察》2022 年第 2 期。

7. 陈诗一、陈登科：《雾霾污染、政府治理与经济高质量发展》，《经济研究》2018 年第 2 期。

8. 陈运森：《社会网络与企业效率：基于结构洞位置的证据》，《会计研究》2015 年第 1 期。

9. 程雪兰、方叶林、苏雪晴等：《中国东部沿海 5 大城市群旅游流网络结构空间分布特征研究》，《地理科学进展》2021 年第 6 期。

10. 方刚、刘羽：《协同创新中知识距离对知识融合过程的门槛效应研究——以新能源行业为例》，《科技进步与对策》2024 年第 41 期。

11. 傅翠晓、庄珺：《打造"氢能走廊"为长三角区域一体化发展提供新动能》，《新材料产业》2019 年第 9 期。

12. 韩笑、张兴华、闫华光等：《全球氢能产业政策现状与前景展望》，《电力信息与通信技术》2021 年第 12 期。

13. 贺灿飞、朱晟君：《集聚经济：从地理邻近到认知邻近》，《热带地理》

2017年第37期。

14. 解学梅、左蕾蕾：《企业协同创新网络特征与创新效益：基于知识吸收能力的中介效应研究》，《南开管理评论》2013年第16期。

15. 李丹枫：《中国与发达国家绿色制氢产业专利质量对比研究》，《科技和产业》2022年第7期。

16. 李琳、郑刚、杨军：《我国产学研合作创新中的地理邻近效应：基于产学研合作创新优秀案例的统计分析》，《工业技术经济》2012年第9期。

17. 李梦楠、贾振全：《社会网络理论的发展及研究进展评述》，《中国管理信息化》2014年第3期。

18. 李争、张蕊、孙鹤旭等：《可再生能源多能互补制—储—运氢关键技术综述》，《电工技术学报》2021年第36期。

19. 刘可文、车前进、王纯彬等：《新兴产业创新网络的联系，尺度与形成机理》，《科学研究》2021年第4期。

20. 刘玮等：《"双碳"目标下我国低碳清洁氢能进展与展望》，《储能科学与技术》2022年第2期。

21. 刘应都、郭红霞、欧阳晓平：《氢燃料电池技术发展现状及未来展望》，《中国工程科学》2021年第4期。

22. 吕映、廖连莹：《长三角燃料电池汽车产业链知识产权协同创新研究》，《常州工学院学报》2019年第6期。

23. 马菁、曾刚、胡森林等：《长三角生物医药产业创新网络结构及其影响因素》，《长江流域资源与环境》2022年第31期。

24. 马双、曾刚：《长江经济带城市间的创新联系及其空间结构分析》，《世界地理研究》2018年第4期。

25. 马双、曾刚：《多尺度视角下中国城市创新网络格局及邻近性机理分析》,《人文地理》2020 年第 35 卷第 1 期。

26. 马双、曾刚、张翼鸥:《技术关联性、复杂性与区域多样化——来自中国地级市的证据》,《地理研究》2020 年第 39 期。

27. 宓泽锋、傅竞萱、项煜辉等:《新兴产业区域创新一体化与地方化的关系探究——以长三角新材料产业为例》,《世界地理研究》2023 年第 32 卷第 6 期。

28. 宓泽锋、曾刚:《本地知识基础对新兴产业知识流动的影响——以中国燃料电池产业为例》,《地理学报》2021 年第 4 期。

29. 倪渊:《核心企业网络能力与集群协同创新:一个具有中介的双调节效应模型》,《管理评论》2019 年第 12 期。

30. 宁翔:《我国工业制氢技术路线研究及展望》,《能源研究与利用》2020 年第 1 期。

31. 秦小珍、潘沐哲、郑莎莉等:《内生演化与外部联系:演化视角下珠江三角洲工业机器人产业的兴起》,《经济地理》2021 年第 41 期。

32. 任传堂、章屹祯、王璐玮等:《基于"蜂鸣—管道"理论的显、隐性知识流动与影响机理对比研究》,《地理研究》2023 年第 9 期。

33. 尚勇敏、宓泽锋:《长三角低碳技术创新合作对绿色经济增长的影响》,《中国人口·资源与环境》2023 年第 33 卷第 10 期。

34. 尚勇敏、王振、宓泽锋等:《长三角绿色技术创新网络结构特征与优化策略》,《长江流域资源与环境》2021 年第 30 卷第 9 期。

35. 邵帅、徐俐俐、杨莉莉:《千里"碳缘"一线牵:中国区域碳排放空间关联网络的结构特征与形成机制》,《系统工程理论与实践》2023 年第 43 期。

36. 盛彦文、苟倩、宋金平:《城市群创新联系网络结构与创新效率研究——以京津冀、长三角、珠三角城市群为例》,《地理科学》2020

年第 11 期。

37. 石盛林、陈圻、张静：《高管团队认知风格对技术创新的影响——基于中国制造企业的实证研究》，《科学研究》2011 年第 8 期。

38. 司月芳、曾刚、曹贤忠等：《基于全球—地方视角的创新网络研究进展》，《地理科学进展》2016 年第 5 期。

39. 苏灿、曾刚：《演化经济地理学视角下区域新路径发展的研究评述与展望》，《经济地理》2021 年第 41 卷第 2 期。

40. 苏策：《认知风格,组织氛围对员工创新行为的影响研究》，《生产力研究》2014 年第 8 期。

41. 孙艳：《欧盟生态创新绩效评析》，《欧洲研究》2016 年第 6 期。

42. 拓晓瑞：《国鸿氢能：持续推进氢能核心技术研发引领氢能产业创新发展》，《广东科技》2020 年第 8 期。

43. 万燕鸣、熊亚林、王雪颖：《全球主要国家氢能发展战略分析》，《储能科学与技术》2022 年第 10 期。

44. 汪涛、李丹丹、Stefan Hennemann 等：《知识网络空间结构演化及对 NIS 建设的启示——以我国生物技术知识为例》，《地理研究》2011 年第 10 期。

45. 王朝晖：《高承诺工作系统与企业竞争优势：社会氛围和探索式创新的复合多重中介作用》，《科学与科学技术管理》2016 年第 7 期。

46. 王琛、林初昇、戴世续：《产业集群对技术创新的影响——以电子信息产业为例》，《地理研究》2012 年第 31 期。

47. 王海花、谢富纪：《企业外部知识网络能力的结构测量——基于结构洞理论的研究》，《中国工业经济》2012 年第 7 期。

48. 王庆喜、胡志学：《多维邻近下浙江城市创新网络演化及其机制研究》，《地理科学》2021 年第 8 期。

49. 王伟、黄照旺、丁黎黎等：《研发结果不确定时制造商的横向技术授权策略研究》，《中国管理科学》2021年第7期。

50. 王雁飞、蔡如茵、林星驰：《内部人身份认知与创新行为的关系——一个有调节的中介效应模型研究》，《外国经济与管理》2014年第10期。

51. 王振：《中国区域经济学》，上海人民出版社2022年版。

52. 吴俊、张家峰、黄东梅：《产学研合作对战略性新兴产业创新绩效影响研究——来自江苏省企业层面的证据》，《当代财经》2016年第9期。

53. 肖林、周国平：《卓越的全球城市——不确定未来中的战略与治理》，格致出版社/上海人民出版社2017年版。

54. 谢明华、陈梅涛、张继龙等：《全球氢能发展态势及我国的战略选择》，《新华文摘》2022年第2期。

55. 熊亚林、许壮、王雪颖等：《我国加氢基础设施关键技术及发展趋势分析》，《储能科学与技术》2022年第11卷第10期。

56. 徐建中、王曼曼：《绿色技术创新、环境规制与能源强度——基于中国制造业的实证分析》，《科学研究》2018年第4期。

57. 徐硕、余碧莹：《中国氢能技术发展现状与未来展望》，《北京理工大学学报（社会科学版）》2021年第6期。

58. 许吉黎、叶玉瑶、罗子昕等：《新发展格局下粤港澳大湾区高科技产业多尺度空间联系与政策启示》，《地理科学进展》2022年第41卷第9期。

59. 殷卓成、杨高、王朝阳等：《制氢与CCUS关键技术耦合研究进展及展望》，《现代化工》2022年第42卷第11期。

60. 余义勇、杨忠：《如何有效发挥领军企业的创新链功能——基于新巴斯德象限的协同创新视角》,《南开管理评论》2020年第23期。

61. 原长弘、张树满:《以企业为主体的产学研协同创新:管理框架构建》,《科研管理》2019年第40期。

62. 曾刚、王秋玉、曹贤忠:《创新经济地理研究述评与展望》,《经济地理》2018年第38期。

63. 曾刚、文嫮:《上海浦东信息产业集群的建设》,《地理学报》2004年第1期。

64. 张可、李语晨、赵锦楸:《绿色信贷促进了节能减排吗》,《财经科学》2022年第1期。

65. 张路蓬、薛澜、周源等:《战略性新兴产业创新网络的演化机理分析——基于中国2000—2015年新能源汽车产业的实证》,《科学研究》2018年第36卷第6期。

66. 张秀萍、卢小君、黄晓颖:《基于三螺旋理论的区域协同创新网络结构分析》,《中国科技论坛》2016年第11期。

67. 赵建吉、王艳华、苗长虹:《区域新兴产业形成机理:演化经济地理学的视角》,《经济地理》2019年第39卷第6期。

68. 赵英杰、易群、王涛等:《煤—焦—氢—铁产业链发展关键技术与战略思考》,《中国工程科学》2021年第5期。

69. 中国氢能联盟:《中国氢能源及燃料电池产业白皮书》,2019年6月。

70. 种照辉、高志红、覃成林:《网络基础设施建设与城市间合作创新——"宽带中国"试点及其推广的证据》,《财经研究》2022年第3期。

71. 周灿、曾刚、宓泽锋等:《区域创新网络模式研究——以长三角城市群为例》,《地理科学进展》2017年第36期。

72. 周灿、曾刚、王丰龙等:《中国电子信息产业创新网络与创新绩效研究》,《地理科学》2017 年第 37 期。

73. 朱晟君、杨博飞、刘逸:《经济全球化变革下的世界经济地理与中国角色》,《地理学报》2022 年第 77 卷第 2 期。

74. 朱松强、孙士恩、李想:《"碳中和"目标下长三角氢能产业发展路径探析》,《现代化工》2021 年第 5 期。

75. 邹才能、李建明、张茜等:《氢能工业现状、技术进展、挑战及前景》,《天然气工业》2022 年第 4 期。

76. Alessandro Marra, Paola Antonelli and Cesare Pozzi, "Emerging green-tech specializations and clusters — A network analysis on technological innovation at the metropolitan level", *Renewable and Sustainable Energy Reviews*, Vol.67, 2017, pp.1037-1046.

77. Ankica Kovač, Matej Paranos and Doria Marciuš, "Hydrogen in energy transition: A review", *International Journal of Hydrogen Energy*, Vol.46, No.16, 2021, pp.10016-10035.

78. Anne L. J. Ter Wal, Ron Boschma, "Co-evolution of firms, industries and networks in space". *Regional Studies*, Vol.45, No.7, 2009, pp. 919-933.

79. Anne L. J. Ter Wal, "The dynamics of the inventor network in German biotechnology: geographic proximity versus triadic closure", *Journal of Economic Geography*, Vol. 14, No. 3, May 2014, pp.589-620.

80. Antonio Messeni Petruzzelli, "The impact of technological relatedness, prior ties, and geographical distance on university-industry collaborations: A joint-patent analysis", *Technovation*, Vol. 31, No. 7, July 2011, pp.309-319.

81. Arun Kumaraswamy, Ram Mudambi, Haritha Sarang, et al., "Catch-up strategies in the Indian auto components industry: Domestic firms responses to market liberalization", *Journal of International Business Studies*, Vol.43, May 2012, pp.368–395.

82. Baran Paul, "On distributed Communications (Introduction to distributed communications networks)", *Economic Policy*, Vol.5, pp.193–208.

83. B.E. Lebrouhi, J.J. Djoupo, B. Lamrani, et al., "Global hydrogen development-A technological and geopolitical overview", *International Journal of Hydrogen Energy*, Vol.47, No.11, 2022, pp.7016–7048.

84. Benedict Probst, Simon Touboul, Matthieu Glachant, et al., "Global trends in the invention and diffusion of climate change mitigation technologies", *Nature Energy*, Vol.6, No.11, 2021, pp.1077–1086.

85. Bengt-Äke Lundvall, Björn Johnson, "The learning economy", *Journal of industry studies*, Vol.1 No.2, November 1994, pp.23–42.

86. Björn T. Asheim, "Industrial districts as 'learning regions': a condition for prosperity", *European planning studies*, Vol.4, No.4, March 1996, pp.379–400.

87. Canfei He, Yan Yan and David Rigby, "Regional industrial evolution in China", *Papers in Regional Science*, Vol.97, No.2, 2018, pp.173–199.

88. Chang-Yang Lee, "Geographical clustering and firm growth: Differential growth performance among clustered firms", *Research Policy*, Vol.47, No.6, 2018, pp.1173–1184.

89. Chao-Chan Wu, Hoang-Jyh Leu, "Examining the trends of technological development in hydrogen energy using patent co-word map analysis", *International Journal of Hydrogen Energy*, Vol.39, No.33, 2014, pp.19262–19269.

90. Cheung Kui-yin, Ping Lin, "Spillover effects of FDI on innovation in China: Evidence from the provincial data", *China Economic Review*, Vol.15, No.1, 2004, pp.25–44.

91. Christopher R Esposito, David L Rigby, "Buzz and pipelines: the costs and benefits of local and nonlocal interaction", *Journal of Economic Geography*, Vol.19, No.3, 2019, pp.753–773.

92. Chunlei Wang, Simon Rodan, Mark Fruin, et al., "Knowledge networks, collaboration networks, and exploratory innovation", *Academy of Management Journal*, Vol.57, No.2, April 2014, pp.484–514.

93. Chun Yang, "Government policy change and evolution of regional innovation systems in China: Evidence from strategic emerging industries in Shenzhen", *Environment and Planning C: Government and Policy*, Vol.33, No.3, 2015, pp.661–682.

94. Dandan Xue, Zhifang Shao, "Patent text mining based hydrogen energy technology evolution path identification", *International Journal of Hydrogen Energy*, Vol.49, No.2, January 2024, pp.699–710.

95. Dengke Chen, Shiyi Chen, Hao Jin, et al., "The impact of energy regulation on energy intensity and energy structure: Firm-level evidence from China", *China Economic Review*, Vol.59, February

2020, p.101351.

96. Dieter Ernst, "A new geography of knowledge in the electronics industry? Asia's role in global innovation networks", *Spatial Processes Practice e Joural*, Vol.33, March 2009, pp.364 - 378.

97. Ekaterina Turkina, Ari Van Assche and Raja Kali, "Structure and evolution of global cluster networks: Evidence from the aerospace industry", *Journal of Economic Geography*, Vol.16, No.6, August 2016, pp.1211 - 1234.

98. Eldon Y. Li, Chien Hsiang Liao and Hsiuju Rebecca Yen, "Co-authorship networks and research impact: A social capital perspective", *Research Policy*, Vol.42, No.9, November 2013, pp.1515 - 1530.

99. Elisa Giuliani, Pierre-Alexandre Balland and Andrés Matta, "Straining but not thriving: understanding network dynamics in underperforming industrial clusters", *Journal of Economic Geography*, Vol.19, No.1, January 2019, pp.147 - 172.

100. Elisa Operti, Amit Kumar, "Too much of a good thing? Network brokerage within and between regions and innovation performance", *Regional Studies*, Vol.57, No.2, 2021, pp.300 - 316.

101. Eric L. Miller, Simon T. Thompson, Katie Randolph, et al., "US Department of Energy hydrogen and fuel cell technologies perspectives", *MRS Bulletin*, Vol.45, No.1, 2020, pp.57 - 64.

102. Eui Young Lee, Beom Cheol Cin, "The effect of risk-sharing government subsidy on corporate R&D investment: empirical evidence from Korea", *Technological Forecasting & Social Change*, Vol.77, No.6, July 2010, pp.881 - 890.

103. Franz Huber, "Do clusters really matter for innovation practices in Information Technology? Questioning the significance of technological knowledge spillovers", *Journal of Economic Geography*, Vol.12, No.1, January 2012, pp.107–126.

104. Frédérique Sachwald, "Location choices within global innovation networks: the case of Europe", *The Journal of Technology Transfer*, Vol.33, August 2007, pp.364–378.

105. Gianluca Carnabuci, Bálint Diószegi, "Social networks, cognitive style, and innovative performance: A contingency perspective", *Academy of Management Journal*, Vol.58 No.3, June 2015, pp.881–905.

106. Harald Bathelt, Anders Malmberg and Peter Maskell, "Clusters and knowledge: local buzz, global pipelines and the process of knowledge creation", *Progress in human geography*, Vol.28, No.1, February 2004, pp.31–56.

107. Harald Bathelt, Peng-Fei Li, "Global cluster networks-foreign direct investment flows from Canada to China", *Journal of Economic Geography*, Vol.14, No.1, January 2014, pp.45–71.

108. Henry Etzkowitz, Loet Leydesdorff, "The dynamics of innovation: from national systems and 'mode2' to a TriPle Helix of university-industry-government relations", *Research Policy*, Vol.29, No.2, February 2000, pp.109–123.

109. Herib Blanco, Wouter Nijs, Johannes Ruf, et al., "Potential for hydrogen and Power-to-Liquid in a low-carbon EU energy system using cost optimization", *Applied energy*, Vol.232, December

2018, pp.617-639.

110. Ying-Huang, Yi Zhou, Rouhan Zhong, et al., "Hydrogen energy development in China: Potential assessment and policy implications", *International Journal of Hydrogen Energy*, Vol. 49, 2024, pp.659-669.

111. Huiwen Gong, Robert Hassink, Christopher Foster, et al., "Globalisation in reverse? Reconfiguring the geographies of value chains and production networks". *Cambridge journal of regions, economy and society*, Vol.15, No.2, July 2022, pp.165-181.

112. Huiwen Gong, Zhen Yu, Christian Binz, et al., "Beating the Casino: Conceptualizing an anchoring-based third route to regional development", *Economic Geography*, Vol.100, No. 2, 2024, pp.107-137.

113. IRENA, *World Energy Transition Outlook 2022: 1.5℃ Pathway*, Publications Office of International Renewable Energy Agency, March 2022.

114. Iris Wanzenböck, Thomas Scherngell and Thomas Brenner, "Embeddedness of regions in European knowledge networks: a comparative analysis of inter-regional R&D collaborations, co-patents and co-publications", *The Annals of Regional Science*, Vol.53, January 2014, pp.337-368.

115. Ivan De Noni, Andrea Ganzaroli, "Enhancing the inventive capacity of European regions through interregional collaboration", *Regional Studies*, 2023, pp.1-21.

116. Jean-Marc Callois, "The two sides of proximity in industrial

clusters: The trade-off between process and product innovation", *Journal of Urban Economics*, Vol.63, No.1, January 2008, pp.146 – 162.

117. Jeffrey L Furman, Michael E Porter and Scott Stern, "The determinants of national innovative capacity", *Research Policy*, Vol.32, No.6, 2002, pp.899 – 933.

118. Jie Liu, Tao Chen and Bin Hu, "Consumer acceptance under hydrogen energy promotion policy: Evidence from Yangtze River Delta", *International Journal of Hydrogen Energy*, Vol.48, No.30, April 2023, pp.11104 – 11112.

119. John Meurig Thomas, Peter P. Edwards, Peter J. Dobson, et al., "Decarbonising energy: The developing international activity in hydrogen technologies and fuel cells", *Journal of Energy Chemistry*, Vol.51, No.20, 2020, pp.405 – 415.

120. Joseph Schumpeter and Ursula Backhaus, *The theory of economic development*, Springer US, 2003.

121. Julio Garcia-Navarro, Mark A. Isaacs, Marco Favaro, et al., "Updates on hydrogen value chain: A strategic roadmap", *Global Challenges*, Vol.8, No.6, 2023.

122. Kenichi Ohmae, "The rise of the region state", *Foreign Affairs*, Vol.72, No.2, 1993, pp.78 – 87.

123. Kevin Morgan, "The learning region: institutions, innovation and regional renewal", *Regional studies*, Vol.31 No.5, 1997, pp.491 – 503.

124. Kirsten Martinus, Jun Suzuki and Shabnam Bossaghzadeh,

"Agglomeration economies, interregional commuting and innovation in the peripheries", *Regional Studies*, Vol. 54, No. 6, 2020, pp.776 -788.

125. Lei Ye, Ting Zhang, Xianzhong Cao, et al., "Maping the landscape of university technology flows in China using patent assignment data", *Humanities and Social Sciences Communications*, Vol.11, No.1, 2024, pp.1 - 13.

126. Leon Oerlemans, Marius Meeus, "Do organizational and spatial proximity impact on firm performance?", *Regional Studies*, Vol. 39, No.1, February 2005, pp.89 - 104.

127. Lixin Fan, Zhengkai Tu and Siew Hwa Chan, "Recent development of hydrogen and fuel cell technologies: A review", *Energy Reports*, Vol.7, November 2021, pp.8421 - 8446.

128. Marc A. Rosen, Seama Koohi-Fayegh, "The prospects for hydrogen as an energy carrier: an overview of hydrogen energy and hydrogen energy systems", *Energy, Ecology and Environment*, Vol.1, No.1, 2016, pp.10 - 29.

129. Marcos Sanso-Navarro, Maria Vera-Cabello and Domingo Ximenez-De-Embun, "Human Capital Spillovers and Regional Development", *Journal of Applied Econometrics*, Vol.32, No. 4, July 2017, pp.923 -930.

130. Mark Lorenzen, "Introduction: knowledge and geography", *Industry and Innovation*, Vol.12, No.4, 2005, pp.399 - 407.

131. Mark Zachary Taylor, Sean Wilson, "Does culture still matter? The effects of individualism on national innovation rates",

Journal of Business Venturing, Vol. 27, No. 2, March 2012, pp. 234–247.

132. Miria Pigato, Simon J. Black, Damien Dussaux, et al., *Technology transfer and innovation for low-carbon development*, Washington DC: The World Bank, 2020.

133. Mousumi Bora, Joyshil Tamuly, Santhi Maria Benoy, et al., "Highly scalable and environment-friendly conversion of low-grade coal to activated carbon for use as electrode material in symmetric supercapacitor", *Fuel*, Vol. 329, 2022, p. 125385.

134. Nick Hacking, Peter Pearson and Malcolm Eames, "Maping innovation and diffusion of hydrogen fuel cell technologies: evidence from the UK's hydrogen fuel cell technological innovation system, 1954–2012", *International Journal of Hydrogen Energy*, Vol. 44, No. 57, November 2019, pp. 29805–29848.

135. Ove Granstrand, Marcus Holgersson, "Innovation ecosystems: A conceptual review and a new definition", *Technovation*, Vol. 90, 2020, p. 102098.

136. Parsa Asna Ashari, Hyochan Oh and Claudia Koch, "Pathways to the hydrogen economy: A multidimensional analysis of the technological innovation systems of Germany and South Korea", *International Journal of Hydrogen Energy*, Vol. 49, 2024, pp. 405–421.

137. Parsa Asna Ashari, Knut Blind and Claudia Koch, "Knowledge and technology transfer via publications, patents, standards", *Technological Forecasting and Social Change*, Vol. 187, 2023,

p.122201.

138. Paul Baran, "On distributed communications networks", *IEEE transactions on Communications Systems*, Vol.12, No.1, March 1964, pp.1-9.

139. Pei Yu, Zhengfang Cai, Feng Jiang, et al., "Evaluation and analysis of leading position in hydrogen fuel cell vehicle innovation network and the influential factors: a case of patent citations in China", *Environmental Science and Pollution Research*, Vol.30, March 2023, pp.53339-53354.

140. Peter Dicken, "Geographers and 'globalization': (yet) another missed boat?", *Transactions of the institute of British Geographers*, Vol.29 No.1, April 2004, pp.5-26.

141. Peter Maskell, Anders Malmberg, "The Competitiveness of Firms and Regions: 'Ubiquitification' and the Importance of Localized Learning", *European Urban and Regional Studies*, Vol.6, No.1, January 1999, pp.9-25.

142. Philip Cooke, Kevin Morgan, *The Associational Economy. Firms, Regions, and Innovation*, Oxford: Oxford University Press, 1998.

143. Philip Cooke, "Regional Innovation Systems: General Findings and Some New Evidence from Biotechnology Clusters", *Journal of Technology Transfer*, Vol.27, January 2002, pp.133-145.

144. Pierre-Alexandre Balland, Ron Boschma, "Complementary interregional linkages and Smart Specialisation: An empirical study on European regions", *Regional Studies*, Vol.55, No.6, 2021, pp.1059-1070.

145. Qusay Hassan, Ammar M. Abdulateef, Sadoon Abdul Hafedh, et al., "Renewable energy-to-green hydrogen: A review of main resources routes, processes and evaluation", *International Journal of Hydrogen Energy*, Vol.48, No.46, 2023, pp.17383–17408.

146. Ran Xu, Li-Chen Chou and Wan-Hao Zhang, "The effect of CO_2 emissions and economic performance on hydrogen-based renewable production in 35 European Countries", *International Journal of Hydrogen Energy*, Vol.44, No.56, 2019, pp.29418–29425.

147. Rüdiger Bachmann, Steffen Elstner and Eric R. Sims, "Uncertainty and Economic Activity: Evidence from Business Survey Data", *American Economic Journal: Macroeconomics*, Vol.5, No.2, April 2013, pp.217–249.

148. Richard Florida, "Towards the Learning Region", *Futures*, Vol.27, No.5, June 1995, pp.527–536.

149. Richard Walker, Michael Storper, *The Capitalist Imperative: Territory, Technology, and Industrial Growth*, New York: Blackwell, 1989.

150. Riitta Katila, Gautam Ahuja, "Something old, something new: a longitudinal study of research behavior and new product instruction", *Academy of Management Journal*, Vol.45, No.6, November 2017, pp.1183–1194.

151. R.M. Dell, N.J. Bridger, "Hydrogen—The ultimate fuel", *Applied Energy*, Vol.1, No.4, 1975, pp. 279–292.

152. Roberta Capello, "Towards a new conceptualization of innovation in space: territorial patterns of innovation", *International*

Journal of Urban and Regional Research, Vol. 41, No. 6, November 2017, pp.976 - 996.

153. Robert Huggins, Piers Thompson, "Networks and regional economic growth: A spatial analysis of knowledge ties", *Environment and Planning A: Economy and Space*, Vol. 49, No.6, 2017, pp.1247 - 1265.

154. Ron Martin, "Roepke lecture in economic geography: Rethinking regional path dependence: Beyond lock-in to evolution", *Economic Geography*, Vol.86, No.1, 2010, pp.1 - 27.

155. Shichun Xu, "Balancing the two knowledge dimensions in innovation efforts: An empirical examination among pharmaceutical firms", *Journal of Product Innovation Management*, Vol.32, No.4, October 2014, pp.610 - 621.

156. Shuliang Zhao, Yanhong Jiang and Shanyong Wang, "Innovation stages, knowledge spillover, and green economy development: moderating role of absorptive capacity and environmental regulation", *Environmental Science and Pollution Research*, Vol.26, 2019, pp.25312 - 25325.

157. Snehal Awate, Ram Mudambi, "On the geography of emerging industry technological networks: The breadth and depth of patented innovations", *Journal of Economic Geography*, Vol. 18, No.2, March 2018, pp.391 - 419.

158. Steven Klepper, "Disagreements, spinoffs, and the evolution of Detroit as the capital of the US automobile industry", *Management Science*, Vol.53, No.4, 2007, pp.616 - 631.

159. Thakur Prasad Yadav, "Hydrogen: The Ultimate Clean Energy Source", *Energy*, No.16, 2022, pp.11–14.

160. Tom Broekel, Ron Boschma, "Aviation, space or aerospace? Exploring the knowledge networks of two industries in the Netherlands", *European Planning Studies*, Vol.19, No.7, 2011, pp.1205–1227.

161. V. N. Balasubramanyam, M. Salisu and David Sapsford, "Foreign direct investment and growth in EP and IS countries", *The Economic Journal*, Vol.106, No.434, January 1996, pp.92–105.

162. Uwe Weichenhain, Markus Kaufmann, Anja Ben, et al., *Hydrogen valleys: insights into the emerging hydrogen economies around the world*. Publications Office of the European Union, March 2021.

163. Wei Li, Xiaodong Zheng, "Development mechanism and technological innovation of hydrogen energy: evaluating collaborative innovation based on hydrogen patent data", *International Journal of Hydrogen Energy*, Vol.52, January 2024, pp.415–427.

164. W. Richard Scott, *Institutions and organizations*, Thousand Oaks: Sage, 1995.

165. Wubiao Zhou, "Political connections and entrepreneurial investment: Evidence from China' stransition economy", *Journal of Business Venturing*, Vol.28, No.2, March 2013, pp.299–315.

166. Xiaohui Pan, Guiqiong Xu and Lei Meng, "Drifting toward Alliance Innovation: Patent Collaboration Relationships and Development in China's Hydrogen Energy Industry from a Network Perspective", *Sustainability*, Vol.16, No.5, March 2024, p.2101.

167. Xiaoqiang Zhang, "The development trend of and suggestions for

China's hydrogen energy industry", *Engineering*, Vol.7, No.6, 2021, pp.719–721.

168. Xin Peng, "Strategic interaction of environmental regulation and green productivity growth in China: Green innovation or pollution refuge?", *Science of The Total Environment*, Vol.732, 2020, p.139200.

169. Yinchi Liao, Phillip H. Phan, "Internal capabilities, external structural holes network positions, and knowledge creation", *The Journal of Technology Transfer*, Vol.41, April 2015, pp.1148–1167.

170. Yuanyuan Cheng, Xin Yao, "Carbon intensity reduction assessment of renewable energy technology innovation in China: A panel data model with cross-section dependence and slope heterogeneity", *Renewable and Sustainable Energy Reviews*, Vol.135, January 2021, p.110157.

171. Zefeng Mi, Yongmin Shang and Gang Zeng, "The impact of knowledge base on technological innovation of emerging industries from the perspective of related variety: A case study of China's fuel cell industry", *Growth and Change*, Vol.53, No.1, 2022, pp.57–75.

172. Zoltán Csedő, Máté Zavarkó, Balázs Vaszkun, et al., "Hydrogen Economy Development Opportunities by Inter-Organizational Digital Knowledge Networks". *Sustainability*, Vol.13, No.16, August 2021, p.9194.

图书在版编目(CIP)数据

长三角氢能产业创新合作机理与路径 / 尚勇敏著.
上海：上海社会科学院出版社，2024. -- (长三角一体化研究丛书). -- ISBN 978 - 7 - 5520 - 4502 - 4
Ⅰ.F426.2
中国国家版本馆 CIP 数据核字第 20244QQ453 号

长三角氢能产业创新合作机理与路径

著　　者：尚勇敏
责任编辑：李玥萱　叶　子
封面设计：黄婧昉
出版发行：上海社会科学院出版社
　　　　　上海顺昌路 622 号　邮编 200025
　　　　　电话总机 021 - 63315947　销售热线 021 - 53063735
　　　　　https://cbs.sass.org.cn　E-mail：sassp@sassp.cn
排　　版：南京展望文化发展有限公司
印　　刷：上海龙腾印务有限公司
开　　本：720 毫米×1000 毫米　1/16
印　　张：17.75
字　　数：216 千
版　　次：2024 年 9 月第 1 版　2024 年 9 月第 1 次印刷

ISBN 978 - 7 - 5520 - 4502 - 4/F·779　　　　　定价：88.00 元

版权所有　翻印必究